Wählermärkte

Karl-Rudolf Korte ist Professor für Politikwissenschaft an der Universität Duisburg-Essen und Direktor der NRW School of Governance. Schwerpunkte seiner Arbeit bilden die Regierungs-, Parteien- und die Wahlforschung. Einer breiten Öffentlichkeit ist Korte durch regelmäßige Auftritte und treffende Analysen im ZDF, Deutschlandfunk, WDR, SWR und bei Phoenix bekannt.

Karl-Rudolf Korte

Wählermärkte

Wahlverhalten und Regierungspolitik in der
Berliner Republik

Campus Verlag
Frankfurt/New York

Für Anna und Stephan

ISBN 978-3-593-51835-0 Print
ISBN 978-3-593-45655-3 E-Book (PDF)
ISBN 978-3-593-45654-6 E-Book (EPUB)

Das Werk einschließlich aller seiner Teile ist urheberrechtlich geschützt. Jede Verwertung ist ohne Zustimmung des Verlags unzulässig. Das gilt insbesondere für Vervielfältigungen, Übersetzungen, Mikroverfilmungen und die Einspeicherung und Verarbeitung in elektronischen Systemen.
Trotz sorgfältiger inhaltlicher Kontrolle übernehmen wir keine Haftung für die Inhalte externer Links. Für den Inhalt der verlinkten Seiten sind ausschließlich deren Betreiber verantwortlich.
Copyright © 2024. Alle Rechte bei Campus Verlag GmbH, Frankfurt am Main.
Umschlaggestaltung: Guido Klütsch, Köln
Umschlagmotiv vorn: Annalena Baerbock, Bundesvorsitzende von Bündnis 90/Die Grünen, Robert Habeck, Bundesvorsitzender von Bündnis 90/Die Grünen, Olaf Scholz, SPD-Kanzlerkandidat und geschäftsführender Bundesfinanzminister, und Christian Lindner, Parteivorsitzender der FDP, am 24. November 2021 vor der Pressekonferenz, in der sie den gemeinsamen Koalitionsvertrag der Ampel-Koalition von SPD, Bündnis 90/Die Grünen und FDP für die künftige Bundesregierung vorstellten © picture alliance/dpa | Michael Kappeler. Umschlagmotiv hinten: Karl-Rudolf Korte im Wahlstudio © ZDF
Redaktion: Dr. Arno von Schuckmann
Satz: le-tex xerif
Gesetzt aus der Alegreya
Druck und Bindung: Beltz Grafische Betriebe GmbH, Bad Langensalza
Beltz Grafische Betriebe ist ein klimaneutrales Unternehmen (ID 15985–2104-1001).
Printed in Germany

www.campus.de

Inhalt

1. **Marktbesuche: Bunte Auswahl** 9
   Die Orte der Begegnung 9
   Die Metapher des Wochenmarktes 11

2. **Wählermarkt: Dynamik der Unverbindlichkeit** 17
   Wahlrecht als Machtfrage 20
   Politisch-kulturelle Einordnungen 22
   Wählermärkte bei der Bundestagswahl 2021 24
   Das Virus entschied den Ausgang der Bundestagswahl 28
   Ohne Kanzlerbonus und ohne Wechselstimmung 31
   Wahlkampf als Achterbahnfahrt und Umfragekampf 34
   Eine Typologie der wählerischen Wähler 38

3. **Entscheidungsmarkt: Unberechenbarkeit als Prinzip** 53
   Der Stoff des Politischen 58
   Die Lageeinschätzung des Akteurs 63
   Die Komplexität des Geschehens 66
   Die Arenen des Politikmanagements 72
   Der Gewissheitsschwund auf dem Entscheidungsmarkt 75

4. **Parteien- und Koalitionsmarkt: Dominante politische Mitte** 79
   Bürgerliche Mitten: moderat, mittig, mittelmäßig 84
   Die Bundestagwahl 2013: Ein halber Machtwechsel 89

Die Bundestagswahl 2017: Ein Plebiszit über die
Flüchtlingspolitik 103
Machtwechsel-Typen in Deutschland 114

5. **Medien- und Führungsmarkt: Doppelte Gesprächsstörungen** **121**
Legitimation durch Kommunikation 122
Die Zeitenwende-Rede des Bundeskanzlers 123
Politische Kommunikation in der Darstellungs- und
Entscheidungspolitik 129
Politikmanagement und Kommunikation 133
Gestörte Resonanzbeziehungen 136
Umgang mit Nichtwissen und Wahrheitsmärkten 139
Früh-Digitalisierung als Pluralisierung von Öffentlichkeiten 141
Zwei Kommunikations- und Führungstypen 142

6. **Erwartungsmarkt: Mehrheiten für Unpopuläres** **153**
Der Modus des Veränderns 158
Das Politikmanagement der Transformation 162
Die Agenten des Wandels 166
Die Resilienz als Ressource des Wandels 168
»Lost in Transformation« 169

7. **Markteinkäufe: Pragmatische Sicherheitsdeutsche** **179**
Verdachtsbestimmter Wahlkalender 185
Soziale Infrastruktur und Zumutungsmut 196

Dank **199**

Anmerkungen **201**

Nachweis der Erstveröffentlichungen **211**

Literatur 213

Personenregister 227

Sachregister 229

1. Marktbesuche: Bunte Auswahl

Der Markt ist kein Modellgeber der Demokratie. Märkte regeln nichts. Wenn überhaupt, dann gehört die soziale Marktwirtschaft zum konstitutiven Teil des politischen Systems der Bundesrepublik Deutschland. Die für das Buch leitende Metapher des Marktes bezieht sich nicht generell auf den Markt, sondern auf den Wochenmarkt, wie man ihn aus vielen Städten und Dörfern unseres Gemeinwesens kennt. Solche Märkte haben durchaus Demokratiequalität. Dort wird nicht nur gekauft, sondern auch gesprochen. Der Markt ist in meinem Erklärmuster ein Forum der Begegnung und des Austauschs.[1]

Wo existieren – vergleichbar dicht – Vielfalt und Auswahl, die Begegnungen möglich machen? Aus dem Miteinander beim Handeln und Sprechen entsteht politische Macht. Sie ist eine Frage der Beziehung, stets relational. Demokratie ist organisierte Freiheit. Auf dem Markt leben wir organisierte und zufällige Praktiken der Einbeziehung des Anderen. Aus der Begegnung und der sozialen Energie entwickelt sich der Grundstoff von Gemeinschaftsbildungen. Nur die Differenz im Einzelnen kann Quelle sein für kollektive Identität im Ganzen, für Zugehörigkeiten. Und die ist erforderlich, wenn mit legitimierter Macht kollektive Mehrheitsentscheidungen zu treffen sind, die wiederum alle akzeptieren.

Die Orte der Begegnung

Im Lockdown der Coronazeit fehlten auch Marktstände. Die »Coronakratie« war eine Distanzdemokratie, ein politisches System ohne Begegnung. Das gefährdete unsere Freiheit. Es förderte Vereinsamung und Gereiztheit ebenso wie schlechte Laune. Die Öffentlichkeit war extrem fragmentiert. Vieles davon ist weiterhin wirkungsmächtig.

Orte der Begegnung, urbane Marktplätze, öffentliche Räume enthalten durch Zusammenkunft den Schlüssel unseres Zusammenlebens. Ortsmomente entstehen dort durch wechselseitige Zumutungen, durch lebhafte und kontroverse Diskurse, durch lebendigen Vokabelüberschuss, durch verbindliche Vereinbarungen. Marktplätze sind Ausdruck einer Bewegungsdemokratie. Sie enthalten ein Versprechen. Hier existieren Räume der Überschneidung, wo sich sehr unterschiedliche Bürger[2] absichtsvoll oder beiläufig austauschen können – ein sozialer Raum als Demokratieerlebnis. Idealerweise befriedigt eine derartige öffentliche Infrastruktur auch paradoxe Bedürfnisse wie das Verlangen nach Nähe und Fernsucht zugleich. Es sind Orte des Verweilens ebenso wie des Vorbeilaufens.[3]

Märkte sind Orte für Gespräche. Und um sie soll es im vorliegenden Buch gehen. Denn sie sind der Grundstoff für Wählerbeziehungen. Durch sie entstehen Wählermärkte und Regierungen. Deshalb eignet sich der Wochenmarkt sowohl als Anschauungsort der Demokratie wie auch als Metapher für Beziehungsspiele und Resonanzräume.

Flanieren kommt auf dem Wochenmarkt vor. Doch meistens steuern die Besucher gezielt die Ware an, die man kaufen möchte. Man kennt den Stand und man kennt sich. Neben den Standard-Einkäufen bietet der Markt durch Buntheit, Enge und Vielfalt auch Chancen, neue Produkte einzukaufen. Neben Auswahldichte stehen der persönliche Kontakt, die Beratung und eine Chance auf gemeinschaftliche Erfahrungen. Natürlich sind das Vorstellungen eines idealen Marktes, leicht romantisch verklärt. Es gibt auch oft Tristesse, Fremdheit, Rivalität und asozial anmutende Praktiken des Marktgeschehens. Online-Shoppen ist zudem wetterunabhängiger und umfassender. Es gibt insofern auch eine offensive Marktvermeidung.

Die Marktteilnehmer beeinflussen durch Nachfragen das Angebot der Markttreiber. In der Kundendemokratie steuern durchaus auch Angebot und Nachfrage das politische Programm. Wahlen sind oft Ausdruck eines Tagesplebiszits. Gleichzeitig existiert aber auch eine Stammkundschaft, die sich durch Treue zu den Produkten und zum politischen Personal auszeichnet. Insofern passt die Metapher von Märkten gut, um einige wahlbedingte Interaktionsmuster zwischen den Bürgern und der Politik in unserer Demokratie zu erklären. Auf den Märkten versammeln sich

Bürger in einem Kommunikationsraum um Waren. Kommunikation ist unverzichtbar, nicht nur beim Marktbesuch. Interpersonale Kommunikation löst etwas aus. Sie kann überredend daherkommen. Man weiß mittlerweile, dass von dieser Art der Gespräche politische Einstellungen, mithin auch Wahlentscheidungen abhängen. Es ist häufig nicht das, was man sieht, hört, liest, wischt, was die Einstellungen prägt, sondern eher das, was man aus dem Gesehenen, dem Gehörten, dem Gelesenen, dem Weggewischten der sozialen Medien in interpersonaler Kommunikation macht. Was man daraus macht, verfestigt Einstellungen. In der Wahlforschung nennt man das »interpersonale Anschlusskommunikation«[4]. Was aus den Gesprächen auf dem Markt wird, ist vielschichtig bedeutend. Es kann Wissen erweitern, Engagement fördern, moralisch aufladen, Bedeutungen und Relevanzen von Informationen zuordnen und darüber hinaus Wirklichkeiten formen. Kundenkommunikation ist dabei ebenso wichtig wie die Aufenthaltsqualität auf dem Markt generell. Denn nur so kommt es potenziell zum Gespräch miteinander und übereinander. Die Wirkungskraft dieser interpersonalen Kommunikation hängt vor allem mit der weniger zweckgerichteten Glaubwürdigkeit im vertrauten, persönlichen Umfeld zusammen.

Die Metapher des Wochenmarktes

Märkte können als eine Form der Kommunikation und Interaktion zwischen den Teilnehmern verstanden werden, bei denen Angebot und Nachfrage über den Preis eines Gutes oder einer Dienstleistung verhandelt werden. Auf Wählermärkten können politische Parteien und Wähler über politische Überzeugungen und Vorlieben kommunizieren und interagieren.[5] Dies kann durch direkte Kommunikation, Meinungsumfragen, Abstimmungen oder Wahlen geschehen. Die Art und Weise, wie die politische Kommunikation stattfindet, kann das Verständnis und die Einschätzung der politischen Landschaft und der Wählermärkte beeinflussen. Bürger können in so einem Modell Konsumenten sein, müssen es aber nicht. Denn auch Wochenmärkten kann man problemlos seine Teilnahme verweigern, wie es millionenfach praktiziert wird, wenn man sie nicht aufsucht und online einkauft – oder einen Bogen darum macht. Nicht-Wähler agieren so. Kunden sind seit einigen Jahren grundsätzlich bereiter zum Wechseln der Produkte, die sie kaufen. Das kann auch an beiden Seiten des Verkaufsprozesses liegen, bei den Marktbeschickern ebenso wie bei den Käufern. Viele Kunden fühlen sich oft schlecht behandelt, werden übersehen, nicht ernstgenommen. Nicht-Wahl hat insofern viele Gründe. Das kann ursächlich mit Nicht-Verstehen und Nicht-Bemühen auf beiden Seiten des Verkaufstresens zusammenhängen.

Mein Bild des Marktes nutze ich zum besseren Verständnis und zur modellhaften Vereinfachung des komplexen Wahlvorgangs, der viele Einstellungs- und Verhaltensvariablen der Wählerschaft umfasst. Die Marktmetapher ist nicht neu und kann auch missverstanden werden. In ihren Demokratietheorien betrachten Joseph Schumpeter und Anthony Downs Demokratie als Markt.[6] Auf diesem Markt werben politische Unternehmer um Wählerstimmen. Dort werden Wählerstimmen getauscht durch Unterstützung und Förderungen gegen Angebote der Politik. Dieses Modell ist umstritten, da es eine sehr eingeschränkte Sicht auf die politischen Prozesse und die komplexen Interaktionen in Gesellschaft und Wirtschaft bietet. So beschreibt das Modell dieses politisch-ökonomischen Ansatzes in der Politik und beim Wählen die Überlegung, dass ein freier Markt – ähnlich wie in der Wirtschaft – in politischen Entscheidungen zu einer optimalen Allokation von Ressourcen führt. Diese Überlegung stützt sich auf die Annahme, dass Individuen rational handeln und ihre Interessen auf dem Markt durch den Kauf, den Tausch und Verkauf von Gütern und Dienstleistungen ausdrücken. In der Politik bedeutet dies, dass politische Entscheidungen auf dem Prinzip des Angebots und der Nachfrage basieren sollten und dass staatliche Eingriffe in den Markt nur dann gerechtfertigt sind, wenn ein externer Effekt oder ein Marktversagen vorliegt. Demokratie ist aber keineswegs nur Handel und Tausch. Bürger sind nicht nur Konsumenten. Und ebenso wenig sind Wähler wie ein nutzenmaximierender, rationaler homo oeconomicus unterwegs. Wählerschaften sind, wie noch zu zeigen sein wird, eben auch irrational, emotional, unwissend und situativ. Die Handlungsfreiheit gleicht eher einem homo sociologicus, der durch die Gesellschaft geprägt ist und daraus Normen des individuellen und interessengeleiteten Verhaltens ableitet.

Der Wochenmarkt dient insofern nur als vereinfachter Erklärungsansatz. Er ist ein heuristisches Hilfsmittel, eine Metapher und ein Ort der Begegnung. Komplexe Wählermärkte sind keineswegs nur mit individuellem Kalkül und Präferenzen erklärbar. Wichtig bleibt für Politiker und für Parteien, auf dem Wochenmarkt präsent zu sein. Ebenso entscheidend kann sein, aus Laufkundschaft eine Stammkundschaft zu machen oder diese möglichst lange zu bedienen. Dazu ist ein ausgefeiltes Kundenbeziehungsmanagement erforderlich, was sich nicht in Wahlkämpfen erschöpfen sollte. Wer baut Kundenliebe auf? Wer beherrscht die Königsdisziplin, die Kundenbindung aus Zuneigung? Wer punktet mit Fachlichkeit und Problemlösungskompetenz? Wer versteht Kunden, begeistert sie, lädt zum Staunen ein? Das sind naheliegende Analogien, wenn man sich mit komplexen politischen Märkten auseinandersetzt.

Als Metapher tauchen Marktplätze auch in der Tradition von sogenannten kommunitaristischen Ansätzen einer sozialphilosophischen Lehre auf. Dabei werden Anbieter und Käufer in einem Interaktionskontext gesehen, der fast automatisch dazu führt, die Bedeutung von Gemeinschaftsstandards zu erhöhen. Der Austausch fördert demnach Netzwerke, soziale Beziehungen, stärkt die Gemeinschaft, schwächt individuelle Egoismen. Für die Demokratie ist das eine nützliche Perspektive. Doch auch so ein verklärend-harmonisches Bild des Zusammenlebens passt zur politischen Realität nur bedingt. Aber für die dahinterliegende Idee, durch persönliche Begegnungen die für politische Entscheidungen und Mehrheitssuche notwendigen Diskurse auf dem Forum zu vitalisieren, eignet sich auch dieser sozialphilosophische Ansatz. Grundsätzlich soll zudem die Marktmetapher nicht davon ablenken, dass ein steuerndlenkender Staat, abseits des Marktmechanismus, Gemeinwohl sichert. Politische Handlungsmöglichkeiten gerade in unsicheren Zeiten setzen nicht nur auf Marktlogik, sondern auch immer auf staatliche Regulierung.

Nachfolgend nehme ich diese vieldimensionale Spur auf und thematisiere fünf unterschiedliche Märkte, die ich jeweils mit einer Orientierungsthese pointiere:

Wählermarkt: Wählerische Wähler prägen die Dynamik der Unverbindlichkeit. In Kapitel 2 wird gezeigt, wie Einstellungen zu Wahlhandlungen führen. Typologien der Wähler entlarven traditionelle Muster des Wählens in Deutschland. Die Volatilität des Wählens nimmt zu. Was wird wie für Kunden angeboten?

Entscheidungsmarkt: Die Unberechenbarkeit bleibt als Prinzip des Regierens und überführt Politik in den Modus des Nachbesserns. Wie lässt sich auf dem Markt etwas verkaufen und wie binde ich Kunden? Wie bringe ich Kunden dazu, etwas zu kaufen? Dazu ist es notwendig zu wissen, welche Heuristik politischer Entscheidungen vorliegt und wie sich Kaufabsichten aufbauen. Der Stoff des Politischen und die Rationalitäten des Politischen sind zu berücksichtigen. Die wechselseitige Antizipation – vor und hinter dem Marktstand – ist wichtig. Dabei ist unter den Bedingungen von Komplexität Politik heute überfordert, Probleme abschließend zu lösen. Diese Überlegungen finden sich in Kapitel 3.

Parteien- und Koalitionsmarkt: Auf dem bunten Parteien- und Koalitionsmarkt dominiert die politische Mittigkeit als Sehnsuchtsort der Deutschen. Der Parteienwettbewerb in Deutschland unterscheidet sich deutlich vom europäischen Ausland. Die Wertschätzung der politischen Mitte ragt heraus. Als Fallbeispiele dienen in Kapitel 4 die Bundestagswahlen 2013 und 2017, die gleichermaßen zu Großen Koalitionen führten. Die Parteien und Koalitionen agieren in einer Trägheitsdemokratie. Aber die Buntheit der Marktangebote hat zugenommen und die Vielfalt von Koalitionen erscheint unbegrenzt – in der politischen Mitte. Wie stabil bleibt dieses Muster des mittigen Wählens, wenn sich der Debattenraum nach rechts verlagert?

Medien- und Führungsmarkt: Die doppelten Gesprächsstörungen – zwischen Regierten und Regierenden sowie zwischen Medien und ihren Konsumenten – schaffen neue Wirklichkeiten der politischen Kommunikation. Märkte sind Kommunikationsräume, die sich stetig wandeln. Das nutzen Anbieter und Käufer. Aber es macht das Geschäft weder einfacher noch übersichtlicher. Die Deregulierung von Wahrheitsmärkten greift um sich. Desinformation verändert die Qualität unserer Freiheit. Das von den Wählern favorisierte politische Personal kommt unspektakulär, kaufmännisch-kühl daher. Amtsinhaber werden eher gewählt als populistische Volksbelauscher. Diese Aspekte werden in Kapitel 5 behandelt.

Erwartungsmarkt: Um Mehrheiten für Unpopuläres geht es in Kapitel 6. Denn Zukunft gewinnt an Resonanz. Die Erzählung der Zukunft hat Auswirkungen auf die Qualitätssicherung der freiheitlichen Demokratie. Zukunft ist politisch durch Transformation markiert. Welche Spielarten des Regierens nutzt die Berliner Ampel, um den Erwartungsmarkt zu bespielen, um mehrheitsfähig zu bleiben, um notwendigerweise Mehrheiten für Unpopuläres zu organisieren? Wie organisiert die Berliner Ampel, abseits des Krisenmodus und der Reparaturarbeiten, eine inklusive Gestaltungspolitik?

Am Ende des Marktspaziergangs zum Thema Wählen und Regieren steht die Bilanz der Markteinkäufe (Kapitel 7). Was wurde gezielt gekauft, was eher mit Überredungskunst »angedreht«? Was kann man gebrauchen und was verliert schnell an Wert? Scheuen die pragmatischen Sicherheitsdeutschen die Risiken? Meine Kernargumente drehen sich um die Muster des Wählens in Deutschland. Sie sollen sichtbar werden, nicht tagesaktuelle Einschätzungen zum Parteienwettbewerb vor der Bundestagswahl 2025. Der Wochenmarkt leistet dabei zur Veranschaulichung potenziell einen demokratienotwendigen Abgleich und Ausgleich von Interessen und Meinungen. Er ist ein öffentlicher Raum der Unterschiedlichen, die wir als freie Bürger wählen können. Dabei bleibt immer zu berücksichtigen, dass Wählen eine Entscheidung darstellt – als Auswahl zwischen Personen und Parteien. Ihre politische Rationalität gilt es auch nachfolgend im Blick zu behalten.

2. Wählermarkt: Dynamik der Unverbindlichkeit

Wie wählen die Deutschen? Um das zu beantworten, liefert die Wahl- oder Wahlverhaltensforschung verlässliche Antworten. Die Metapher des Marktes zeigt auch hier, dass die Bürger als Konsumenten nicht nur auswählen können, welche Partei oder welche Politiker sie wählen. Vielmehr liegen auch konstante Rahmenbedingungen vor – die Anordnung der Marktstände etc. –, wie das Wahlsystem, welche die Wahlentscheidung mitprägen können. Wähler begegnen sich, soweit sie keine Briefwähler sind, zur Stimmabgabe konkret im Wahllokal an der Wahlurne. So wird aus dem Einzelnen ein kollektives Geschehen.

Nachfolgend sollen einige Besonderheiten des deutschen Wählermarktes bei Bundestagswahlen vorgestellt werden. Wo wirkt er unverwechselbar? Was sind Konstanten im Wahlverhalten der Bürger? Welche Muster zeigen sich?

In Deutschland sind Wählermärkte von politischen Parteien und Wählergruppen geprägt, die politische Vorlieben und Überzeugungen teilen.[1] Die Parteien organisieren sich in politischen Lagern, die sich, wie noch zu zeigen sein wird, weniger polarisiert in Deutschland ausdifferenzieren. Wählermärkte in Deutschland können auch nach sozialen und demografischen Merkmalen wie Alter, Geschlecht, Bildungsniveau, Einkommen und Wohnort segmentiert werden. Diese Segmentierungen können Parteien bei der Identifizierung und Ansprache ihrer Zielgruppen helfen. Die politische Landschaft in Deutschland ist auch von Regierungsbündnissen und Koalitionsverhandlungen geprägt, die die politische Ausrichtung und das politische Handeln beeinflussen können. Die Wählermärkte können daher von den politischen Entscheidungen und den politischen Prioritäten der Regierungen beeinflusst werden.

Wahlentscheidungen sind somit komplex. Und sie unterliegen einer hohen Dynamik. Die Wahlforschung entwickelt entsprechend neue Methoden und Instrumente, um das Mysterium der Motive bei der geheimen Wahl transparent zu machen. Vereinfacht gesagt, folgen die Wahlentscheidungen dem gesellschaftlichen und dem sozio-ökonomischen Wandel. Je mehr sich unsere Wohlfahrts- und Wachstumsgesellschaft pluralisierte, fragmentierte und individualisierte, umso mehr stieg das Angebot im Parteienwettbewerb und gleichzeitig die Volatilität der Wähler. Sozialstruktur und Wahlverhalten haben sich über die Jahrzehnte weitgehend entkoppelt. Aus bindungsorientierten Stammwählern, die relativ berechenbar, gruppenorientiert, entlang von Bildung, Einkommen, Geschlecht und Milieu wählten, wurden zunehmend Wechsel- oder Nichtwähler, aber auch Orientierungsnomaden. Sie wählen situativer, nutzenorientierter, flexibler, wählerischer. Dennoch sind Wähler kein unkalkulierbarer Treibsand für die Parteien. Auch die Orientierungsnomaden folgen bestimmten Mustern bei der Wahlentscheidung. Und sogar Stammwählerzuordnungen sind immer noch für Teilbereiche aussagekräftig.

Die Wahlforschung untersucht alle individuellen und gruppenspezifischen Faktoren, die Einfluss auf die Herausbildung der Wahlentscheidung nehmen. Da das geltende Wahlrecht (unter anderem Grundsatz der geheimen Wahl) eine direkte Beobachtung der persönlichen Stimmabgabe ausschließt, ist die Wahlforschung methodisch auf das Instrumentarium des wissenschaftlichen Indizienbeweises angewiesen. Tragfähige theoretische Erklärungsmodelle leiten das jeweils konkrete Wahlergebnis aus einer Anzahl ursächlich vorgelagerter Faktoren ab.

Im Wesentlichen lassen sich drei verschiedene Betrachtungen unterscheiden:

- Der soziologische Erklärungsansatz konzentriert sich in seiner Analyse der individuellen Stimmabgabe in erster Linie auf diejenigen Einflüsse, die dem sozialen Umfeld der Wähler zugeschrieben werden können: familiäre, berufliche oder auch gesellschaftliche Loyalitäten. Der Blick richtet sich auf die Gruppe und die soziale Herkunft. Längerfristige Bindungen der Wähler sind zu berücksichtigen.
- Der individualpsychologische Erklärungsansatz untersucht den persönlichen Entscheidungsprozess in Abhängigkeit von vorhandenen längerfristigen Parteieigungen. Diese wirken dann wie ein Filter,

durch den das politische Geschehen wahrgenommen und bewertet wird. Der Blick richtet sich insofern auf äußerst individuelle und oftmals kurzfristige Faktoren. Dabei steht die langfristige Parteipräferenz der Wähler – Parteibindung als Parteiidentifikation, jedoch ohne Mitgliedschaft – in einem Zusammenhang mit kurzfristig veränderbaren Bedingungen. Das können Einstellungen zu politischen Sachfragen und zu den Kandidaten sein.
- Das Modell des rationalen Wahlverhaltens wiederum bezieht sich auf die Analyse individueller Kosten-Nutzen-Abwägungen. Hierbei wird unterstellt, das politische und wirtschaftliche Entscheidungsprozesse prinzipiell nach vergleichbaren Regeln ablaufen. Rational kalkulierende Wähler entscheiden sich für die Partei oder die Kandidaten, die sie persönlich als vorteilhafteste bewerten.

Man sieht, wie sich politische Einstellungen und sozioökonomische Faktoren als wichtige Erklärungsvariablen des Wahlverhaltens herausgebildet haben. Ergänzt wurden diese Variablen in den vergangenen Jahren durch Erklärungen aus dem Bereich der politischen Psychologie. So hat sich die politikwissenschaftliche Einstellungs- und Verhaltensforschung breiter sozialwissenschaftlich verortet und zunehmend kognitionspsychologische Perspektiven eingebracht.[2] Auch das Feld der politischen Kommunikation ist enger an die Wahlforschung angedockt worden. So spielen Formen der Informationsbeschaffung und Informationsverarbeitung sowie der Urteilsbildung eine größere Rolle, um Wahlentscheidungen zu analysieren und zu interpretieren. Das kann so weit gehen, dass sich neue Gruppenzugehörigkeiten über Meinungszugehörigkeiten – »Echokammern«, »Meinungsblasen« – bestimmen und somit auch Wahlverhalten als Gruppenerlebnis prägen können.

In der Psychologie des Wählers in Deutschland werden unterschiedliche psychologische Faktoren untersucht, die die Wahlentscheidung beeinflussen können. Dazu gehören:

- Überzeugungen und Vorlieben: Die politischen Überzeugungen und Vorlieben eines Wählers können seine Wahlentscheidung beeinflussen. Viele Wähler wählen eine Partei, die ihre politischen Überzeugungen am besten widerspiegelt.
- Persönliche Erfahrungen: Die persönlichen Erfahrungen eines Wählers, beispielsweise seine Familie, Freunde und Arbeitskollegen, können seine politischen Überzeugungen beeinflussen.

- Emotionen: Gefühle, etwa Angst, Wut, Hoffnung oder Freude, können die Wahrnehmung und Bewertung von politischen Parteien und Themen beeinflussen.
- Identität: Die politische Identität eines Wählers, einschließlich seiner Zugehörigkeit zu bestimmten Gruppen, kann seine Wahlentscheidung beeinflussen.
- Informationsverarbeitung: Die Art und Weise, wie ein Wähler Informationen über politische Parteien und Themen verarbeitet, kann seine Wahlentscheidung beeinflussen.
- Wahrnehmung: Die Wahrnehmung politischer Parteien und Themen durch einen Wähler kann von verschiedenen Faktoren, beispielsweise den Medien, beeinflusst werden.

Die Wahlentscheidung kann extrem komplexe Hintergründe haben, wie die Auflistung zeigt. Der Entscheidungsprozess lässt sich vereinfacht mit einem Trichter vergleichen, einem in der Wahlforschung so bezeichneten »Kausalitätstrichter«[3]. Er hat einen heuristischen, erklärenden Wert: Langfristige sozioökonomische Faktoren prägen die Parteiidentifikation. Der Trichter verdichtet sich durch kurzfristige Faktoren, wie Kandidatenangebote und politische Streitthemen. Zusammen bildet sich die Wahlentscheidung.

Wahlrecht als Machtfrage

Die Wahlentscheidung ist immer auch in Abhängigkeit vom geltenden Wahlrecht einzuordnen. Denn durch das Wahlsystem übersetzt sich die Stimmabgabe in politische Macht. Wahlrechtsreformen zur Bundestagswahl begleiten die politische Geschichte dieses Landes. In seinen Grundzügen handelt es sich beim deutschen Modell noch immer um eine personalisierte Verhältniswahl mit Fünfprozentsperrklausel. Seit Bestehen der Bundesrepublik hat dieses System stabile Mehrheiten garantiert und große Akzeptanz erfahren. Wahlrecht ist immer auch politisches Recht. Seine Ausgestaltung hängt an Machtfragen, durch die eine Besetzung höchster Staatsämter erst möglich wird. Das Wahlrecht muss politisch zweckmäßig sein; es muss einen Wechsel möglich machen. Wahlrecht ist aber immer auch technisches Recht: Die Umsetzung von Wählerstimmen in Mandate muss geregelt sein. Zielkonflikte treten zwangsläufig zwischen der Sicherung einer stabilen Mehrheit und dem Wunsch nach einem getreuen Abbild der Wählerschaft auf.

Die Berliner Ampel-Koalition setzte 2023 mit ihrer Regierungsmehrheit eine drastische Reform des Wahlrechts um. Zielpunkt sollte die von allen Parteien unterstützte und vom Bundesverfassungsgericht eingeforderte Verkleinerung des Deutschen Bundestags sein. Die konkrete Wahlrechtsänderung begrenzt die Mandatszahl auf ein festes Kontingent. Dabei richtet sich zukünftig die Höchstzahl der Direktmandate einer Partei nach den Zweitstimmen für die jeweilige Landesliste. Nur noch maximal 630 Mandate (nach der Bundestagswahl von 2021 waren es 736 Parlamentarier) sind bei der Bundestagswahl 2025 zu vergeben. Überhang- und Ausgleichsmandate soll es nicht mehr geben. Die Bedeutung der Erststimme wird reduziert. Der durch die Zweitstimme ausgedrückte bundesweite Parteienproporz erhält Vorrang vor den lokalen Personenwahlen. Das Verhältniswahlrecht wird auf Kosten von Wahlkreisgewinnern gestärkt. Wenn eine Partei in einem Bundesland schwächelt, kann es passieren, dass Wahlkreisgewinner in diesem Bundesland leer ausgehen. In der 20. Legislaturperiode wären nach der Neuregelung insgesamt 21 Wahlkreise nicht mit direkt gewählten Abgeordneten vertreten.

Dieser tiefgreifende Umbau des Wahlsystems geht einher mit dem Wegfall der Grundmandatsklausel: Eine Partei, die mindestens drei Direktmandate gewonnen hatte, wie beispielsweise die Linke bei der Bundestagswahl von 2021, kann auch dann in den Bundestag einziehen, wenn sie unterhalb der Fünfprozentmarke bundesweit bleibt. Öffentlich wurde heftig debattiert, ob diese Reform sich somit explizit gegen die Linke und die CSU richtet, die bei der letzten Bundestagswahl nur knapp über die Fünf-Prozent-Hürde in der bundesweiten Verrechnung kam, aber fast alle Direktmandate in Bayern – wie in den Nachkriegsjahren traditionell – gewann. Ob das neue Wahlrecht bei der Bundestagswahl 2025 greift, entscheidet, wie so häufig, die »Karlsruher Republik«. Die CSU und die Linke haben Klage beim Bundesverfassungsgericht eingereicht.[4]

Es ist angesichts der neuen Konstellation sehr schwer zu beurteilen, ob die Wähler ihr Wahlverhalten ändern. Das Wahlsystem ist im Hinblick auf die Zurechnung von Wahlstimmen auf das Ergebnis extrem kompliziert. Schon beim gültigen Wahlsystem verstehen viele Wähler nicht, warum die Zweitstimme wichtiger für die Mehrheitsverhältnisse ist als die Erststimme. Warum sollte das Zweite wichtiger sein als das Erste? Insofern bleibt abzuwarten, ob sich Wähler und auch Kandidaten munitionieren, um unter neuen Bedingungen auf dem Wählermarkt zu agieren. Für die Demokratie ist ein anderer Aspekt wichtiger. Die scharfe Auseinandersetzung um das Wahlrecht, welches mit Mehrheiten letztlich kontrovers und unversöhnlich gegen die Opposition durchgesetzt wurde, kann eine Verfassungskultur beschädigen. Die gegenseitige Achtung bezieht den politischen Gegner mit ein, wenn fundamentale Änderungen am Wahlrecht erfolgen. Das war historisch manchmal der Fall, aber nicht immer. Wer die eigene Macht auf Kosten der Minderheit ausreizt, kann das Institut der freiheitlichen Wahlen beschädigen. Jede neue Mehrheit wird dann neues Wahlrecht prägen. Institutionelle Zurückhaltung ist allerdings das Gebot, um einen politischen Grundkonsens zu erhalten. International geht oft ein Verfall des Wahlrechts – durch Manipulation oder durch ein Anzweifeln der Rechtmäßigkeit von Ergebnissen – mit einem Verfall der Demokratie einher.[5]

Politisch-kulturelle Einordnungen

Man erkennt die Tragweite von Wahlsystemen für die Qualität von Demokratien. Und gleichzeitig hat das Wahlrecht auch Facetten von präjudizierenden Wirkungen für Einstellungen und Verhalten auf dem Wählermarkt. Um es noch komplexer und komplizierter zu machen: Wahlentscheidungen sind immer auch in einem bestimmten politisch-kulturellen Kontext zu interpretieren. Deutsches Wahlverhalten unterscheidet sich prinzipiell beispielsweise vom angelsächsischen Wahlverhalten. Das liegt nicht nur am Wahlsystem oder am Parteiensystem. Vielmehr prägt die Summe der politisch relevanten Einstellungen, Meinungen und Wertorientierungen auch den typisch deutschen Wählermarkt. Die Deutschen sind demnach zum Beispiel immer risikoscheuer und sicherheitskonservativer im Wahlverhalten gewesen als Bürger in Großbritannien oder den USA.

Zu den konstant-stabilen Mustern des Wahlverhaltens in der Bundesrepublik Deutschland gehört, ebenso politisch-kulturell geprägt, die spezifische Priorisierung der wichtigsten Wahlmotive. Wahlkämpfe sollen das Image der Parteien und der Kandidaten sichtbar machen und verbessern. Zur Kandidatenbewertung kann die Wahlforschung vier Dimensionen unterscheiden. Die Reihung lautet: An erster Stelle stehen die Sachkompetenz bzw. die wahrgenommene Problemlösungsfähigkeit (insofern eine Themenausrichtung), dann folgen Glaubwürdigkeit/Vertrauenswürdigkeit, beobachtbare Führungsqualitäten und am Ende Aspekte von persönlicher Sympathie und äußerlicher Attraktivität.[6]

In der Forschungsliteratur zum Wählen bleibt dennoch ein latenter Disput. Inwieweit beim Wählen in den zurückliegenden Jahrzehnten Persönlichkeitsmerkmale der Spitzenkandidaten in Abgrenzung zu Partei oder Themen zugenommen haben, ist strittig. Doch das widerspricht nicht der Grundannahme, dass die Anmutung von Sachkompetenz in wichtigen Politikfeldern für die meisten Wähler an der Spitze des Entscheidungsbaums zur motivationalen Wahlentscheidung steht.

Um einen Überblick zu vermitteln, welche Faktoren für eine Wahlentscheidung wichtig sein können, lassen sich nochmals einige der vorgestellten Differenzierungen auflisten:

- Parteipräferenzen: Einige Wähler haben eine engere Beziehung zu einer bestimmten Partei und wählen diese unabhängig von ihren politischen Überzeugungen.
- Wirtschaftliche Faktoren: Das Wohlstandsniveau und die wirtschaftlichen Perspektiven der Wähler können die Wahlentscheidung beeinflussen.
- Soziale und demografische Merkmale: Auch Alter, Geschlecht, Bildungsniveau, Einkommen und Wohnort beeinflussen, wo das Kreuzchen am Wahlsonntag gemacht wird.
- Medienpräsenz: Die Art und Weise, wie politische Parteien und Themen in den Medien dargestellt werden, kann die Wahrnehmung und Bewertung von politischen Parteien und Themen beeinflussen.
- Aktuelle Ereignisse: Schließlich können nationale und internationale Ereignisse, beispielsweise politische Krisen oder wirtschaftliche Herausforderungen, den Wahlakt beeinflussen.
- Regierungspolitik: Die politischen Entscheidungen und Handlungen der Regierung können die Wahlentscheidung beeinflussen, indem sie das Vertrauen in die Regierung und ihre politischen Führungskräfte befördern oder reduzieren.

Wahlen sind insofern vieldimensionale Vorgänge. Sie entscheiden in Demokratien nicht nur über Machtverteilungen in Parlamenten und Regierungen, sondern sie sind Momentaufnahmen über das augenblickliche Profil und den Standort der Deutschen. Wahlen legen Werte und soziale Räume bloß, Lebensformen, Meinungsströme, Motivationen, Interessenlagen, Identitätsbestimmungen und Zugehörigkeiten – auf eine besonders abschließende Weise, wie es keine Meinungsumfrage leisten kann.

Wenn man sich nun den Wählermarkt weniger theoretisch-systematisch, sondern anwendungsbezogen ansieht, bietet es sich an, die unterschiedlichen Zugänge für eine Interpretation der Ergebnisse der Bundestagswahl von 2021 in einem ersten Zugriff zu nutzen. Diese Bundestagswahl als Fallbeispiel eignet sich, um sich mit den ausdifferenzierten Partei- und Kandidatenimages sowie den politischen Machtkonstellationen zu beschäftigen.

Wählermärkte bei der Bundestagswahl 2021

Die Ampel (rot-gelb-grün) für den Bund? Oder eher die Reiseplanungen nach Jamaika (schwarz-grün-gelb) starten? Verlässlich blieb als Serie einer möglichen Regierungsbildung auch die Große Koalition – allerdings diesmal mit der SPD in der Führungsrolle. Wer hätte gedacht, dass es nach der Bundestagswahl am 26. September 2021 auf diese drei Konstellationen hinauslaufen würde?[7] Die Blitzumfrage der Forschungsgruppe Wahlen vor der Bundestagswahl ergab, dass alle drei Konstellationen mit 47 bis 50 Prozent von den Befragten gleichermaßen als »schlecht« bezeichnet wurden. Schlechter schnitt nur noch rot-grün-rot mit 65 Prozent ab. Hinter diesen Daten versteckten sich viel Unsicherheit, Unentschiedenheit, Unklarheit und Unwägbarkeiten der Wähler. Ein eindeutiges, richtungsweisendes Votum konnte aus den Wahlergebnissen nur schwer abgeleitet werden. Die Pluralisierung und Vervielfältigung von Lebenswirklichkeiten sowie die abnehmenden Integrationsleistungen – auch von Parteien – führen zu wenig überraschenden Vielfaltswahlen: Für jede und jeden ist etwas dabei – sogar für die dänisch-friesische Minderheit. Der Bundestag ist nach 2021 ein Parlament der Singularitäten.

Diese neue Unübersichtlichkeit kommt lagerübergreifend daher, was die Übersetzung des Wählerwillens in Regierungsbildungen zu schöpferisch-experimentellen Herausforderungen machte. Die einzige Konstante ist die ausgeprägte politische Mittigkeit, in die sich diese unübersichtlichen Singularitäten bunt sortieren – in mittelgroße und kleinere Parteien übersetzt. Verzagte Euphorie, gar Aufbruchsstimmung kam nicht am Wahltag auf, sondern erst am Ende der Sondierungen, die bereits elf Tage nach der Wahl starteten. Bis dahin hatten die Wähler eine Post-Rationalisierung ihrer Entscheidungen vorgenommen und die Ampel als klaren Favoriten markiert.

Die Bundestagswahl war zudem eingebettet in ein Superwahljahr. Drei Landtagswahlen (Rheinland-Pfalz, Baden-Württemberg sowie zeitversetzt Sachsen-Anhalt) fanden als Testlauf im Vorfeld statt und zwei Landtagswahlen (Mecklenburg-Vorpommern und Berlin/Abgeordnetenhaus) wurden zeitgleich mit der Bundestagswahl abgehalten. Sie bestätigten bereits überwölbende Trends: Der ausgeprägte Amtsbonus katapultierte die Ministerpräsidentinnen und -präsidenten der Union, der Grünen und der SPD zu Prozentwerten jenseits der 30-Prozent-Marke. Die Coronapandemie erwies sich als Revitalisierungsprogramm der exekutiven Macht. Außerdem stabilisierten die Wahlen den Sog der Mitte. Die Randparteien AfD (10,3 Prozent) und Linke (4,9 Prozent) mussten deutliche Verluste hinnehmen. Insofern konnten die Wahlkämpfer ab dem Frühjahr 2021 davon ausgehen, dass schrumpfende Extreme die politische Mitte verbreitern werden.

In Anlehnung an diese Tendenzen aus den Ländern lassen sich folgende Besonderheiten bei der Betrachtung der Wahlergebnisse im Bund festhalten:

- Die Wahlbeteiligung stieg zum zweiten Mal in Folge auf nunmehr 76,6 Prozent.
- Fast die Hälfte aller Wähler (47 Prozent) verzichtete auf den Urnengang und wählte per Briefwahl. Zwischen 2017 und 2021 stieg damit der Anteil um über 18,7 Prozentpunkte auf 47,3 Prozent. Das ist unter anderem mit der Pandemie begründbar. Welche Parteien dies als Vorteil nutzen konnten, ist zum jetzigen Zeitpunkt wissenschaftlich noch nicht abschließend belegt.[8] Es bleibt fraglich, ob eine Urnenwahl in 2025, wie es der Gesetzgeber und das Bundesverfassungsgericht festlegen, wieder die Regel und nicht die Ausnahme wird. Die Urnenwahl sichert die Grundsätze der Allgemeinheit und des Geheimen. Diese Wahlgrundgrundsätze können nur zur Geltung kommen, wenn zukünftig der Zeitraum der Briefwahl deutlich verkürzt wird. Die Tei-

lung der Wählermärkte in sehr frühe und sehr späte Wähler verzerrt diesen Grundsatz.
- Der Deutsche Bundestag ist in der 20. Legislaturperiode der größte seit 1949: Er besteht aus 736 Mandatsträgern (2017 waren es noch 709 Mandatsträger).
- Olaf Scholz (SPD) schaffte, was zuvor nur Willy Brandt (SPD, 1972) und Gerhard Schröder (SPD, 1998) gelungen war: Die SPD wurde stärkste Kraft im Deutschen Bundestag. Diese historische Leistung diszipliniert die SPD vermutlich auf viele Jahre. Durch die damit erreichte hegemoniale Stellung von Scholz innerhalb der SPD kann er auch die extrem verjüngte Schar der sozialdemokratischen Mandatsträger einhegen.
- Die Union büßte mit 8,7 Prozentpunkten soviel ein wie niemals zuvor bei Bundestagswahlen. Zum Negativrekord trug auch die CSU bei, die bundesweit nur knapp über der magischen Fünf-Prozent-Hürde lag. Die Effekte dieses schlechten Abschneidens der CSU hatten jedoch angesichts der vielen Direktmandate aus Bayern (45 von 46) kaum Durchschlagskraft.
- Vier Parteien standen zur Regierungsbildung bereit. Somit war bereits am Wahltag absehbar, dass die Union oder die SPD zur größten Oppositionspartei werden würde. Auch das markiert eine Zäsur, nachdem über vier Jahre die AfD diese parlamentarisch extrem wichtige Pole-Position empörungsvoll und immer eskalationsbereit eingenommen hatte. Das Parlament bekommt ein anderes Gesicht, wenn nicht die AfD, sondern die Union die erste Gegenrede in den Debatten gegenüber den Regierungsparteien führt.
- Bündnisse aus drei Fraktionen, wie es die Ampel widerspiegelt, gab es zuletzt 1949 und 1953 in der Gründungsphase der Bundesrepublik Deutschland. In den Bundesländern besteht bereits die Hälfte der Regierungen aus Dreier-Koalitionen. Bei dem Wahlausgang im Bund ist es für die Parteien möglich, die Kanzlerin oder den Kanzler bereits mit knapp über 20 Prozent der Wähleranteile zu stellen.
- Die Grünen wechseln ebenso wie die FDP aus der Opposition in die Regierung. Die Grünen schieben sich dabei an der FDP knapp vorbei und verbesserten ihr Ergebnis von 2017 deutlich. Dass dieses gute Ergebnis dennoch vielen Sympathisanten der Grünen schmerzte, lag an dem Erwartungsmanagement im Superwahljahr, aus dem zeitweise eine Kanzlerschaft in greifbare Nähe rücken sollte.

- Ausdruck der neuen Vielfalt ist das Ergebnis der »sonstigen« Parteien. Hier gab es einen Zuwachs von 3,7 Prozentpunkten, sodass die »Sonstigen« nun bei 8,6 Prozent liegen. Je mehr »Sonstige«, umso geringer die Schwelle zur Kanzlermehrheit. Die drei sonstigen Parteien mit dem höchsten Zweitstimmenanteil waren die Freien Wähler, die Tierschutzpartei und die Partei dieBasis.[9]
- Die Linke erreichte das schlechteste Ergebnis seit fast zwei Jahrzehnten und sicherte sich nur über die Grundmandatsklausel den Einzug in den Bundestag.
- Schließlich zeigten sich am Wahlsonntag erstmals flächendeckend in Berliner Wahllokalen elementare Fehler bei der Organisation und Durchführung des ordnungsgemäßen Verlaufs der Wahlen für den Bundestag und zeitgleich für das Berliner Abgeordnetenhaus. Die erheblichen Mängel führten zur Wahlwiederholung zum Berliner Abgeordnetenhaus – einmalig in der Geschichte der Wahlen in Deutschland.[10]

Quer zu diesen Beobachtungen liegen vier allgemeine Trends:

- Das Coronavirus galt als entscheidender Faktor bei der Bundestagswahl und machte die Wahl zu einem Unikat. Die Coronathematik wurde nicht nur von den Bürgern als eines der wichtigsten Themen gesehen und stand damit im Zentrum der Aufmerksamkeit, sondern wirkte auch indirekt in viele Politikfelder hinein und offenbarte die Reparaturbedürftigkeit des Sozialstaats. Die Kandidaten wurden stetig in ihrer jeweiligen gelungenen oder mißlungenen Performance als Krisenlotsen bewertet. Zudem mussten Wahlkampfformate etabliert werden, die mit der neuen Distanzdemokratie in Form einer »Coronakratie« vereinbar sind. Nie stand die politische Kommunikation vor so großen Problemen wie im Bundestagswahlkampf 2021. Die Konturen des Nicht-Wissens potenzierten sich.
- Es gab erstmals keinen Amtsbonus für eine Kandidatin oder einen Kandidaten, da die langjährige Amtsinhaberin Angela Merkel nicht mehr kandidierte. Dies stellt eine historische Zäsur dar und birgt für die Parteien-, Wahl- und Regierungsforschung neuartige, überraschungsfeste Herausforderungen, da sich Analogien ausschließen. Zudem war keine ausgeprägte Wechselstimmung in der Bevölkerung zu erkennen. Zwar wurden hier und da die zumeist veränderungsmüden Erwartungen von einem Verlangen nach einer neuen Politik

begleitet, doch zeigen die Wahlergebnisse überwiegend eine ausgeprägte »Sowohl-als-auch«-Stimmung. Der Machtwechsel kam daran anschließend als dosierter Machtwechsel daher. Erneut ist ein Regierungspartner aus der alten Regierung wiederum in der neuen Regierung mit dabei. Das ist das häufigste Muster hinsichtlich der Dynamiken vom Aufstieg und Fall der Parteien in Deutschland.
- Im Wahlkampf und Umfragekampf war eine Volatilität im Kurvenformat erkennbar. Selten kreuzten sich die Hochs und Tiefs sowohl in der Sonntagsfrage als auch bei der Beliebtheit der Kanzlerkandidatin und den Kanzlerkandidaten so wie im Superwahljahr 2021. Während die persönlichen Fehler der Kandidatin und der Kandidaten bis in den Frühsommer im Zentrum standen, gewann der Wahlkampf ab August an Inhaltsschwere. Die Wahlkämpfe der drei Spitzenkandidaten hätten unterschiedlicher kaum sein können.
- Olaf Scholz ging als Sondierungsweltmeister und neuer Kanzler aus der Regierungsbildung hervor. Nach der Verkündung der Wahlergebnisse bereiteten grün-gelbe Vorsondierungen den Weg für eine zukünftige Koalition vor, was eine völlig neuartige Dynamik war: Nicht der oder die Siegreiche gab den Ton an, sondern die Zünglein an der Waage. Die Koalitionsgespräche waren besonders durch das Vertrauen zwischen den Chefverhandlern geprägt. Nichts drang vorzeitig an die Öffentlichkeit. Das Ergebnis der Koalitionsgespräche zu dritt mündete in einen Koalitionsvertrag mit einer transformatorischen Agenda.
- Die Ampel-Regierung rekrutiert sich aus einer erfahrenen Regierungspartei (SPD) und zwei Oppositionsparteien. Die Grünen regierten im Bund zuletzt vor 16 Jahren und die FDP vor acht Jahren. Nur wenige Bundesminister im Kabinett Scholz/Habeck verfügen über eigene Expertise beim Regieren.

Das Virus entschied den Ausgang der Bundestagswahl

Wenn Wahlen Momentaufnahmen zur Lage der Nation sind, dann prägte das Coronavirus entscheidend das Superwahljahr. Denn das politische Momentum war überlagert von der Coronapolitik. Als wichtigstes wahrgenommenes Problem hielt es sich bei den Umfragen bis zum Wahltag im oberen Bereich. Noch im September 2021 sagten 28 Prozent der Wahlberechtigten gegenüber der Forschungsgruppe Wahlen, dass die Coronapandemie und die Folgen der Coronapolitik zu den wichtigsten Problemen gehören. Auf Platz 1 mit 47 Prozent rangierten die Themen »Umwelt/Klima/Energie«. Beide Aspekte – Corona und Klima – prägten die Wahlmotive der Wählerschaft in Deutschland.

Jedoch standen nicht nur die Maßnahmen der Coronapolitik im Zentrum der Aufmerksamkeit, sondern das Thema wirkte auch indirekt in viele Politikfelder hinein. So prägte das Virus etwa die Diskussion um einen reparaturbedürftigen Nachsorgestaat und fächerte damit den Parteienwettbewerb auf. Die konstruktive, freiheitserzählende und freiheitsverheißende Oppositionsarbeit der FDP zur Coronapolitik belohnten die Wähler. Die AfD verlor auf dem Wählermarkt, weil die erfolgreiche Coronapolitik über Monate die Regierenden stabilisierte und Verdrossenheit reduzierte. Ein Wahlkampf unter Wütenden, von dem die AfD hätte profitieren können, fand nicht statt.

Auch wurde die Performance der politischen Hauptakteure in der Pandemie stetig bewertet. Die Auswahl der Kanzlerkandidaten richtet sich daher maßgeblich nach den Auftritten der Krisenlotsen. Niemals wäre Olaf Scholz so früh von der SPD zum Kanzlerkandidaten gekürt worden, wenn er nicht als Bundesfinanzminister eine so sichtbar dominante Rolle als Krisenmakler gespielt hätte. Ohne das Virus wäre vermutlich auch Armin Laschet (CDU) nicht Parteivorsitzender und später Kanzlerkandidat der Union geworden.

Die Pandemie veränderte zudem Wahlkampfformate. Wirkungsvoll zu mobilisieren war nicht einfach unter den neuen Bedingungen von Distanz. Auch die generelle Sichtbarkeit der Kandidaten musste sich anders erkämpft werden. Aus der Forschung geht hervor, dass Sichtbarkeit und besonders physische Attraktivität durchaus im Wahlkampf Prozentwerte bringen können. Aber wie attraktiv wirkt man auf digitalen Kacheln? Dazu ist bisher wenig bekannt. In Deutschland zählen bei der Stimmabgabe besonders Sach- bzw. Problemlösungskompetenz, Glaubwürdigkeit, Führungsqualität sowie – erst an vierter Stelle – persönliche Sympathien. Auch die Wahlkampfforschung hat Probleme, unter den Bedingungen der pandemisch bedingten Distanz langgehegte Erkenntnisse fortzuschreiben. Reichte in einer durch die Coronapolitik extrem erschöpften Republik der Wahlkampf-Dreiklang – begrenzte Aggressivität, Sicherheitsbotschaften, Zukunftskompetenz – aus?

Das Virus beeinflusste den zentralen und verlässlichen Gradmesser von Wahlen – das Vertrauen in Personen und Parteien, die in der Lage sind, Probleme zu lösen. Das Reservoir an Vertrauen war im Jahr 2021 jedoch erschöpft. Die Distanzdemokratie provozierte. Damit ist nicht der Widerstand einer stets kleinen Minderheit gegen die Maßnahmen der Coronapolitik gemeint. Vielmehr provozierte uns täglich die lebensnotwendige Übersetzung demokratischer Spielregeln und Praktiken in neue Formate der Distanz. Das galt besonders im Superwahljahr 2021, in dem eine strategische politische Kommunikation der Mobilisierung für Parteien und Personen zwingend notwendig war. Wir fühlen uns bei den Kulturtechniken der Demokratie in außergewöhnlicher Weise herausgefordert, oft auch überfordert. Informieren, organisieren, erinnern, kommunizieren, partizipieren, mobilisieren, debattieren – all das gilt in der Früh-Digitalisierung unseres Alltags ohnehin schon seit einigen Jahren als neues Betriebssystem unserer Gesellschaft. Analoge Kulturtechniken der Demokratie sind durch digitale Formate ergänzt oder auch vollständig in diese überführt worden. Aber die Distanz-Formate galten nie ausschließlich. Das Virus veralltäglichte rasant diese Praktiken des Digitalen. Das ist durchaus positiv, denn dank der Digitalisierung konnten man weiterhin politisch agieren, auch wenn Bewegungen und Begegnungen eingeschränkt oder Protestversammlungen coronabedingt verboten waren. Umso mehr benötigte man Übersetzungshelfer sowie zahlreiche Moderierende, die das neue Zeichensystem für die Bürgerschaft anwendbar machten. Hierzu zählten nicht zuletzt die zur Wahl stehenden Parteien und Kandidaten.

Verschiedene Formen der neuen Distanz-Demokratie werden die »Coronakratie« überdauern. Dazu gehören Effekte, die man von Drehtüren kennt: Sie sind fachbegrifflich »Vereinzelungs-Anlagen«. Was uns in der Pandemie durch isolierte Vereinzelung half, muss danach jedoch wieder im Sinne eines Gemeinwohls zusammengefügt werden. Viele Facetten der neuen Gegen-Öffentlichkeiten auf der Straße und im Internet agieren mit eigener Wirklichkeit, die ihren Urgrund darin haben, lange selbstisoliert leben zu müssen. Wer hört, wer sieht mich? Wer nimmt auf mich noch Rücksicht? Die Neigung, über Monate prinzipiell nur noch mit sich selbst zu reden, verengte durch fehlende Resonanz und soziale Interaktion unsere Realitätswahrnehmungen. Bleiben wird auch der Wunsch nach kuratiertem Regieren als eine Variante von Politikmanagement. Es verwandelt unter dem Primat der Politik transparente Informationsverarbeitung rasend schnell in sortierte, erklärte und betreute politische Entscheidungen der Krisenlotsen. Kuratiertes Regieren kommt nicht als lenkende Anregung daher. Der Lockdown (alles entschleunigen, alles entkoppeln, alles dekonstruieren) war staatlich verordnet und kein Vorschlag. Kuratiertes Regieren meint krisenbedingte appellative Anordnung. Die Bürger folgen dabei keineswegs in dumpfer Affirmation, sondern teilen in überwiegender Mehrheit die Einsicht, den Anordnungen zu folgen, um andere solidarisch zu schützen. In der Coronakratie ist einmal mehr sichtbar geworden, welche regelnde Rolle die Bürger dem Staat zuweisen. Das passt zum neuen weltweiten Paradigma, das einen Trend von der bisherigen Deregulierung zur Regulierung vorsieht.

Auch die Meinungsbildung fiel in der Distanz schwer, denn Willensbildung geht oft einher mit Groupthink. Die Logik des Sozialen, die interpersonale Kommunikation und das Erlebnis der Begegnung formen Meinungen. Doch das war 2021 monatelang unmöglich. Zudem geizen die Formate von Videokonferenzen systematisch mit Resonanz. Erst zwei Monate vor der Bundestagswahl lockerten sich die Formate auf. Öffentliche Veranstaltungen, Auftritte auf dem Marktplatz sowie Haustürwahlkämpfe konnten unter den besonderen Bedingungen des Abstands stattfinden. Die Mobilisierung der Wählerschaft musste insofern zwangsläufig im Superwahljahr 2021 im Vergleich zu 2017 über Online-Formate angereichert werden.

Ohne Kanzlerbonus und ohne Wechselstimmung

Die historische Konstellation zur Bundestagswahl 2021 war einmalig: Niemals zuvor fanden Bundestagswahlen ohne Titelverteidiger statt – sieht man von der ersten Wahl 1949 einmal ab. Bundeskanzlerin Angela Merkel verzichtete nach einer Serie verheerender Landtagswahlen für die CDU im Mai 2018 auf eine erneute Kandidatur und gab den Parteivorsitz ab.[11] Die Bundeskanzlerin stand im Wahljahr 2021 als Krisenlotsin einmal mehr unter den Bedingungen der Pandemie im Zentrum der Aufmerksamkeit. Sie verhalf als Corona-Titanin und mit ihrem Kanzlerbonus der Union zu Umfragewerten bei der Sonntagsfrage von über 30 Prozent. Je deutlicher jedoch wurde, dass Merkel auf keinem Wahlzettel stehen würde, desto mehr stiegen die Chancen der Mitbewerber, vor allem die der Grünen und der SPD. Hoffnungsfroh entschieden sich die Grünen dazu, erstmals eine Kanzlerkandidatin zu benennen, deuteten die Umfragen zum Zeitpunkt der Nominierung von Annalena Baerbock für die Grünen doch durchaus eine Chance zur Kanzlerschaft an. Alle drei Parteien (Union/SPD/Grüne) standen ab Sommer 2021 im Umfragekampf fast gleich hoch auf der Startlinie, um für Programm und Personen zu werben.

»Wer wird Merkel?« – dieser Gedanke spitzte sich für die möglichen Nachfolgerinnen und Nachfolger als die entscheidende Frage zu. Überträgt sich der Merkelsche Kanzlerbonus automatisch auf den Kanzlerkandidaten Armin Laschet, wenn die Union als gefühlte Staatspartei immerwährend in der Wählergunst für Stabilität und Sicherheit steht? Wer hier von einem reinen Vertrauenstransfer ausging, unterschätzte grundsätzlich die kulturelle Zäsur, die mit dem politischen Ende der Ära Merkel einherging. Denn sie prägte für eine politische Generation das Politikverständnis. So bedeuteten Wahlen in der Regel die Einlösung der Formel »Merkel + X = Mehrheit«. Bei aller Kritik an einzelnen politischen Entscheidungen führte Merkel nicht nur in Wahlkampfzeiten die Sympathieskala der beliebtesten Politiker des Landes konstant an, sondern glänzte ebenso mit positiven Werten zur Regierungstätigkeit. Wie kompensieren Wähler so eine Verlusterfahrung? Die Wahlforschung kann verlässlich den bereits genannten Kanzlerbonus einordnen, ist aber nicht im Stande, einen Malus zu verrechnen. Wem bringen Wähler diesen Vertrauensvorschuss zukünftig entgegen, zumal die Coronapandemie noch nicht gelöst war? Für alle Parteien im Bundestagswahlkampf hatte diese Frage eine fundamentale Bedeutung. Der offene Wettbewerb ohne Kanzlerbonus erhöhte für alle drei Parteien mit Kanzlerkandidaten systematisch ihre Chancen zum Erfolg und veränderte die Mobilisierungsstrategien.

Neben dem fehlenden Kanzlerbonus gab es auch keine ausgeprägte Wechselstimmung. Im historischen Vergleich wird deutlich, dass dieser fehlende Drang nach Veränderung sehr ungewöhnlich war. Denn sowohl am Ende der Kanzlerschaft von Konrad Adenauer (CDU) als auch nach 16 Jahren Regierungszeit von Helmut Kohl (CDU) herrschte ein starker Wunsch nach Veränderung, nach Überwindung alter, verbrauchter Muster und Stile, nach Neuanfang. 2021 war eine vergleichbare eindeutige Wechselstimmung nicht meßbar. Dass es einen Regierungswechsel geben würde, war klar, da die Kanzlerin nicht mehr antrat. 16 Jahre Merkel mit Schwarz-Gelb und mit drei Großen Koalitionen führten jedoch keineswegs zum eindeutigen Wunsch nach neuen Formaten der Macht, nach einem neuen Führungs- und Kooperationsstil, nach neuen Möglichkeiten des »guten« Regierens. Noch herrschte Wirklichkeitsgehorsam. Noch prägte die Erinnerung an staubtrockene Krisenpolitik eine gewisse Alternativlosigkeit. Die Option, zwei Oppositionsparteien in die Regierungsverantwortung zu katapulieren, wie sie 1998 bestanden hatte, erschien abwegig – und das trotz des Überdrusses an der Großen Koalition und ihrem Regierungsstil: dem wegmoderierenden Pragmatismus, dem unterargumentierenden Regieren und der stets situativen, postheroischen Empörungsverweigerung. Doch die Sehnsucht nach der großen emphatischen Erzählung und den Lotsen der schonenden Transformation war in keiner Phase des Wahljahres so ausgeprägt, dass ein »Weiter-So« mit anderem Personal vollkommen ausgeschlossen war. Zur Dramaturgie eines euphorischen Wechselklimas des Neuanfangs gehört sicher auch immer ein generationeller Umbruch. Aber von Merkel zu Scholz – und erst recht zu Baerbock und Habeck oder zu Lindner und Buschmann – veränderte sich nicht der Blick auf eine neue Generation, die zukünftig die Politik gestalten sollte.

Die coronabedingte Macht der Erschöpfung führte demnach einerseits zum Wunsch nach Normalität, Stabilität und Ruhe. Andererseits zeigte die Gesundheitskrise jedoch auch wie unter einem Brennglas die Reparaturbedürftigkeit des Sozialstaats. Die bereits beschriebene direkte und indirekte Wirkung der Coronathematik auf andere Politikfelder weckte bei manchen Wählern den Wunsch nach Veränderung. So blieb die Stimmung im Wahljahr trotz starker Stabilitätstendenzen ambivalent: Die veränderungsmüden Erwartungen wurden begleitet von einer Sehnsucht nach einer neuen Politik. Diese starke Ambivalenz zwischen dem Erhalt des Status quo und tiefgreifenden Veränderungstendenzen wurde überlagert von einer Medienberichterstattung, die den einseitigen Eindruck vermittelte, dass es um eine Klimawahl gehen würde, bei der die Mehrheit deutlich für die große Transformation votieren könnte. Das Ergebnis der Bundestagswahl dokumentierte präzise eine »Sowohl-als-auch«-Stimmung. Sie führt zum altbekannten Modell des dosierten Machtwechsels in Deutschland: der Koalitionswahl mit einem Kontinuitätsversprechen. Dieses Versprechen äußert sich darin, dass eine Partei aus der Vorgängerregierung auch bei der neuen Regierung dabei ist. Diese Unentschiedenheit mit unklarem Regierungsauftrag und knappen Siegern (neun Mandate lagen letztlich zwischen SPD und Unionsfraktion) war im Wahlkampf ohne klare Wechselstimmung frühzeitig zu erkennen. Aus dem Mitte-rechts-Parlament könnte ein Mitte-links-Parlament werden, wenn sich die neuen Gewichte auch in der Regierungspraxis spiegeln. Vor allem in der Koalitionsvereinbarung der Ampel war dies im Bereich der Gesellschaftspolitik eindeutig so angelegt.

Wahlkampf als Achterbahnfahrt und Umfragekampf

Der Wahlkampf war auch 2021 über weite Strecken ein Umfragekampf. Da Wähler oft und gern, wie noch zu zeigen sein wird, Fans des Erfolgs sind und nicht zum Verliererteam gehören möchten, verstärken Umfragedaten Aufstiegsbewegungen ebenso wie Abwärtsspiralen. Das Wahljahr hielt in diesem Umfragekampf viele Überraschungen bereit. Selten kreuzten sich die Hochs und Tiefs sowohl in der Sonntagsfrage als auch bei der Beliebtheit der Kanzlerkandidaten so oft wie im Superwahljahr 2021.[12]

Konkrete Kampagnen- und Mobilisierungsphasen lassen sich für das Superwahljahr wie folgt unterscheiden: Mit der zeitgleichen Nominierung von Armin Laschet (CDU) und Annalena Baerbock (Bündnis90/Die Grünen) (19. April 2021) endete die Frühphase des Wahlkampfs: Die Union lag bei 28 Prozent, die Grünen bei 21 und die SPD bei 15 Prozent. Die zweite Phase begann im Mai: Die Grünen überholten kurzzeitig die Union (26 Prozent zu 24 Prozent). Der kontinuerliche Sinkflug der Grünen begann dann Ende Mai und verstetigte sich mit den diversen Fehlereingeständnissen der Spitzenkandidatin. Die dritte Phase als Hauptwahlkampfzeit setzte nach den Sommerferien gegen Ende August bis Anfang September ein. Die SPD überholte in den Umfragen erstmals seit Jahrzehnten die Union und steigerte den Wert von Woche zu Woche. Äußere Anlässe, wie die Hochwasserkatastrophe im Ahrtal vom 14. Juli 2021, lagen zu diesem Zeitpunkt bereits Wochen zurück. Es ist insofern zu vermuten, dass sich mit dem Beginn der heißen Wahlkampfphase die Mehrzahl der Wähler in dreierlei Hinsicht neu bzw. erstmals richtungsweisend orientierten: Motive für die konkrete Wahlabsicht und die Parteienwahl sortierten sich ebenso wie die Erkenntnis, dass Angela Merkel nicht mehr wählbar war. Daraus resultierte fast ein Gleichstand der drei halbstarken Parteien um den Wert von 20 Prozent bei den Sonntagsfragen in den Monaten Juli bis September.

Bis in den Frühsommer 2021 hinein kam der Wahlkampf verstörend inhaltsleer daher. Die Fehler der Kandidatin und der Kandidaten dominierten die Berichterstattung stärker als die Themen für eine mögliche Mobilisierung der eigenen Anhängerschaft. Umfragedaten zeigten zudem, dass bei dieser Bundestagswahl offenbar drei prekäre Kanzlerkandidaten zur Wahl standen. In der Wahrnehmung der Wähler hatten Union und Grüne parteiintern auf den falschen Kandidaten bzw. die falsche Kandidatin gesetzt. Markus Söder (CSU) und Robert Habeck (Grüne) wurden ungeprüft als aussichtsreicher in der Bevölkerung eingeschätzt. Die gleichen Wähler unterstellten zudem, dass Olaf Scholz in der falschen Partei sei. Eine weniger starke Fokussierung auf Personen und eine deutlichere Inhaltsschwere kam erst ab Mitte August auf – getrieben durch die Meta-Frage, wie eine schonende, aber umfassende Transformation der Gesellschaft besser gelingen kann: mit Verboten, mit Regeln oder mit Anreizen? Ein zentrales, überwölbendes Thema fehlte allerdings, wie es vergleichbar bei der Bundestagswahl 2017 mit Migrations- und Flüchtlingsfragen existiert hatte.

Die Anlage des Wahlkampfs glich den Vorgängermodellen: ein Wohlfühlwahlkampf, der nur wenig polarisierte. Laschet minimierte mit seinem Regierungs- und Führungsstil seine Angriffsflächen. Darin war er Merkel durchaus ähnlich. Doch Merkel konnte sich dies mit einem Amtsbonus leisten, Laschet hingegen nicht. Die Grünen wurden als Hauptgegner im Wahlkampf markiert. Für Post-Merkel-Zeiten reichte dieses strategische Muster allerdings nicht aus. Profilierte Alleinstellungsmerkmale der Union konnten die Wähler bis zuletzt nicht erkennen. Die Union erschien wie eine Regierungspartei ohne berechtigte Begründung und ohne klare Führungserzählung. Sie wirkte nach den langen Jahren in Regierungsverantwortung auf dem Wählermarkt verbraucht. Ein Machtverfall lag nach den Rhythmen des Regierens spätestens ab Sommer in der Luft. Als strategischer Fehler stellte sich zudem heraus, dass die Union nicht vorbereitet war, als die SPD in den Umfragen an den Grünen vorbeizog und sie auf Platz drei verdrängte. In der Schlussphase des insgesamt flatterhaft wirkenden Hauptwahlkampfs inszenierte die Union nochmals die Wiederauflage der »rote Socken-Kampagne«, um vor einem rot-grün-roten Linksbündnis offensiv zu warnen. Immerhin hatte diese Polarisierung aus Sicht der Union Erfolg, denn die Linken blieben unter der Fünf-Prozent-Hürde und es gelang damit, die Koalitionsvarianten einer Regierungsbildung für Scholz zu minimieren. Der Game-Changer in der Kampagne der Union war Laschets unbeabsichtigtes Lachen im Flutgebiet. An dem Bild zerbrach sein Wahlkampf. Krisenlotsenschaft wünschen sich die Sicherheitsdeutschen von ihren Kanzlern. Das Lachen entlarvte Laschet in der Wahrnehmung der Bürger als wenig krisentauglich. Eine Mobilisierung über die Themensetzung einer »Richtungsentscheidung« verfing nicht. Außerdem fehlte gerade für politische Mitte-Wähler mit bürgerlichem Profil eine sozialpolitische Note, die idealerweise mit konkreten Maßnahmen unterlegt worden wäre.

Doch wie haben sich die Wahlkampagnen der drei Kanzlerkandidaten und der Parteien konkret voneinander unterschieden? Die Union hatte ihren Kanzlerkandidaten Armin Laschet verhältnismäßig spät im April 2021 nominiert. Laschet, in der Rolle des neuen Vorsitzenden, war noch nicht so gefestigt im Amt, dass er die Kanzlerkandidatur einfach verkünden konnte. Der Machtpoker um die Kandidatur zwischen Söder und Laschet hinterließ tiefe Risse in der Unionsfamilie. Söder nutzte das Machtvakuum des frischen Vorsitzenden der CDU, um seine eigene Kandidatur zu erzwingen. Mit rebellisch-brachialem Populismus zweifelte er öffentlich an der Repräsentativität der politischen Willensbildung in den Führungsgremien der CDU. Die Belastung durch diese umkämpfte Konstellation war für Laschet eine schwere Bürde im gesamten Wahlkampf. Die Schwesterparteien wirkten auf die Wähler zu keinem Zeitpunkt geschlossen und geeint hinter dem Kandidaten Laschet. Das späte Wahlprogramm setzte auf den muskulären Staat, der nicht übergriffig ist. Es war die gefühlt unentbehrliche Staatspartei, die Kontinuität im Wandel einmal mehr versprechen wollte, ohne dazu allerdings kampagnenfähige Gedanken vorzutragen.

Als tauglicher Erbe Merkels erwies sich daher besonders der Kandidat der SPD – Olaf Scholz. Die SPD nominierte ihn bereits im August 2019. Scholz stand inhaltlich – ebenso wie die Kanzlerin – für die gesellschaftspolitisch progressive Mitte. Er hatte als Bürgermeister von Hamburg bewiesen, wie moderne Urbanität sozialverträglich mehrheitsfähig bleiben kann. Als Typus prägte er ebenso wie Merkel das Ruhe-Regiment mit vornehmer Unangreifbarkeit, Solidität und Risiko-Unlust. Wer sich für die Fortsetzung der Merkel-Politik stark machte, fand mit Scholz einen sehr mächtigen Aspiranten. Dieses Potenzial erkennend, setzte die Scholz-Kampagne von Beginn an auf die Kopie des »merkeligen Sicherheitsgefühls«. Zudem konnte der Kandidat mit dem Vizekanzler-Bonus und seinem Verdienst als Finanzminister werben, hatte er doch Milliarden Euro in der Coronakrise zusätzlich verteilt. Plakate und Auftritte konzentrierten sich somit einzig auf seine Person; andere Stimmen aus der Partei waren nicht zu hören oder wurden radikal unterdrückt. Seine hegemoniale Stellung disziplinierte die SPD. Das erscheint umso paradoxer, als sich die Mitglieder der SPD noch 2019 deutlich gegen das Duo Scholz/Geywitz als Parteivorsitzende entschieden hatten. Als Narrativ setzte Scholz im Wahlprogramm und Wahlkampf die Respekt- und-Würde-Erzählung wirkungsvoll durch, mit der die Lebensleistung der Arbeitnehmer anerkennend ins Blickfeld geraten sollte. Die einstige Arbeiterpartei mobilisierte mit zentralen Arbeitnehmerthemen, die vor allem auch im Osten Deutschlands verfingen. Eindeutig setzte die SPD damit auch auf eine Repolitisierung der Sozialstruktur für Wahlkampfzwecke. Als Vehikel diente dabei die Anhebung der Mindestlohngrenze auf 12 Euro. Die Kampapne wirkte professionell sortiert und zielstrebig.

Die Grünen lebten zunächst vom Zulauf aus mehreren Richtungen. Sie agierten multikoalitionsfähig – sichtbar in Regierungsverantwortung und in der Opposition zugleich. Sie kratzten an der Dominanz der Union, indem sie das Kompetenzzentrum für Umwelt- und Klimapolitik verkörperten. Ein schonender Umgang mit Ressourcen in der stillgestellten Coronazeit hatte zudem bürgerliche Wähler mit grünen Ideen versöhnt. Von der Coronaprämie profitierten die Grünen, weil sie mit ihrer professionellen Doppelspitze im Bund einen gewachsenen Bedarf nach normativer Orientierung befriedigten und der »Rettung« eine Richtung gaben. Sie setzten mit ihrer eigenen Moral-Währung auf die schonende und gemeinsame Transformation der Gesellschaft. Der Kommunikations- und Führungsstil begeisterte bürgerliche Kreise, die sich mit Realitätsdemut geißelten. Hier hatte nicht die neo-dirigistische Entschiedenheitsprosa Aussicht auf Gehör, sondern eher Macht-Poesie als Moderation von Ambivalenzen. Doch die Wahlkampagne mit der zentralen Botschaft »Neuanfang« stockte, als die Grünen vom Doppelspiel auf das Einzelspiel umstellten. In dem Moment, in dem sie andere Parteien kopierten und das spezielle Fluidum aufgaben, das sie in der Parteigeschichte groß gemacht hatte, häuften sich die Fehler. Im Rausch des Umfragehochs – über viele Wochen auf Platz 1 bei der Sonntagsfrage – nominierten die Grünen erstmals in der Parteigeschichte eine Kanzlerkandidatin. Persönliche Fehler der Kanzerlkandidatin Baerbock (fehlerhafte Angaben im Lebenslauf bis hin zu Plagiaten in ihrem Buch »Jetzt. Wie wir unser Land erneuern«) führten innerhalb von vier Wochen zu einem dramatischen Stimmungsverfall in den Umfragen. Das Vertrauen in die Seriosität der Kandidatin zerbrach. Ihre Unerfahrenheit in der Exekutive brachte die Wahlkampagne in eine schwierige Schieflage. Da halfen am Ende weder die Hochwasserkatastrophe noch das Klima-Urteil des Bundesverfassungsgerichts oder die Fridays-for-Future-Demonstrationen, um den Zieleinlauf bei der Bundestagswahl deutlich zu verbessern. Die Kandidatin reduzierte die Chancen der Partei. Gemessen am Bundestagswahlergebnis von 2017 gehören die Grünen dennoch zu den strategischen Siegern und wiesen die deutlichsten Zugewinne auf. So waren sie nun nicht mehr die kleinste Fraktion des Bundestags, sondern agierten als drittgrößte von insgesamte sechs Fraktionen.

Eine Typologie der wählerischen Wähler

Nach dieser Interpretation des Wahlergebnisses von 2021 sollten wir den Blick wieder auf eher systematische Aspekte des Wählens richten. So finden sich auf dem Wählermarkt bestimmte Typen von Wählern, die einem Muster des Wählens folgen, immer wieder. Einige markante Typen der wählerischen Wähler sollen im Folgenden benannt werden.[13] Wir begegnen ihnen an den Marktständen – vor und hinter dem Verkaufsstand. Viele bleiben allerdings auch dem Marktgeschehen fern, weil es zu teuer, zu entfernt, zu zeitaufwendig, zu wenig sortiert erscheint.

Durchschnittswähler

Der Zeitadel dominiert in Deutschland an der Wahlurne: Gemeint sind ältere zeitreiche Wähler. Sie haben an Einfluss gewonnen. Sie haben als Rentner oder Pensionäre potenziell mehr Zeit als andere und nutzen diese, um sich verhältnismäßig intensiv auf die Wahl vorzubereiten und anschließend tatsächlich wählen zu gehen. Der durchschnittliche Wähler hat ein Lebensalter von 58 Jahren. Wie schon bei den vorherigen Bundestagswahlen macht auch 2021 die Gruppe der Wahlberechtigten ab 70 Jahren den größten Anteil aus. Zudem steigt die Wahlbeteiligung mit höherem Alter – je älter die Wahlberechtigten sind, desto höher ist die Wahrscheinlichkeit, dass sie sich an der Wahl beteiligen. Die Altersgruppe mit der höchsten Wahlbeteiligung war 2021 die Gruppe der 50- bis 59-Jährigen mit rund 80 Prozent. Erst bei den über 59-Jährigen nimmt die Wahlbeteiligung

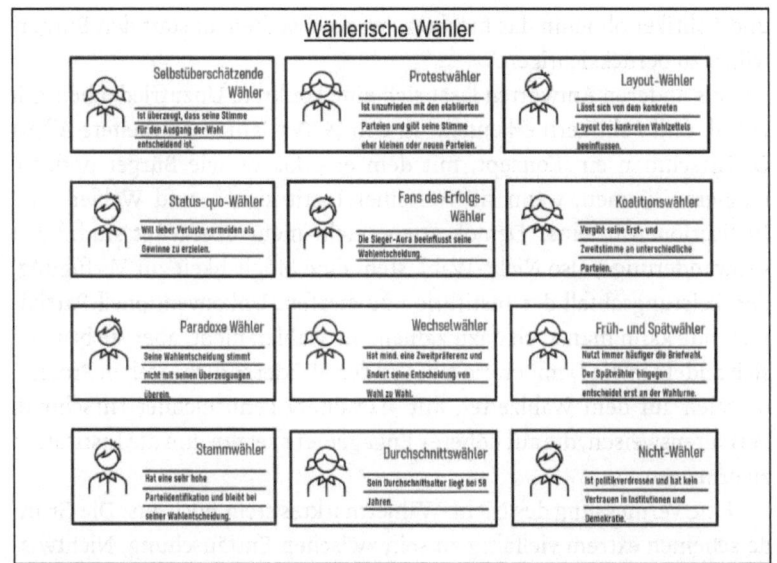

Abbildung 1: Wählerische Wähler
Quelle: eigene Darstellung, entwickelt durch Vanessa Urbanek

wieder ab. Die meisten Wahlberechtigten wohnen in Städten (rund 77 Prozent der Wahlberechtigten).

Nicht-Wähler

Immer weniger entscheiden über immer mehr.[14] Die Gründe sind vielfältig und reichen von Desinteresse und Protest bis zur allgemeinen Zufriedenheit mit der politischen Lage. Bei der Bundestagswahl im Jahr 2021 lag der Anteil der Nicht-Wähler bei 23,4 Prozent. Seit Gründung der Bundesrepublik Deutschland war der Anteil der Nicht-Wähler nie größer als im Jahr 2009, als sich 29,2 Prozent der Wahlberechtigten nicht an der Bundestagswahl beteiligten. Ein Teil der häufigsten Antworten von Nicht-Wählern auf die Frage, warum sie bei der Bundestagswahl 2021 nicht wählen gegangen sind, lassen sich dem Begriff der Politikverdrossenheit zuordnen. So gaben 65 Prozent der befragten Nicht-Wähler an, dass es für sie nicht sinnvoll ist, wählen zu gehen, weil ihrer Meinung nach die Parteien und Politiker ohnehin das machten, was sie wollten, anstatt den Bürgerwillen zu berücksichtigen.

Aus anderen Antworten lässt sich eine konkrete Unzufriedenheit mit Politik und Politikern erkennen. In den 1970er Jahren erarbeitete Albert O. Hirschman ein Konzept, mit dem er erklärte, wie Bürger optional reagieren können, wenn sie von einer Institution – und Wahlen sind Institutionen in einer Demokratie – nicht mehr überzeugt sind.[15] Mit »Abwanderung«, also Nicht-Wahl, steht eine Möglichkeit zur Verfügung, den Leistungsabfall der Institution zu strafen. Unkonventionell Partizipierende kann man auch dazu zählen. Sie wählen nicht, aber sie bringen sich anders in die Demokratie ein. Für den »Widerspruch« stehen Protestparteien auf dem Wahlzettel. Mit »Loyalität« kennzeichnet Hirschman Verhaltensweisen, die auf höheres Engagement setzen, um die Institution zu erneuern.

Eine Vermessung des Nicht-Wählermarktes steht noch aus. Die Gründe scheinen extrem vielfältig zu sein zwischen Enttäuschung, Nichtwissen und Protest. Die Marktstände sind in diesem Fall unzureichend bestückt oder schrecken ab. In einer Kurzform lässt sich resümieren: Bürger werden zu Nicht-Wählern, weil sie nicht können, nicht wollen, nicht gefragt werden. Was man aus den Nicht-Wähler-Studien weiß, ist, dass zu den Nicht-Wählern vor allem überproportional Menschen mit unterdurchschnittlichem Einkommen sowie geringem Bildungsstand gehören. Je größer die soziale Spreizung, desto geringer die Wahlbeteiligung. Sozial Isolierte gehen seltener wählen. Nicht-Wähler entstammen zu einem hohen Prozentsatz nicht der Mitte der Gesellschaft. Auf dem Markt treffen sich demnach immer weniger bunte Gruppen, sondern eher homogene, was letztlich das Angebot verändert: In den Parlamenten spielen demnach Interessen der auf dem Markt wenig vertretenen unteren Schichten eine geringere Rolle. Sinkende Wahlbeteiligung führt in der Demokratie langfristig zum Verlust politischer Gleichheit. So resümiert Armin Schäfer zutreffend klar: »Ungleiche Beteiligung an Wahlen oder anderen Formen politischen Engagements kann zur Ursache von Unfreiheit werden, wenn die Nichtaktiven sich nichtzufällig in der Bevölkerung verteilen, sondern überproportional unter den Benachteiligten zu finden sind.«[16] Wie kann man den Markt so attraktiv machen, dass er Käufer aus allen Schichten anzieht? Eine niedrige Wahlbeteiligung führt zu einer Schieflage der Repräsentation, wenn nur bestimmte Bevölkerungsgruppen für die Wahl mobilisierbar sind.[17] Selbst bei einer hohen Wahlbeteiligung, und das gehört auch zum Wählermarkt-Befund dazu, bildet die Zusammensetzung der Parlamente die Vielfalt der Gesellschaft nicht ab. Das gilt auch für das Frauen-Männer-Verhältnis in Parlamenten. Mit einem Paritätsgesetz soll sichergestellt werden, dass nur Parteien mit quotierten Listen – paritätische Vergabe von Mandaten nach Geschlecht der Kandidierenden – an Wahlen teilnehmen können. Die Schieflage der Repräsentation – relativ wenige Frauen, relativ viele Männer – soll damit aufgehoben werden. Das Paritätsgesetz ist als Vorhaben in Deutschland extrem umstritten. Bisherige Umsetzungen dazu kassierten die jeweiligen Landesverfassungsgerichte wieder ein. Andererseits gilt auch der Grundsatz, dass Repräsentation nicht mit Repräsentativität gleichgesetzt werden sollte. Alle Mandatsträger sind stellvertretend für alle Wähler gleichermaßen »zuständig«.

Eine niedrige Wahlbeteiligung verschärft die vielfältigen Ungleichgewichte und bereits benachteiligte Gruppen werden noch stärker benachteiligt. Auch die Wahrnehmung dieser Gruppe, nicht vertreten zu sein, verstärkt deren negative Reaktionen auf politische Prozesse. Das kann zum dauerhaften Nichtwählen ebenso führen, wie zur Ablehnung der Demokratie als Gesellschaftsform. Attraktive Anreize zu schaffen, sich an Wahlen zu beteiligen, hat insofern in vielfältiger Hinsicht große Bedeutung für die Demokratie.

Stammwähler

Sie kommen immer, bei »Wind und Wetter«. Dazu kann man auch diejenigen zählen, die sich sehr langfristig vor der Wahl festlegen und ebenso diejenigen, die unverändert immer die gleichen Parteien wählen. Rund ein Drittel der Wähler waren 2021 Stammwähler: Sie hatten sich rund ein Jahr vor dem Wahltag festgelegt und blieben unabhängig vom Wahlkampf bei ihrer Position. Der Anteil der Stammwähler ist im Verhältnis zu den Wechselwählern in den zurückliegenden Jahrzehnten deutlich zurückgegangen. So schätzt eine Studie der Konrad-Adenauer-Stiftung den Anteil von Stammwählern aktuell zwischen 33 Prozent (Union) und 24 Prozent (SPD) ein. Die AfD würden 50 Prozent der Befragten immer wieder wählen.[18] Die Stammwählerschaft der Parteien der Mitte besteht aus basisverwurzelten und extrem enttäuschungsresistenten Aktivsten. Wer sich als Partei nur tagesorientiert an Wechselwählern ausrichtet, verliert am Ende die Stammwählerschaft. Doch häufig wären diese durchaus bereit, unpopuläre Entscheidungen mitzutragen, wenn man sie einbindet und überzeugt.

Früh- und Spätwähler

Immer mehr Wähler entscheiden sich für die Briefwahl. Bei der Bundestagswahl 2021 haben sich insgesamt rund 22 Millionen Wähler an der Briefwahl beteiligt.[19] Das sind 47,3 Prozent aller Wahlberechtigten. Noch 2017 votierten 28,6 Prozent für eine Wahl, die unabhängig vom Wahltag vorher erfolgte. Ganz sicher hat die Coronapandemie die enorme Steigerung des Briefwähleranteils mit dem Zuwachs von 18,7 Prozentpunkten beschleunigt. Der Marktplatz hat ganz offensichtlich an Attraktivität verloren. Das Gemeinschaftserlebnis leidet darunter. Der Wählermarkt teilt sich unter diesen Bedingungen zunehmend in einen Früh- und einen Spätwähleranteil. Wichtige und zentrale Wahlkampfereignisse fließen mithin überhaupt nicht in die frühe Stimmabgabe mit ein. Der Wahltag wird zum Abschluss eines Wahlprozesses. Er verliert an Bedeutung. Unabhängig von verfassungsrechtlichen Problemen, ob beispielsweise der Grundsatz der »Allgemeinheit« der Wahl gewährt ist, wenn sehr unterschiedliche Zeiten des Wählens greifen, stellen sich praktische und organisatorische Fragen. Ist die Sicherheit, die Geheimhaltung, die Transparenz des Briefwahlprozesses gewährleistet, wenn die Hälfte aller Wahlberechtigten diesen Weg nutzt? Ob bestimmte Parteien systematisch von der Briefwahl profitieren, ist umstritten. Denn starke regionale Ergebnisse verwischen Gewissheiten. Tendenziell geht die Wahlforschung im Moment davon aus, dass die Unionsparteien und Bündnis90/Die Grünen von der Briefwählerschaft stärken profitieren als die anderen Parteien.

Wechselwähler

Ein Wechselwähler ist eine Person, die bei einer Bundestagswahl ihre Stimme einer anderen Partei als bei der vorherigen Wahl gibt. Aber woher weiß man das? Sowohl Wahlumfragen vor der Wahl als auch Nachwahlbefragungen unmittelbar nach der Wahl lassen die Frage einigermaßen präzise beantworten. Doch das setzt wiederum bei der Wählerschaft voraus, dass man sich an die zurückliegende Wahlentscheidung erinnert und nicht nur sozial Erwünschtes bei der Befragung angibt. Sowohl die Bereitschaft zur Wechselwahl als auch die Zahl der Wechselwähler hat in den zurückliegenden Wahlen zugenommen. So zeigt die Studie von Viola Neu und Sabine Pokorny im Vorfeld der Bundestagswahl 2021, dass sich nur jeder vierte Befragte mit einer Wahlabsicht vorstellen kann, nur *eine* Partei zu wählen. Alle anderen haben mindestens eine Zweitwahlpräferenz.[20] Diesen Trend kann man gut mit der Abnahme des Stammwählerklientels in Einklang bringen.

Die lagerübergreifende Wechselwahl (z. B. von Rot zu Schwarz) ist dabei ebenso denkbar wie innerhalb der klassischen Lager (z. B. von Rot zu Grün). So hat sich etwa, nach einer Studie der Konrad-Adenauer-Stiftung, die Wechselaktivität zwischen Union und Grünen ausgeweitet. Die Untersuchung fand heraus, dass beispielsweise eine Wechselwahl zwischen Union und SPD (20 Prozent) sowie Union und Grünen (ebenso 20 Prozent) für möglich gehalten wurde. Die Gründe für die Wechselwahl gehen einher mit den allgemeinen Befunden, wie sich eine Wahlabsicht herauskristallisiert. Das können Impuls-Käufer auf dem Wählermarkt ebenso sein wie langfristig beobachtende Käufer. Ein Impuls kann beispielsweise ein aus Wählersicht als gelungen bezeichnetes Krisenmanagement der Regierung sein. So wurde beispielsweise auch das Wetter »politisch«. Der Starkregen, das Hochwasser und die Flut im Ahrtal vor der Bundestagswahl belohnten die Krisenlotsen – unabhängig von Parteipräferenzen.[21]

Paradoxe Wähler

Paradoxes Wahlverhalten bezieht sich auf eine Wahlentscheidung, die nicht mit den Vorlieben und Überzeugungen eines Wählers übereinstimmt. Ein Beispiel dafür ist, wenn ein Wähler eine Partei wählt, der er als wichtigstes Thema eine harte Haltung gegenüber Einwanderung zuschreibt, obwohl die Person selbst eine liberale Haltung hat. Dahinter stecken Crossover-Einsichten. Ein anderes Beispiel: Arbeitslose müssen nicht unbedingt diejenigen wählen, die höhere Geldleistungen bzw. Transferleistungen versprechen. Warum sollten Arbeitslose nicht auch diejenigen wählen, die auf wirtschaftliche Dynamik setzen? Oder anders herum gefragt: Müssen wohlhabende Besserverdiener automatisch die Partei unterstützen, die sich beispielsweise gegen eine geringere Einkommens- oder Erbschaftssteuer einsetzt? Nicht zwangsläufig, denn die Besserverdienenden könnten auch auf den Ausbau der Infrastruktur setzen, was mehr Geld und vielleicht sogar höhere Steuereinnahmen erfordert. Dieses paradoxe Verhalten kann aus verschiedenen Gründen auftreten, wie etwa:

- - Beeinflussung durch Emotionen: Emotionen können eine größere Rolle bei der Wahlentscheidung spielen als rationale Überlegungen.
- - Unzufriedenheit mit anderen Optionen: Ein Wähler kann aus Unzufriedenheit mit anderen Optionen eine Partei wählen, die seinen Vorlieben widerspricht.
- - Beeinflussung durch soziale Normen: Soziale Normen können den Wähler dazu veranlassen, eine bestimmte Partei zu wählen, auch wenn seine eigenen Überzeugungen andere Vorlieben nahelegen.

Unter solchen Bedingungen haben Wähler oft das Wahlverhalten von spätmodernen Konsumenten. Paradoxe Kunden haben keine lebenslange Produktbindung. Sie sind multiple Persönlichkeiten. Sie wechseln Produkte – je nachdem, was biografisch gerade angesagt ist. Das gilt dann nicht als Verrat an alten Produkten, sondern eher als Ausdruck einer volatilen Wahlfreiheit. Paradoxes Einkaufsverhalten erkennt man daran, wie sich in einer Person verschiedene Konsumentenmuster abbilden: Der Einkauf beim Discounter und kurz danach in einer der teuersten Ladenpassagen oder der Konsum von Bio-Produkten hindern niemanden daran, die Kinder mit dem SUV in die Schule zu fahren.

Auch Phänomene von Reaktanz kann man diesem Wählertypus zuordnen: Wähler machen dabei das genaue Gegenteil des eigentlich Erwünschten. Hintergrund sind oft innere Widersprüche, sogenannte kognitive Dissonanzen, Einstellungen, die nur schwer miteinander zu vereinbaren sind. Kognitive Dissonanz bezieht sich auf eine psychologische Spannung, die entsteht, wenn eine Person zwei oder mehr Überzeugungen, Werte oder Handlungen hat, die miteinander im Widerspruch stehen. Um diese Dissonanz auszugleichen, kann die Person ihre Überzeugungen oder Handlungen ändern, um eine Übereinstimmung herzustellen, oder sie kann neue Informationen finden oder hervorheben, um die Widersprüche zu minimieren. Angestrebt wird eine »Seelenharmonie«. Paradoxe Wähler haben Einstellungen, die sich folgendermaßen übersetzen lassen: stabile Ambivalenzen, sorgenvolle Zufriedenheit, entspannter Fatalismus.

Wie gleichen Wähler diese Dissonanzen aus? Wie finden sie »Seelenharmonie«? Darauf gibt es vielfältige Antworten. Für Wähler, die der Wahlkampfkommunikation ausgesetzt sind, bewährt sich als Ausweg, primär auf die eigenen Präferenzen zu setzen und die vermeintlichen Widersprüche auszublenden. Aus der Wahlplakatforschung ist dieses Phänomen für Wahlkämpfe belegt: Die eigene politische Präferenz prägt die Wahrnehmung. Wir sehen, was wir sehen wollen. Die Plakate der Partei, mit der man sympathisiert, werden um ein Vielfaches häufiger rückerinnert als die Plakate der Mitbewerber.

In der Konsequenz ist sogar erkennbar, dass bestimmte Informationen bewusst ausgeblendet werden, um das Selbstbild nicht zu verunklaren. Weniger zu wissen, stabilisiert dann die Wahlentscheidung. Forschungen bestätigten, dass bisweilen triftige Gründe existieren, sich zusätzlicher Informationen zu verweigern: »Nur wenn wir wissen, was wir wissen wollen, dann wissen wir auch, was wir wissen wollen.«[22]

Koalitionswähler

Durch Stimmensplitting meint der Wähler seinen Einfluss auf die Koalitionsbildung vergrößern zu können. Doch das strategische Wählen ist kompliziert, wenn es keine klaren Mehrheiten gibt bzw. Aussagen über potenzielle Koalitionsbildungen nicht getätigt werden. Bei der Regierungsbildung sind die Wähler in der Zuschauerrolle.

Der zweckrationale Koalitionswähler splittet Stimmen. Stimmensplitting hat deutlich zugenommen. Vor allem die Anhänger kleinerer Parteien teilen Erst- und Zweitstimmen unterschiedlichen Parteien zu. 1976 nutzten nur rund 6 Prozent der Wähler die Chance zum Stimmensplitting. Bis zur Bundestagswahl 2009 stieg der Anteil auf 26,4 Prozent an. 2021 waren es mit 24,9 Prozent etwas weniger.

Das kalkulierte Wahlverhalten erfolgt bei diesen Wählern auf der Grundlage von Wissen über das Wahlsystem und die potenziellen Aussichten der Parteien. Als zweckrationale Herangehensweise wird die Stimmenteilung zur Unterstützung der präferierten Koalition genutzt. Der Stimmensplitter ist in der Regel ein rationaler Koalitionswähler. Zweitstimmen-Kampagnen oder auch Leihstimmen-Kampagnen scheinen bei diesem Wähler zu verfangen. Folgt man dieser Argumentation, dann hat sich der stimmensplittende Wähler bewusst für eine Koalitionswahl entschieden. Wenn rund 20 Prozent der Wähler davon Gebrauch gemacht haben, hat dies auch direkten Einfluss auf Koalitionsbildungen.

Grundsätzlich bleiben jedoch auch bei demjenigen Zweifel, der seine Stimmen nach rationalen Gesichtspunkten splittet, ob er damit auch tatsächlich Einfluss auf eine Koalitionsoption nehmen kann. Denn das Wissen über den Unterschied zwischen Erst- und Zweitstimme ist nicht sehr ausgeprägt – auch nicht bei den Stimmensplittern. Bei dem für die Bundestagswahl 2025 geplanten reformierten Wahlsystem steigt das Gewicht der Zweitstimme im Verhältnis zur Personenwahl. Stimmensplitting wird es weiterhin geben. Allerdings ist noch wenig transparent, wohin dies macht-, koalitions- und parteipolitisch für neue Mehrheiten führt.

Fans des Erfolgs-Wähler

Kunden zu Fans machen, Wähler als Fans binden – das ist der Gipfel an Identifikation und Einzigartigkeit. »Das Fan-Prinzip«[23] zeigt, wie emotionale Bindung, Gruppenbegeisterung und Sieger-Aura eine Wahlentscheidung maßgeblich beeinflussen können. Dabei prägt das Umfeld die eigene Zufriedenheit. Wenn ich mich bei den (potenziellen) Siegern wähne, fühle ich mich besser. So ist es beim Fußball und auch beim Wählen. Die Entscheidung für oder gegen eine Partei ist insofern an ein Erfolgskriterium geknüpft: Auch als Wähler ist man ein Fan des Erfolgs. Zur Erklärung dieses Phänomens bietet sich die soziale Relativitätstheorie an. Sie besagt, dass soziale Wahrnehmungen und Verhaltensweisen von den sozialen Beziehungen und Kontexten abhängen, in denen sie stattfinden. Menschen vergleichen sich permanent mit anderen. Und was die Mitglieder der Referenzgruppe treiben, was sie erreichen, wie sie aussehen, was sie denken oder sagen, prägt das Denken, Fühlen und Erleben der jeweiligen Mitglieder. Dahinter steckt oft das Streben nach Anerkennung, das den sozialen Wettbewerb untereinander antreibt. Man möchte seine Anerkennung im Freundeskreis steigern, wenn man mit seiner Stimme die Wahlsieger unterstützt hat. Menschen gestehen sich nicht gern ein, wenn sie falsch lagen. Sie glätten gern ihre Geschichten.

Gruppendenken führt häufig zu einem Druck zur Konformität. Das reicht sogar so weit, dass man bereitwillig auch Lügen für wahr hält, wenn es die Peer-Group vormacht. Dahinter steckt immer eine Bestätigungssuche. Die steigert sich manchmal zu Bestätigungskaskaden. Wenn sich zwei in ihrer Absicht, eine Partei zu wählen, wechselseitig bestätigen, fühlen sie sich sicherer. Kommt ein Dritter hinzu und schließt sich dieser Position an, fühlen sich alle noch sicherer. Groupthink – wie es von dem Psychologen Irving Janis genannt wurde – kann damit zur Imitation der Entscheidungen anderer führen. Alles soll die Fans des Erfolgs stärken. Wähler lieben zudem Favoriten. Umfragen dienen – neben den Gesprächen mit der Gruppe – für diese Wähler als wichtige Koordinaten, um zu beurteilen, wie hoch die Chancen sind, sich als Fans des Erfolgs wiederzufinden.

Andere Begrifflichkeiten beschreiben sehr verwandte Effekte: Man lässt sich von bestimmten Informationen leiten, gleicht diese ab und möchte erkennbar seine Stimme platzieren. So bezieht der Bandwagon-Effekt sich auf das Phänomen, dass Menschen eher bereit sind, einer Meinung beizutreten, wenn sie den Eindruck haben, dass diese Meinung bereits von vielen anderen unterstützt wird. Diese erfährt man aus der Interpretation von Umfragen oder in den sozialen Medien, denen man folgt. Diese Überlegung basiert auf dem Gedanken, dass Menschen tendenziell dazu neigen, Entscheidungen zu treffen, die von der Mehrheit getroffen werden, anstatt eine eigene, unabhängige Meinung zu bilden. Beim Wählen kann dies zu einem Feedback-Loop führen, bei dem eine politische Partei, die bereits viel Unterstützung erhält, noch mehr Stimmen gewinnt, während andere Parteien weniger Unterstützung erfahren. Oft führt das dazu, dass der in Umfragen vorne liegende Kandidat oder die vorne liegende Partei in den beiden letzten Wochen vor der Wahl nochmals zulegen kann.

Aber auch umgekehrte Effekte sind sichtbar: Der Underdog-Effekt bezieht sich auf die Tendenz von Menschen, politische Unterstützung für Parteien oder Kandidaten zu geben, die als politische Außenseiter oder »Underdogs« angesehen werden. Diese Tendenz kann auf Sympathie für diejenigen zurückzuführen sein, die als benachteiligt oder unterlegen angesehen werden. Beim Wählen kann dies bedeuten, dass ein Kandidat oder eine Partei, die ursprünglich als unwahrscheinlicher Sieger angesehen wurde, plötzlich eine größere Unterstützung erhält, wenn die Wähler den Eindruck haben, dass diese Partei oder Kandidat eine realistische Chance hat, die Wahl zu gewinnen. Dies kann dazu beitragen, dass politische Überraschungsergebnisse entstehen und dass die Wähler motiviert werden, ihre Stimme zu äußern. Umgekehrt galt beispielsweise ab einem gewissen Zeitpunkt die Kanzlerkandidatur von Armin Laschet (CDU) als aussichtslos – egal, was er danach unternahm, es hatte keinen Erfolg.

Die Hauptwirkung von Wahlkämpfen besteht im Reinforcement, der Bestätigung einer bereits weit vor dem Wahltag getroffenen Entscheidung. Der zweitwichtigste Impuls für Wahlkämpfe zielt immer auf die Mobilisierung von zunächst unentschlossenen Wahlberechtigten. Beides erreicht man, wenn es gelingt, die Wahlberechtigten zu Fans des Erfolgs zu machen, wenn man ihnen das Gefühl gibt, das Richtige zu tun, sich selbst zu bestätigen und innerhalb ihrer Orientierungsgruppe sich auch behaupten zu können. Dazu passt wiederum der in der Psychologie als Mere-Exposure-Effekt bezeichnete Befund: Allein die wiederholte Wahrnehmung einer anfangs neutral beurteilten Sache hat eine positivere Bewertung zur Folge. Für den Wahlkampf bedeutet dies, präsent zu sein, beim Wähler aufzutauchen, ihn daran zu erinnern, dass er sich bereits schon einmal für diese Partei entschieden hatte. Der Fan verlangt die Wiederholung.

Status-quo-Wähler

Status-quo-Wähler sind auf eine eigentümliche Art beständig im Wahlvorgang. Ein Muster des Wählens zeichnet sich ab, wenn man sich das Konzept der Verlustaversion näher ansieht.[24] Hierbei geht es um die relative Stärke von zwei unterschiedlichen Motiven: Man ist stärker motiviert, Verluste zu vermeiden, als Gewinne zu erzielen. Nicht bei den vermeintlichen Wahlsiegern zu sein, wäre ein Verlust. Schafft man es, bei den Wahlsiegern zu sein, ist das auf der Zielstrecke des Wählens ein Gewinn. Die Aversion gegen das Nichterreichen dieses Ziels, also nicht bei den Wahlsiegern sein zu können, ist für viele Menschen stärker als das Verlangen, es vielleicht zu übertreffen. Status-quo-Wählen ist dann ein konservativer Sicherheitspuffer: besser das Bekannte stabilisieren und damit die Chance erhöhen, am Wahlabend zu jubilieren, als das Neue suchen und möglicherweise nicht zu gewinnen. Das Phänomen der Verlustaversion haben die Verhaltensökonomen herausgearbeitet. Der Verlust schmerzt mehr, als der Gewinn glücklich macht. Die Wahlkampf-Strategie der sogenannten asymmetrischen Demobilisierung, mehrfach vom Merkel-Lager angewandt, zielte genau auf diese Effekte, dem Sicherheitsversprechen zu folgen und keine Experimente einzugehen:

»Sie kennen mich«, formulierte Angela Merkel im Wahlkampf 2017. Im Wahlkampf bedeutete das gegenüber dem politischen Gegner, ihn effektiv »niederzuschmusen«, keinesfalls ihn herauszufordern.

Selbstüberschätzende Wähler

Es ist Teil einer Selbsttäuschung, dass Wähler an das konkrete Gewicht der eigenen Stimme glauben. Diesen psychologischen Effekt machen sich die Parteien zu eigen. Ihre Tarnstrategie besteht darin, so zu tun, als ob es wirklich auf jede einzelne Stimme ganz konkret ankommen würde. Wenn demnach die generelle Stimmabgabe zur Wahl unter psychologischen Gesichtspunkten als Camouflage daherkommt, dann gilt das erst recht für alle koalitionspolitischen Konsequenzen, die sich aus der Wahlentscheidung ergeben.

In experimentellen Studien konnte nachgewiesen werden, dass zwei kognitive Fehlleistungen beim Wähler zu beobachten sind. Da ist zunächst die Selbstüberschätzung hinsichtlich der eigenen Stimmenabgabe. Viele Wähler glauben, dass sie beim Abstimmen weniger fehleranfällig sind als andere. Die eigene Stimme scheint damit wichtiger zu sein als die Stimme der anderen Wähler. Hinzu kommt eine zweite kognitive Fehlleistung: Wähler sind der Überzeugung, dass sie selbst mit hoher Wahrscheinlichkeit für den Ausgang der Wahl entscheidend sind.[25] Auch diese Kontrollillusion hat eine Wahrscheinlichkeit nahe Null, denn dies kann wohl eher für Abstimmungen in sehr kleinen Kohorten gelten. Lydia Mechtenberg kommt zu folgender Schlussfolgerung: »Insgesamt offenbaren die Experimente, dass Kontrollillusion im Verbund mit Selbstüberschätzung dazu führt, dass Menschen bereitwillig Kosten für die Teilnahme an Abstimmungen auf sich nehmen. Es ist also davon auszugehen, dass am Wahltag viele Menschen auch deshalb an die Urnen gehen, weil sie die Macht der eigenen Stimme über- und ihre eigene Anfälligkeit für Fehler unterschätzen«[26]. Der kollektive Nutzen für die Demokratie ist angesichts dieser Camouflage hoch, doch ein faktischer, konkreter Einfluss des einzelnen Wählers auf die Koalitionsbildung ist nicht messbar. Der Einfluss ist eher eingebildet als evidenzbasiert. Obwohl der Wähler erkennen müsste, dass er wenig Einfluss hat, glaubt er etwas anderes. Die Experimente zeigen, wie sehr der Wähler einer Kontrollillusion unterliegt.

Layout-Wähler

Einige Wahlstudien zeigen, wie sich Wähler vom Layout des konkreten Wahlzettels leiten lassen. Dies gilt besonders für Wahlkonstellationen, in denen sehr viele Kandidaten zur Auswahl stehen und mit den Optionen des Panaschierens und Kumulierens eine hohe Optionsvielfalt in der Wahlkabine oder bei der Briefwahl existieren. Das gilt beispielsweise für die »Landtagswahlen« zum Bremer Senat. Dabei profitieren nachweislich diejenigen Kandidaten, die vom Layout her ganz oben auf den jeweiligen Seiten zu finden sind. Sie erhalten tendenziell mehr Stimmen als diejenigen, die weiter unten alphabetisch sortiert zu finden sind. Für Bundestagswahlen gilt das nur eingeschränkt, weil Stimmenhäufungen und Tauschmechanismen nicht greifen. Dennoch ist auch hierbei nicht zu unterschätzen, welche Partei, welcher Kandidat eher oben als unten auf dem Wahlzettel steht.[27]

Protestwähler

Auch diese Gruppe ist heterogen. Protestwähler sind Menschen, die aus Unzufriedenheit mit den etablierten Parteien und politischen Institutionen ihre Stimme einer neuen oder kleinen Partei geben. Gilt die Stimmabgabe für die AfD oder die Linke als Protestwahl? Das ist in der Wahl- und Parteienforschung umstritten. Denn man kann diese Parteien auch aus ideologischer Überzeugung wählen – nicht aus reinem Protest am System oder als Provokation gegen das Establishment. Auch die Nicht-Wahl wird in der Forschung häufig als ein Phänomen von Protest gewertet. Die Unzufriedenheit kann sich auf kulturelle, soziale und wirtschaftliche Faktoren beziehen oder auf das Gefühl der wachsenden Ungleichheit.

Die wählerischen Wähler auf dem Markt

Die wählerischen Wähler sind bei Bundestagswahlen in der Mehrzahl. Wählen ist eine Entscheidung. Der Wählermarkt in Deutschland ist in Dauerbewegung. Die Dynamik der Unverbindlichkeit lässt dennoch robuste Wahlergebnisse mit hoher politischer Mittigkeit zu. Das galt für die Bundestagswahl 2021 und wird in Kapitel 4 weiter vertieft, das von den

Parteienmärkten handelt. Das Skript des Wählens wird überschrieben. Aus einer traditionellen Bindung an sozioökonomische Lagen entwickelt sich zunehmend und korrespondierend ein Wählermarkt, der die Nutzenorientierung betont. Nutzen ist nicht nur im Verständnis einer rationalen Nutzenmaximierung zuzuordnen. Der Nutzen kann beispielsweise altruistisch, gemeinwohlorientiert, egoistisch, sinnsuchend, gewinnbetont oder freiheitlich-normativ sein. Vielfältige Nutzen sind denkbar. Diese Nutzenorientierung auf dem Wählermarkt gilt dann nicht nur individuell, sondern oft auch entlang von gruppenorientierten Maßstäben. Die Wahl kann eine informierte Entscheidung sein, muss es aber nicht.[28] Auch kognitive Versager dürfen wählen und tun es auch. Aufklärerisch informiert, abwägend im Urteil, inhaltlich vorbereitet und in persönlicher Kenntnis der zu wählenden Kandidaten – dieses Modell des rationalen Wählers mag es auch in Deutschland geben, aber sicher nur als Ausnahme. Die Dynamik hängt auch damit zusammen, dass die Entscheidungen heute kurzfristiger, situativer, oft auch intuitiver fallen. Wahlforscher werden so zu »Wechselwahlforschern« (Matthias Jung). Der Wählermarkt schien früher stabiler, aber nicht unbedingt rationaler. Die Anfälligkeiten für manipulative Kampagnen nehmen zu, wenn Wählerbindungen an Parteien schwinden. Trotz einer wachsenden Dynamik der Unverbindlichkeit und Volatilität bleiben politisch-kulturelle Einzigartigkeiten in Deutschland beobachtbar: Verlässlich unterstützen die Wähler die politische Mitte mit einem elastischen Sicherheitskonservatismus. Wie zeigt sich das? Das soll in den folgenden Kapiteln vertieft werden. Doch zunächst wechseln wir die Perspektive und stellen uns hinter den Verkaufsstand. Was bieten wir warum und wie an?

3. Entscheidungsmarkt: Unberechenbarkeit als Prinzip

In diesem Kapitel wird die Marktkonstellation von der entgegengesetzten Seite des Marktstands aus betrachtet – vom Verkäufer aus, der hinter dem Verkaufsstand auf dem Wochenmarkt steht und etwas anbieten möchte. Wie macht er das? Was sind seine Beweggründe? Was macht ihn überhaupt erkennbar zum Verkäufer? Offensichtlich möchte er den Käufer zu einer Entscheidung bringen. Auch der Verkäufer unterliegt Marktmechanismen. In unserer Analogie ist er als Politiker mit dem Stoff des Politischen, der politischen Rationalität konfrontiert. Und er ist an der Bindung des Kunden interessiert, weil er ihn zu einer Entscheidung, der Kaufentscheidung, der Wahlentscheidung bringen möchte.

Der zentrale Begriff ist bei politischen Märkten das Entscheiden. Das Kaufereignis ist ein Entscheidungsmomentum. Gelingende Marktteilnahme – auch aus der Perspektive des Verkäufers – setzt typischerweise Ermöglichungsbedingungen voraus, die er mitgestalten kann. Entscheiden legitimiert die Politik in Demokratien. Stellvertretend legitimiert für alle Wähler zu entscheiden, macht den Handelnden zum politischen Akteur. Dieser wiederum wird auch daran vom Wähler erkannt und in Verantwortung genommen. Der Stoff der Politik ist insofern auch ein Amalgam der Märkte. Er strukturiert den Kommunikationsraum. Die Gespräche zwischen Bürger und Politik sind im Idealfall reziprok, sie steuern auf dem Markt Angebot und Nachfrage. Deshalb lohnt es sich, näher in den Raum des Entscheidungshandelns der politischen Akteure einzusteigen. Wenn man versteht, was ihre politische Rationalität ausmacht, ergeben sich Schlussfolgerungen für die anderen Märkte, die wiederum jeder Politiker fest im Blick behält.

Entscheiden polarisiert. Das ist gefährlich in der Politik. Denn Polarisierungen erschweren Mehrheiten. Ohne Mehrheit gibt es keine Macht.

Bei stimmungsflüchtigen Machtgrundlagen und heterogenen Wählertypen gehört es deshalb zur Stabilisierung der Macht, möglichst viele Entscheidungen offen zu halten. So sichert man sich über den Tag hinaus Mehrheiten im eigenen Lager. Politische Spitzenakteure erkennt man insofern daran, wie sie intuitiv, clever *nicht* entscheiden. Das gilt primär für den nicht-öffentlichen Bereich. Denn die öffentliche politische Pose der Entschiedenheit suggeriert in der Projektion der Bürger politische Macht. Politiker möchten als Entscheider wahrgenommen werden. Unsichere Wähler wählen keine unsicheren Politiker. Doch im Alltag des politischen Handelns versuchen die individuellen Akteure – hinter den Bühnen der Macht – eine Festlegung zu vermeiden. Sie wollen Einvernehmen oft auch ohne Entscheidung herbeiführen. Zumeist bleibt der konkrete Eigenanteil des Akteurs an der konkreten Entscheidung unsichtbar. Entscheidungs- und Darstellungspolitik gehen eine Symbiose ein. Beide Ebenen, das Entscheidungshandeln und die Dramaturgie der Inszenierungskunst, begründen ein Kräfteparallelogramm. Doch nur in der oberflächlichen, sichtbaren Wahrnehmung verlaufen die Machtwege im politischen Machtfeld parallel. Im Innern des Vierecks suchen die Akteure nach Auswegen, sich nicht festlegen zu müssen.

Politisches Entscheidungshandeln orientiert sich an der Freiheit, klug mit dem Tagesstakkato von Entscheidungszumutungen umzugehen. Das Momentum des Entscheidens ist kurz und zugleich komplex. Im Kalkül des Politikers spielt es eine zentrale Rolle. Mehrheiten regeln den Gegenstand des Entscheidens. Geschäftsordnungen regeln den Modus des Entscheidens. Organisationen regeln den Zeitpunkt und den Prozess des Entscheidens. Aber das für den individuellen Akteur immanent vorgelagerte Momentum des Entscheidens ist ungeregelt. Hier zeigt sich die Kunstfertigkeit des Akteurs, es zu nutzen. Wie reagiert er auf das Momentum? Das ist von vielfältigen Voraussetzungen abhängig. Diese kann man unter der Begrifflichkeit der »Politischen Rationalität« subsummieren, die vier Komponenten enthält: den Stoff des Politischen, die Lageeinschätzung des Akteurs, die Komplexität des Geschehens und die Arenen des Politikmanagements. Alle vier Bereiche fließen in das Momentum des Entscheidungsmarktes mit ein. Sie kommen einer Interdependenzbewältigung gleich. Sie verbinden sich mit den Erfahrungen des Politikers und seinem Gespür für das Situative, was kommende Wahlen immer mit einschließt. Das Momentum, das schließlich zur politischen Entscheidungsauswahl führt, ist die Entscheidungsheuristik.

Entscheidungsheuristiken sind kognitive Abkürzungen. Es sind vereinfachte Umgangsroutinen im politischen Alltag individueller Akteure. Wähler nutzen sie für ihre Wahlentscheidung, Käufer für ihre Kaufentscheidung, Verkäufer für ihre Verkaufsstrategie. Gewählte nutzen sie, um politisch handlungsfähig zu bleiben. Sie zu nutzen, bedeutet eine Kunstfertigkeit in Situationen von Ungewissheit. Die politischen Entscheidungsheuristiken sind eine Mixtur aus Intuition und Reflexion. Intuition verknüpft blitzschnell unterschiedliche Informationslagen. Der politische Akteur stellt sich den Entscheidungszumutungen (intuitiv und reflexiv) mittels Heuristiken des Entscheidens. Die Informationen werden in Abhängigkeit von vorhandenem Wissen und dessen Struktur eingeordnet und integriert. Der politische Akteur nutzt dafür das Abgleichen mit den Komponenten der Interdependenzbewältigung in Entscheidungssituationen. Viele Entscheidungskonstellationen erfordern viele heuristische Momente des Entscheidens.[1]

Heuristiken in der Politik gleichen mentalen Strategien, die helfen, aus dem Momentum der Entscheidungssituation, mit begrenztem Wissen und unter Zeitdruck, spontane Suchmuster des Handelns auszuprägen. Impuls-Käufern stehen Impuls-Verkäufer gegenüber. Die Heuristik des politischen Entscheidens besteht darin, Komplexitätsüberforderungen zu managen. Heuristiken helfen bei der Enträtselung der Welt. Die gedanklichen Abkürzungen sind »Daumenregeln«, die schnell, sparsam, effizient das Momentum des Entscheidens in eine Handlung, eine Entscheidung modellieren. Diese kann aber immer auch die Nicht-Entscheidung beinhalten. Politiker überführen die notwendige Herstellung und Durchsetzung kollektiver Entscheidungen mittels Heuristiken. Sie machen die Politiker zu Managern des Moments. Politik ist so immer im Präsenz unterwegs.

Entscheiden ist ein politischer Prozess, dem eine Mechanik unterlegt ist. »Entscheiden ist ein intentionaler Akt der begründeten Wahl zwischen mehreren Möglichkeiten«[2]: aktiv oder nicht aktiv werden? Welches Handlungsziel verfolgen? Welchen Durchführungsweg einschlagen? Definitorisch gehören drei Aspekte zur Entscheidung[3] – auch in der Politik: Eine Entscheidung markiert den Abschluss einer Abwägung, mit der man sich auseinandergesetzt hat; bevor die Entscheidung getroffen ist, steht noch nicht fest, wie diese am Ende ausfallen wird; eine dann getroffene Entscheidung realisiert sich in Handlungen (Mehrheitsentscheidungen, Gesetze, Einkauf am Marktstand etc.). Dahinter bleibt die Frage des Momentums, der vorgelagerten Auswahl einer Heuristik.

Zur Phänomenologie des Entscheidens gehört die Betrachtung der *einen* Wahl-Möglichkeit, die nicht zu umgehen ist, damit die andere Möglichkeit auch Wirklichkeit werden kann. »Die Entscheidung wird fällig, wenn die Möglichkeit nicht besteht, das eine zu tun und das andere nicht zu lassen, und ebenso nicht die Möglichkeit, das andere zu tun und das eine nicht zu lassen.«[4] Die Entscheidungssituation ist da. Sich dabei nicht festzulegen, unentschieden zu bleiben, ist Teil der Phänomenologie und der Freiheit in der Entscheidungskonstellation. Oft ist die Entscheidungssituation eine Situation befristeter Dauer – durchaus mit wiederkehrendem Charakter. Das hat jedoch keine Auswirkungen auf die Heuristik des Entscheidens. In jedem Fall kommt eine Daumenregel zum Einsatz. Sie kann auch schlicht dazu dienen, Zeit zu gewinnen.

Die Entdeckung der Langsamkeit schafft zudem immer auch politische Möglichkeitsmacher. Heuristiken, die zur Entschleunigung beitragen, erweitern den Raum für Priorisierungen, mithin zur Urteilsbildung für eine Entscheidung. Das regierende Zaudern als entschleunigtes Agieren wirkt wie eine Auszeit. Die Auszeit ermöglicht eine Reflexion des Entscheidungsspielraums. Sie bedeutet keinesfalls Nichtstun, sondern eine substanzielle Langsamkeit, die in Zeiten von Komplexität und Krisen ein hilfreiches Machtreservoir sein kann. Um es anzudeuten: Entschleunigung führte in der Pandemie auch zur bewussten Entkopplung von Systemen, folglich einer Entpersonalisierung des Alltagshandelns, mithin einer Minimierung von persönlichen Kontakten. Dieses Zaudern kann eine Komponente von Risikokompetenz sein. Und sie ist wiederum ein wichtiger Bestandteil von resilienzbildenden Ressourcen.[5]

Zaudern unterbricht Handlungsketten und verschafft Zeitgewinn. Schon Theodor W. Adorno wusste zu benennen, dass Zeit eine Messgröße der Freiheit ist. Zeitdruck heißt immer Freiheitsverlust. Kluge Verkäufer lassen den Käufern Zeit. Zeit verschafft, systemtheoretisch argumentiert, Dispositionsmöglichkeiten, also Optionen, die wiederum den Stoff des Politischen ausmachen. Machtressourcen beim Einsatz von Heuristiken erwachsen aus der Ungewissheit in der Zeitlücke zwischen dem »Noch-nicht-Gestalten« und dem »möglicherweise zu Gestaltendem«. Friedrich Schiller hat in seinem Schauspiel »Wallenstein« diese Macht des Zögerns aufgegriffen. Die Macht, an der Wallenstein im Zögern festhält, ist die Fülle der Möglichkeiten vor der Entscheidung. Es liegt an ihm, ob er eine

Heuristik wählt, um das Momentum zur Entscheidung zu nutzen: »In der Welt der Möglichkeiten gibt es ein vor und zurück, hier ist man noch nicht der irreversiblen Zeit ausgeliefert. Im Handeln und Entscheiden aber liefert man sich der Zeit aus und beraubt sich seiner Möglichkeiten, die nichts anders sind als die Möglichkeit einer Freiheit von der Zeit. Wallenstein jedoch will in der Zeit wirken und über die Zeit herrschen, mit anderen Worten: Er will beides zugleich sein. Machtmensch und Möglichkeitsmensch (...). Der Wille zur Macht krümmt sich in sich selbst zurück und wird grüblerisch.«[6] Die interpretative Passage einer Entscheidungssituation arbeitet mit dem Begriffspaar Machtmensch und Möglichkeitsmensch. Beides schließt sich offenbar aus. Mehr Macht durch Entscheidung führt zum Verlust von Optionen. Andererseits kann man politische Wirklichkeiten nur erkennen, wenn man die Möglichkeiten überschaut. Aus Optionen der Wahl erwachsen Blickwinkel und Perspektiven, die ohne Optionen nicht sichtbar wären.

Der Ausgangspunkt dieser Überlegungen kreist um die Mechanik von Heuristiken. Denn sie sind dem politischen Entscheidungsrepertoire vorgelagert. Ob man beispielsweise durch Zaudern die Umsetzung einer Koalitionsvereinbarung – oder einer Kaufentscheidung – hinauszögern möchte, könnte zum Arsenal von Entscheidungsstrategien gehören. Wann und ob man jedoch diese kognitive Entscheidung trifft, ist von Heuristiken getrieben, die intuitiv-situativ ablaufen. Geboren aus dem Augenblick, wirken sie wie Improvisation, wie eine Kunstfertigkeit. Doch wer als Politiker improvisiert, braucht auch Fähigkeiten, um mit dem Unvorhergesehenen, dem Unerwartbaren umzugehen. Die Fähigkeiten speisen sich aus der »Politischen Rationalität«, über die ein Politiker verfügen sollte.

Die Entscheidungszumutungen für den Politiker kommen einer Bewältigungsaufgabe gleich. Die Bewältigung bezieht sich auf eine Vielzahl von politischen Interdependenzen. Das Entscheidungshandeln des individuellen Akteurs wirkt mit dem Handeln anderer Akteure zusammen. Und sie erfolgt stets vor dem Publikum der Wähler, unmittelbar vor den Augen der Demoskopie. Wie auf einer Bühne müssen die politischen Akteure die Reaktion, den Zuspruch und die Rufe des Missfallens aus dem Publikum antizipieren und miteinbeziehen. Denn das Publikum ist wie im kleinen Szene-Theater partizipativ und somit aktiv am Erfolg des Stückes beteiligt. Da kann man sich auch Marktschreier vorstellen, die ihr Marktwissen, mit Improvisation und Hartnäckigkeit werbend und auftrumpfend, herausrufen. Die Interdependenzbewältigung enthält im Bereich der »Politischen Rationalität« die bereits oben genannten vier Komponenten: den Stoff des Politischen, die Lageeinschätzung des Akteurs, die Komplexität des Geschehens und die Arenen des Politikmanagements.

Der Stoff des Politischen

Die Herstellung und Durchsetzung kollektiver Entscheidungen zur Problemlösung gelingen in einer Demokratie nur mit legitimierter Macht. Sie webt den Stoff des Politischen. Sie ist nicht einfach vorhanden, sondern entsteht – folgt man dem assoziativ-kommunikativen Ansatz von Hannah Arendt – erst im Miteinander, im Interagieren, konkret beim Handeln und Sprechen. Die Entscheidungsfähigkeit von Akteuren steht bei diesem Zugang im Zentrum, nicht so sehr die sanktionsgestützte Entscheidungskompetenz. Handeln, bei dem man sich mit anderen zusammenschließt, um ein gemeinsames Anliegen zu verfolgen, um Verantwortung zu übernehmen, generiert Macht. Macht als Potenz realisiert sich demnach erst im politischen Handeln. Die politische Entscheidungsauswahl – durchaus mittels Heuristiken – inkludiert Macht. Der Stoff der Politik, der dabei zu behandeln ist, weicht deutlich von dem Bild ab, das Max Weber ursprünglich entworfen hat. Politiker sind keine Dickbrettbohrer, die mit langsamen Bohrbewegungen von harten Brettern mit Leidenschaft und Augenmaß vorgehen – zumindest nicht primär. Der Werkstoff der Politik, um im Bild zum Bleiben, ist kein hartes Brett. Der Werkstoff ist fluide und nimmt deshalb auch immer andere Formen an, kennt weder Anfang noch Ende. Sich auf diesem fluiden Untergrund navigierend zu bewegen, auf Unerwartetes strategisch, vielleicht experimentell zu reagieren und dabei Mehrheiten nicht aus dem Auge zu verlieren, ist viel anspruchsvoller als das langsame Bohren in harten Brettern. Das Marktgeschehen erfordert vom Verkäufer hohe Flexibilität und Einsichten in soziale Praktiken der Käufer.

Politische Macht ist darauf ausgerichtet, im Miteinander einer Mehrheit nicht nur entscheidungsbefugt zu bleiben, sondern entscheidungsrelevant agieren zu können. Die Fähigkeit zur Einigung und zum Kompromiss gehört in der Demokratie zum Handwerkzeug der politischen Mitte. Mehrheiten sind in der Politik aber immer fragile Konstrukte.

Die Konstitution von fluiden Gemeinschaften, die deshalb tagessensitiv immer im Blick zu behalten sind, um zweckgerichtete Problemlösungen durchzusetzen, zielt auf ein »bestmögliches Minimum«[7]. Gemeint ist damit, dass es bei der politischen Entscheidungsauswahl nicht um das Optimum oder das Maximum geht, sondern eben um die Balance von beidem. Die situativ anzuwendende Heuristik, um eine bestmögliche Balance zu sichern, hat einen wichtigen Grund. Sie ermöglicht einer Regierung idealerweise nicht nur beständig die Mobilisierung notwendiger parlamentarischer Mehrheiten, sondern auch die Chancen einer Wiederwahl. Denn im Entscheidungsstrom von Politikern gilt es zu beachten, ein Problem nicht nur zu lösen, sondern es so zu lösen, dass das Ergebnis nicht die Optionen für eine Wiederwahl minimiert. Politiker charakterisiert ein prekäres Beschäftigungsverhältnis: Sie leben und arbeiten ungesichert, episodisch, unscharf. Ohne Kündigungsschutz müssen sie alles tun, um ihre Karriererisiken zu minimieren. Hinzu kommt, dass sie sich im Verlauf des Politikgeschäfts Sozialtechniken angewöhnen müssen, mit denen man für andere Berufe oft nicht mehr anschlussfähig ist. Auch deshalb setzen sie als Politiker alles daran, um ihre Mandate immer wieder zu neu zu gewinnen.

Politik ist die Herbeiführung kollektiv verbindlicher Handlungsnormen. Das geschieht durch die Organisierung des gesellschaftlichen Miteinanders durch gemeinschaftliche Regeln. Die Lösung bzw. Bewältigung von Problemen sollte idealerweise politisch rational die Chancen zur Wiederwahl – in unserem Anwendungsfall das Wiedersehen mit Kauferwartung auf dem kommenden Wochenmarkt – erhöhen. Politische Macht entscheidet über Form und Inhalte dieser kollektiv verbindlichen Entscheidungen. Sach- und Machtfragen sind dabei im Sinne von entscheidungsgetriebenem Politikmanagement in Übereinstimmung zu bringen.

Zum Stoff der Politik gehört ferner, dass alle politischen Akteure zweckgerichtet handeln. Sie sind sich ihrer Interdependenz extrem bewusst. Die Handlungen der Akteure sind miteinander verknüpft. Ein Abgeordneter formulierte es so: »Politik lebt davon, Reaktionen bei anderen zu sehen – Genervtheit, Empörung, Begeisterung, Desinteresse.«[8] Das Ergebnis der Entscheidung eines Akteurs hängt von den Entscheidungen der anderen Akteure ab. Das kann im eigenen parteipolitischen Lager zu funktionalen Freundschaften führen. *Do ut des* (»ich gebe, damit du gibst«) beschreibt den Kern von Beziehungen unter Parteifreunden.[9] Dahinter stecken politische Netzwerke, die auf Verbindlichkeit und andauernde Gegenseitigkeit angelegt sind, zum wechselseitigen Nutzen.

Sie agieren und reagieren reziprok, versuchen die Schritte anderer Spitzenakteure bereits zu antizipieren. Der absolute Wunsch nach Kontrolle treibt sie an. Sie gestalten stets absichtsvoll. Das Absichtsvolle bezieht sich dabei auf den politischen Kontext der Aktion, in der jede politische Entscheidung – auch die Nicht-Handlung, das Abwarten, die fehlende, die aufschiebende, die verweigerte Entscheidung – als intentionale und zugleich antizipierende Interaktion interpretiert werden kann. Das macht die Essenz des politischen Raumes aus. Jede Entscheidung (verbal, non-verbal, visuell, analog, digital), demnach jede Gestaltung, wird interpretiert. Das soll die jeweilige Situationsherrschaft sichern. Der immerwährende und professionelle Umgang mit Ambiguität (prinzipiell mehrdeutig) und Kontingenz (alles, was ist, könnte aus Sicht des Akteurs auch anders sein) bleibt der Maßstab für gelingende Machtambitionen individueller Akteure.[10] Ohne ein Bewusstsein für diese beiden Aspekte zu haben, gelingt keinem Entscheidungsträger eine eigene komplexe Form der Realitätsverarbeitung. Das macht das Spezifische der Politik aus und liefert das Material für den Stoff des Politischen. Politische Macht verändert sich je nach Konstellation. Sie ist in der Regel nicht von formalen Kriterien der Organigramme abhängig, sondern weitgehend von Projektionen, von Mutmaßungen, vom – wie oben erläutert – Handeln mit anderen. Politische Macht ist deshalb oft auch eine von Dritten unterstellte und konstruierte Macht des Augenblicks. Sie ist latent und potenziell zugleich. Der französische Schriftsteller André Malroux formulierte zu diesem interaktionistischen Machtverständnis treffend: »Mit der Macht kann man nicht flirten, man muss sie heiraten.«[11]

Daraus folgen ganz typische Praktiken in Entscheidungssituationen.[12] Einige zentrale Praktiken werden nachfolgend aufgelistet:

– Politische Kommunikation macht politische Entscheidungen öffentlich. Sie prägt das kontinuierliche Bemühen um ein politisches Mandat. Um den Entscheidungsspielraum zu behalten, pflegt der politische Akteur kommunikativ eine souveräne Unschärfe. Wir hören deshalb durchaus, was die Politiker sagen, verstehen aber oft nicht, was sie meinen. Wer floskelhaft und uneigentlich als Politiker formuliert, kann sich auch am Ende des Satzes noch seiner Gefolgschaft sicher sein. Zumindest entgeht er ohne offensive Klarheit der Falle der Polarisierung. Politiker versuchen immer, zustimmungsfähige Sätze zu sprechen. Die politische Sprache muss Kohärenz in Entscheidungslagen suggerieren. Kontrafaktische Formulierungen helfen dabei. Auch anstehende disparate, paradoxe, widersprüchliche Entscheidungen sind sprachlich einzuhegen. Die Hintertüren der Macht bleiben geöffnet. Sprache fördert Illusionskunst: Ein Politiker muss in der Lage sein, elegant und gebildet herumzufloskeln. Das stört den Konsumenten. Es ärgert ihn zuweilen. Denn gerade Deutsche neigen ingenieurmäßig dazu, immer eine totale Genauigkeit, Präzision und Eindeutigkeit einzufordern, die aber aus Sicht der Politiker mehr Gefahren als Chancen bieten.

- Zeitstrategien helfen darüber hinaus, die eigene Gefolgschaft zu testen. Im Strom der Ereignisse lassen sich dabei behutsam die Gewichte verschieben. Entschleunigung bringt nicht nur Zeitgewinn, sondern verstärkt die Möglichkeiten, öffentlich und nichtöffentlich die eigenen Anhänger zu gewinnen. Im Zentrum steht die »Bewirtschaftung von Aufmerksamkeit« (Ulrich Sarcinelli), welche die politischen Positionen verändern können. Zu den Praktiken im Umfeld von Zeitmanagement zählt das dilatorische Entscheiden. Es erweitert das Handeln in Legislaturperioden. Die Entscheidung fällt jetzt, deren Folgen werden aber vertagt. Politik hat immer weniger Zeit, um Entscheidungen mit immer längerer Wirkungszeit und Implementationsphasen (beispielsweise in der Klimapolitik) zu treffen. Ein intergenerationelles Agenda Setting verteilt mit dilatorischer Herangehensweise heute positive Aussichten, um den Preis, dass spätere Generationen die Lasten zu tragen haben. Die »Gegenwartsschrumpfung« erleichtert im Jetzt, durch die Externalisierung der Folgekosten, zu entscheiden. Demokratien schwächeln auch deshalb bei der Zukunftsverantwortung.

- Für die anstehenden Entscheidungen sind die möglichen Erregungsschwellen abzubauen, damit sich auch Wähler langfristig daran gewöhnen. Das gilt umso mehr, wenn es sich um unpopuläre Entscheidungen handelt. Die Moderation eines Konflikts im Vorfeld kann gelingen, wenn man das Licht am Ende des Tunnels (Befristungen) anzeigen kann. Gewöhnungseffekte werden auch durch kleinteiliges Entscheiden erreicht oder im Schatten von Großereignissen die Entscheidung voranbringen.

- Widersacher im eigenen Lager sind einzubinden, zu beschäftigen, wegzuloben oder im schlimmsten Falle zu isolieren. Es herrscht immer »das Gesetz des Wiedersehens«[13]. Bei jeder Entscheidung stellt sich die Frage, wie dazu die eigene Mehrheit steht. Nicht die Gegner-Beobachtung ist ausschlaggebend, sondern die Orchestrierung der vermeintlich eigenen Anhänger. Dabei steht das tagesintegrative Managen von Mehrheiten aus ganz unterschiedlichen Interessensgemeinschaften im Zentrum.
- Zu den Praktiken der Macht in Entscheidungssituationen gehören politische Tausch- und Gegengeschäfte: quid pro quo (»ich gebe etwas, um etwas anderes dafür zu erhalten«). Je größer und disparater das Entscheidungspaket, umso wirkungsvoller können Personal- und auch Sachfragen miteinander in einen Austausch zur Kompromissfindung untergebracht werden. Für Politiker ist es in Entscheidungssituationen auch machterhaltend, wenn sie schwirige Probleme ausklammern oder – im Sinne einer Flucht – zu anderen Entscheidungsalternativen abwandern.
- Zur Anwendung kommen auch Regelabweichungen im Sinne einer Neu- bzw. Uminterpretation von bestehenden Regeln. Sie dienen der situativen Elastizität, ohne formal Regeln zu verletzen: »brauchbare Illegalität« (Niklas Luhmann). In politischen Organisationen ereignet sie sich öffentlich.
- Die Macht des Informellen ergänzt verfahrenssichernde formelle Maßnahmen. In den informellen Gesprächsformaten erweitern sich nicht nur das Wissen und die Positionen, sondern vor allem das antizipierte Durchspielen von Möglichkeiten. Der ehemalige Berliner Spitzenpolitiker Thomas de Maizière (CDU) nennt dies »Vorwirkung des förmlichen Verfahrens«[14]. Systemtheoretisch sind »Antizipationen (...) Ausgriffe ins Unsichere«[15]. In der Informalität zeigt sich eine Praktik, die professionell Erwartungsunsicherheit antizipiert, um entscheidungsfähig zu bleiben.

Die Auflistung zentraler Praktiken charakterisiert den Stoff des Politischen. Er ist Teil von »Politischer Rationalität«, über die ein Politiker verfügen sollte, wenn er Entscheidungen zu treffen hat. Zur Interdependenzbewältigung im Rahmen von »Politischer Rationalität« gehören aber noch weitere Komponenten. Nur so kann der Politiker das Marktgeschehen auch positiv mit Abschlüssen für sich nutzen.

Die Lageeinschätzung des Akteurs

Kehren wir nochmals zum Begriff des Momentums zurück. Im Momentum der Entscheidungszumutung nutzt der Akteur die kognitiven Abkürzungen. Was profiliert die Besonderheiten des Momentums? Die Antwort: Es ist im Wesentlichen die politische Lageeinschätzung. Wie ist die politische Situation in diesem Augenblick? Wie schätzen sowohl der Verkäufer als auch der Käufer auf dem Wählermarkt augenblicklich die Situation ein?

Die Beantwortung dieser Fragen lenkt die Blickrichtung auf das Informationsmanagement des Politikers, wie er konkret zur Lageeinschätzung gelangt. Das Informationsmanagement ist wichtig für den Spitzenakteur, weil Information zu den zentralen Machtressourcen gehört. Die Information kann sich sowohl auf die Policies beziehen – im Sinne einer problemlösenden Argumentationskette – als auch auf herrschaftssichernde Indikatoren: Welchen machtpolitischen Stellenwert hat die Information, wer ist dafür, wer dagegen? Die Maxime lautet: Nicht wie man Entscheidungen trifft ist wichtig, sondern wie man sie machterhaltend vorbereitet.

Sachfragen sind immer mit Machtfragen verbunden. Zielpunkt sollte sein, die Vielfalt an Informationen bis zum Spitzenakteur durchlässig zu halten. Nur wer sich langfristig die Unabhängigkeit sichert, alternative Beratungsquellen zur Entscheidungsvorbereitung nutzen zu können, kann die Ressource Information zur Machtstabilisierung einsetzen. Politische Macht bedeutet immer auch, Entscheidungsalternativen zu haben. Alternative Beratungsquellen neben den aufbereiteten schriftlichen und mündlichen Vorgängen der eigenen Verwaltung können persönliche Berater ebenso wie Telefonate mit wichtigen Parteimitgliedern sein. Auch gilt es immer die Sachrationalität der geplanten Maßnahme mit der politischen Vermittlungs- und Durchsetzungsrationalität abzuwägen.

Abstrakt kann man sich dieses permanent ablaufende Informationsmanagement der Politikberatung von innen in einem dreistufigen Strategieprozess vorstellen, der verschiedene Teilrationalitäten miteinander verbindet:

- Sachrationalität: Welche objektiven gesellschaftlichen Probleme stehen zur Lösung an? Welche politikfeldspezifischen Konzepte sind geeignet, die Probleme zu lösen (Policy-Output und -Impact)? Welche

Auswirkungen haben diese Konzepte auf andere Politikfelder (Policy-Outcome)? Was konkret will ich verkaufen?
- Vermittlungsrationalität: Sind die notwendigen Gesetzgebungskompetenzen vorhanden? Stehen ausreichende administrative und finanzielle Ressourcen zur Verfügung? Wie wird das Ziel der Gesetzgebung administrativ operationalisiert (Implementationswissen)? Wie bringe ich meine Ware wirkungsvoll zur Ansicht?
- Durchsetzungsrationalität: Wie können für die anvisierte Gesetzgebung in Partei und Parlament Mehrheiten organisiert werden? Welche Auswirkungen hat das Gesetzgebungsprojekt auf die Wiederwahl? Wie muss das Projekt kommuniziert werden, um öffentliche Zustimmung und Unterstützung zu mobilisieren? Welche Reaktionen ruft die Gesetzgebung bei wichtigen Interessenverbänden hervor? Wie setzt man den Verkaufserfolg durch?

Konkret hat das informelle Informationsmanagement aus Sicht des Spitzenakteurs die Funktion der Komplexitätsreduktion. Entscheidend bleibt, wo die Informationen wann zusammenlaufen. Idealtypisch bündeln sie sich beim Spitzenakteur (Informationspyramide). Faktisch erfolgt dies in der Regel vermittelt über Personen mit Maklermacht im unmittelbaren Umfeld des Spitzenakteurs. Um die tägliche Arbeit zu koordinieren, pflegen alle Spitzenakteure eine morgendliche Lagebesprechung (»Morgenlage«) anzusetzen. Diese Lagebesprechung ist kein Entscheidungsgremium, sondern eine Informationsrunde. Sie ist ausschließlich auf den jeweiligen Akteur bezogen. Der persönliche Charakter dieser Besprechungsrunde dominiert. Die Lage dient der Einordnung der politischen Tagessituation: Welches Thema liegt an? Wie brisant ist die Problematik, dass sich die Lage damit bereits beschäftigen muss? In diesem Kreis werden allerdings Entscheidungen vorgezeichnet. Denn durch die Selektion der Informationen wird der Filter für die Realitätswahrnehmung der Akteure gesetzt und in diesem Augenblick auch die politische Konstruktion der Wirklichkeit vorstrukturiert. Jede Neueinschätzung der Lage durch die Beteiligten ist bereits eine Entscheidung. Die Aufgabe dieser informellen Kreise und Lagebesprechungen besteht darin, sich ein Bild von der politischen Lage zu machen und Reaktionsmuster darauf zu entwickeln.

Die politische Lageanalyse ist das Fundament jedweder politischen Entscheidung. Politische Entscheidungen sind lageangepasste Entscheidungen. Bestandteile so einer Lageanalyse sollten sein: Problemdeutung und Problemerkennung, Informationsverarbeitung, Risikoeinschätzung, Nutzenvermessung, Präferenzordnung der Akteure (Wer ist damit zu befassen? etc.). Interne Vermerke überführen Lageeinschätzungen in einen dreistufigen Prozess: 1. eigene Interessendefinition (Was haben wir für eine Tagesordnung? Was steht an?); 2. Zieldefinition (Was wollen wir mit welchen Themen wie erreichen? Was werden andere wichtige Protagonisten wollen?); 3. Einschätzung der Gestaltungsmöglichkeiten (Wo liegen unsere Stärken und wo unsere Schwächen?).

Politikberatung von innen bedeutet kluges und effizientes Wissensmanagement mit den Ressourcen, die einem administrativen Apparat zur Verfügung stehen. Dies setzt einen sich permanent verändernden Informationsfluss voraus. Informationen sind Machtressourcen. Nicht die Exklusivität der Informationen ist wichtig, sondern eher die Frühzeitigkeit und Schnelligkeit, um zu ihnen zu gelangen. Wenn die Informationen als Grundlage einer politischen Lageeinschätzung so wichtig sind, dann stellt sich die Frage nach dem Webmuster einer Lageanalyse und Problemdeutung. Nach welchen Kriterien erstellt ein politischer Spitzenakteur eine Risikoeinschätzung? Wie bleibt der kommunikative Apparat – auch im Sinne eines Frühwarnsystems – für die Risiken und Chancen politischer und gesellschaftlicher Prozesse und Ereignisse sensibel? Die Informationswege suggerieren nicht nur Transparenz für die Entscheidungsgrundlage, sondern auch eine Form von vollständiger, unbegrenzter Rationalität. Doch das wäre eine Illusion, denn die kann es nicht geben, schon gar nicht in der Politik, in der jede Entscheidung mehr von der Wahrnehmung abhängt als von der vermeintlich dahinterliegenden Realität. Doch die Informationswege, die transparent aufgearbeitet sind, bieten auch die Möglichkeit, einen Entscheidungsweg zu dokumentieren, was für die Legitimation der Entscheidung für den Akteur und sein Team von Bedeutung sein kann.

Der ehemalige US-Präsident Barack Obama beschreibt dies als wichtigen Hintergrund seiner Entscheidungsfähigkeit: »(...) mit einem festen Entscheidungsprozess konnte ich mein Ego hintanstellen und wirklich zuhören, um den Tatsachen und der Logik so gut wie möglich zu folgen und alles im Einklang mit meinen Zielen und Prinzipien abzuwägen. Damit gelang es mir, schwierige Entscheidungen zu treffen und nachts dennoch zu schlafen, denn ich wusste zumindest, dass niemand in meiner Lage mit denselben Informationen als Grundlage die Entscheidung besser hätte fällen können. Ein guter Prozess bedeutete auch, dass ich jedem Mitglied des Teams zugestehen konnte, sich für die Entscheidung mitverantwortlich zu fühlen (...).«[16]

Die Lageeinschätzung in situativer Permanenz schafft eine Wirklichkeit, die das Momentum des Entscheidens ausmacht. Man benötigt für das Marktgeschehen und seinen Marktstand viele Informationen, die man ständig aktuell halten muss, um den Marktfluss einschätzen zu können. Die stets unsichere und unübersichtliche Informationslage auf der Grundlage beschränkter Rationalität (unvollständig, ungenau, zufällig) malt ein Bild als Momentaufnahme für den Akteur. Es muss dauernd übermalt werden. Auf dem Wählermarkt muss man insofern kurzfristige Kritik am Stand auch aushalten und mittelfristige Erfolge anstreben. Fehlt dieser begleitende Prozess, dann fallen auch Entscheidungen, aber diese sind weniger machtsichernd.

Die Komplexität des Geschehens

Der Politiker sieht sich nicht nur mit der Lageeinschätzung und dem Stoff des Politischen alltagspraktisch konfrontiert. Um politische Rationalität zu erfassen und die Interdependenzbewältigung zu bestehen, sind Einsichten, Einschätzungen und Entscheidungskonsequenzen zur Komplexität notwendig. Märkte sind komplex. Das politische Entscheiden ist dadurch nicht nur schwerer geworden, sondern unkalkulierbarer. Bundeskanzlerin Merkel formulierte dies offensiv: »Politik besteht ja oft darin, dass Sie morgens ins Büro kommen und nicht wissen, wie der Abend aussieht. Das ist einfach auch das, was den Reiz ausmacht: Dass Sie flexibel reagieren müssen. Dass Sie sich auf die Situation einstellen müssen.«[17] Komplexität beschreibt »den Grad der Vielschichtigkeit, Vernetzung und Folgenlastigkeit eines Entscheidungsfeldes«[18]. Die Vielschichtigkeit bezieht sich auf das Ausmaß der funktionalen Differenzierung eines Systems; die Vernetzung beschreibt den Grad der wechselseitigen Beeinflussung zwischen den Elementen und zum System; mit Folgenlastigkeit sind die unüberschaubaren Konsequenzen einer Entscheidung gemeint. Komplexität folgt einer nicht-linearen, nicht-zyklischen, oft exponentiellen Dynamik, die vielfältige Rückkopplungen von gleichzeitigen Wechselwirkungen vieler Elemente zu berücksichtigen hat.

Im Hinblick auf den politischen Kontext des Entscheidens rückt der Governance-Begriff als Anzeiger für von politischen Akteuren wahrgenommener Komplexität ins Zentrum. Dazu einige Einschätzungen:

- Regieren meint sowohl »Government« als auch »Governance«. Der stetig wachsende Steuerungs- und Regulierungsbedarf, der an den modernen Staat herangetragen wird, macht ihn zu einem verhandelnden, in nicht-hierarchische Netzwerke eingebundenen Akteur. Komplexität erhöht den Grad der Vielschichtigkeit, der Vernetzung und der Folgenlastigkeit eines politischen Entscheidungsfeldes.
- Mit den sozialen Medien (die sogenannten »Überall-Medien«) hat sich die Struktur von Öffentlichkeit neu formatiert. Die mediale Verdichtung weltweiter Geschehnisse erhöht Komplexität, zumal jedes Ich zum Sender werden kann. Bürger sind Produzenten und Entscheider zugleich. Plurale Öffentlichkeiten schaffen unterschiedliche Wirklichkeiten. Inklusive Öffentlichkeit als Bedingung für Gemeinwohl bleibt auf der Strecke.
- Die neuen Konturen des Regierens treibt eine Komplexitätseskalation voran. Form, Inhalte und Prozesse des politischen Entscheidens sind in ständiger Bewegung. Mit dem Digitalen ist zudem eine neue Arena des Lebens politisch geworden. Durch die digitale Moderne relativieren sich zusätzlich politische Steuerung und das Politikmanagement für die Politiker. Digitalisierung fordert grundsätzlich kollektive politische Steuerung heraus. Die funktionale Differenzierung wird dadurch noch unübersichtlicher.
- Die neuen Konturen des politischen Entscheidens sind oft hybrid. Das Hybride besteht unter anderem in der Verbindung von verdecktem und offenem Politikmanagement, dem Zusammenspiel von formalen und informellen Prozessen, von diplomatischem Druck und wirtschaftlichem Zwang, von Desinformation und strategischer Regierungskommunikation. Es ist das Ineinandergreifen von demokratisch legitimierter Exekutive und demokratisch nicht legitimierten Institutionen und Akteuren. Es ist das Verwischen von Regieren und Nicht-Regieren. Beides existiert nebeneinander: Hierarchie und Netzwerk. Die Kunst der Führung besteht im Wechseln zwischen diesen unterschiedlichen Steuerungsformen – begleitet von einer Kommunikation, die das nachvollziehbar begründen muss. Das hybride

Regieren kommt mit neuen Orten und neuen Zeiten des Entscheidens daher.
- Die neue Qualität besteht zum einen in den immer kürzer werdenden Phasen von Erwartungssicherheit und in der Geschwindigkeit, in der angesammelte Erfahrungen ihren Nutzen für gegenwärtige Krisen verlieren. Politische Akteure gleichen mehr denn je einem »Schachspieler, der mit einem Schachspiel spielen muss, welches sehr viele (...) Figuren aufweist, die mit Gummifäden aneinanderhängen, sodass es ihm unmöglich ist nur eine Figur zu bewegen. Außerdem bewegen sich seine und des Gegners Figuren auch von allein, nach Regeln, die er nicht kennt oder über die er falsche Annahmen hat. Und obendrein befindet sich ein Teil der eigenen und der fremden Figuren im Nebel und ist nicht oder nur ungenau zu erkennen«[19]. Für politische Spitzenakteure kommen in der Folge Entscheidungen als purer »Stresstest« daher.
- Die neue Qualität des Entscheidens unter komplexen Risikobedingungen hängt auch mit dem Thema der Zeit unmittelbar zusammen. Bundeskanzlerin Angela Merkel formulierte die Zeitbedingungen für Regierungshandeln folgendermaßen: »Das Amt des Bundeskanzlers verlangt eine unglaubliche Komplexität von Entscheidungen und Einschätzungen pro Zeiteinheit«[20]. Der Rohstoff »Zeit« ist elementar für jede Strategie. Zeitarmut ist eine wichtige Einschränkung von Strategiefähigkeit und Entscheidungsfindung. Politische Planung und Strategiebildung setzen die Antizipation von Zeitstrukturen und zeitlichen Dynamiken voraus. Zeitstrukturen sind wiederkehrende, zum Teil rechtlich fixierte Handlungsgelegenheiten und Entscheidungssituationen, beispielsweise Legislaturperioden, Wahlkampfphasen, parlamentarische Entscheidungsverfahren, Regierungserklärungen, Parteitage etc. Zeitliche Dynamiken vergrößern oder verkleinern über kurz- bis mittelfristige Zeitspannen die Handlungskorridore einer Regierung, mithin jedes einzelnen Akteurs.

Politische Akteure müssen in diesem Umfeld handlungsfähig bleiben. Sie müssen politische Rationalität trotz Komplexität erkennen und lernen damit umzugehen. Das verlangt von den Akteuren neben einer hohen moralischen Verantwortung auch eine gut geschulte Urteilskraft. Komplexität geht oft mit sogenannten »wicked problems« einher. Die verzwickten Probleme, die aufgrund unvollständiger oder widersprüchlicher oder sich dynamisch ändernder Anforderungen unmöglich zu lösen sind. Obama schreibt in seiner Biografie dazu anschaulich: »Während meiner Präsidentschaft stellte ich schnell fest, dass es für kein Problem, das auf meinem Schreibtisch landete, (...) eine hundertprozentige Lösung gab (...) Stattdessen war ich ständig mit Wahrscheinlichkeiten beschäftigt: mit der etwa siebzigprozentigen Wahrscheinlichkeit, dass die Entscheidung, nichts zu unternehmen, in einer Katastrophe enden würde, der fünfundfünfzigprozentigen Wahrscheinlichkeit, dass die eine Vorgehensweise im Gegensatz zu einer anderen das Problem lösen könnte (mit null Prozent Wahrscheinlichkeit, dass sie genau wie beabsichtigt funktionieren würde), der dreißigprozentigen Wahrscheinlichkeit, dass überhaupt nichts funktionieren würde, egal, wofür wir uns entscheiden, und dazu mit einer fünfzehnprozentigen Wahrscheinlichkeit, dass es das Problem schlimmer machen würde.«[21] Die Komplexität erschwert das politische Entscheiden, angesichts der unkalkulierbaren kollateralen Effekte. Bundeskanzler Olaf Scholz nahm in einer Bundestagsdebatte bei der Kanzlerbefragung diese Konstellation mit auf. Er warf der Opposition einen »linearen Denkstil« vor: »Wir haben nicht die Idee von linearen Fortschreibungen im Blick, sondern wir wissen, dass es dynamische Veränderungen gibt.«[22] So entledigte er sich einer Punkt-für-Punkt-Entgegnung der Widersacher.

Mit den Worten von Wolf Singer, einem bedeutenden Hirnforscher, kann man die kollateralen Folgen von Komplexität für Politik, Gesellschaft, Wirtschaft nochmals veranschaulichen. Sie zeigen auch, was auf Märkten möglich sein kann, wenn man sie auch als ein Versprechen für Komplexität anlegt:

»Ich denke, Demokratien sind aufgrund ihrer konstitutiven Diversität und Toleranz für unterschiedliche Meinungen und Interessen eine gute Option. Nur komplexe Systeme mit nicht-linearer Dynamik sind fähig, sich selbst zu organisieren und zu stabilisieren. Dazu braucht es Pluralität und die enge horizontale Vernetzung der Akteure. Stark hierarchische, totalitäre Systeme sind dagegen extrem anfällig. Sie beruhen auf der Illusion, es gäbe allwissende Dirigenten. Abgesehen davon sind vertikal strukturierte Systeme nicht zur Selbstorganisation fähig. Sie verzichten auf die Synergien verteilter Kompetenzen und entbehren deshalb jedweder Resilienz gegenüber Unvorhergesehenem. Nicht von ungefähr hat die Evolution extrem komplexe Systeme hervorgebracht, die auf Selbstorganisation vertrauen und keines Dirigenten bedürfen.«[23] Die Zeiten auch auf den Wählermärkten sind eher stochastisch als kausal oder linear. Kontingenz und

Wahrscheinlichkeiten prägen auch die politische Welt. Wo liegen mögliche Auswege, um politische Entscheidungen mittels Heuristiken zu treffen?

Drei mögliche Auswege, um mit Komplexität unter den Bedingungen von Entscheidungszumutungen umzugehen – und den Entscheidungsmarkt zu bedienen –, sollen angedeutet werden:

1. *Strategien des Inkrementalismus*: Charles Lindblom antwortete mit dem Konzept des schrittweisen »Sich-Durchwurstelns« auf den Versuch, der Komplexität noch Grade von Rationalität abzutrotzen. Es ist eine Absage an Gestaltungsideen, Planungen, Strategien. Politisches Entscheiden folgt keinem Gestaltungshybrid, sondern dem täglichen »piecemeal engineering«. Strategien des »muddling through«, die sich an den Vordringlichkeiten des Befristeten orientieren, treten an die Stelle gesellschaftsgestalterischer politischer Strategien.[24] Dazu kann auch in Krisenkonstellationen durchaus gehören, Interdependenzen gezielt zu verringern, die Entkopplung von Abhängigkeiten, Diversifizierung von Handlungsketten.
2. *Strategien des Coping*: Die Komplexität wird nicht geleugnet, aber der Umgang damit ist eher bescheiden, geradezu zurückhaltend. Probleme sollen durch Entscheidungen nicht gelöst, sondern idealweise nur bewältigt werden. Gemeint ist eine Art von prozesshaftem Gestaltungshandeln, das nicht vorgibt, anspruchsvoll Problembewältigung oder gar Problemlösung zu betreiben[25]. Uwe Schimank beschreibt das damit einhergehende Paradox für das politische Entscheiden folgendermaßen: »Schwierige Zeiten sind durch sich zuspitzende und drängende gesellschaftliche Problemlagen gekennzeichnet; diese Problemlagen verlangen von der Sache her weitreichende, den Problemen an die Wurzel gehende Umgestaltungen anstelle eines bloßen Kurierens von Symptomen; doch damit stellen sich hochgradig komplexe Entscheidungsfragen, und desto geringer fällt zwangsläufig das Rationalitätsniveau der Entscheidungen aus, sodass Gestaltungsambitionen sehr heruntergeschraubt werden müssen. Anders gesagt: Komplexität schlägt Rationalität, und infolgedessen bleibt das Gestaltungsvermögen der politischen Entscheidungsträger notorisch hinter dem eigentlich gegebenen Gestaltungsbedarf zurück.«[26] Komplexitätsmanagement durch Coping bedeutet eine handhabbare Reduktion von Möglichkeiten. In der Entscheidungspraxis tauchen beispielsweise auf: keine Ziele setzen, an denen man stur festhalten wird; auf

Gelegenheiten warten; Probleme aussitzen, irreversible Entscheidungen vermeiden, Vermeidungsimperativen folgen; oder gar »abwarten und Tee trinken«.

3. *Strategien der Übersetzung durch kluge Kontextualisierung sind ein Angebot, um produktiv mit Komplexität in der Politik umzugehen und ihr nicht auszuweichen.* Diese Kontextualisierung hat Armin Nassehi vorgeschlagen.[27] Gemeint ist, die unterschiedlichen Entscheidungslogiken der einzelnen Funktionssysteme anzuerkennen und sie nicht gegeneinander auszuspielen. Im Gegenteil: Durch Kontextualisierung könnten Bündnisse erreicht und Systeme lose verkoppelt werden, wobei die politischen Entscheider als Übersetzungshelfer und Brückenbauer einer kooperativen Entscheidung aktiv werden. Auch Ungleichzeitigkeiten können so synchronisiert werden. Die Komplexitäts-Kompetenz der Politik würde darin bestehen, Kontext-Kompetenz zu nutzen. Mit der Moderation und Übersetzung unterschiedlicher Systeme und Funktionslogiken (bspw. soziale Bewegungen und politische Parteien) stellen sich große Herausforderungen der Deutung und Einhegung von potenziellen Konflikten. Auch hierbei steht nicht primär die Lösung des Problems im Zentrum der Entscheidung, sondern wie beim Coping auch die Moderation von Ambivalenzen und Paradoxien. Das schließt jedoch keineswegs aus, dass aus solchen Mechanismen einer Verschränkung von kluger Bündnispolitik dauerhafte Neukonstellationen werden, die auch Problemlösungen unter Bedingungen von Komplexität zulassen/produzieren. Politische Heuristiken stellen sich spielerisch diesem Komplexitätsmanagement. Geradezu idealtypisch findet man die Anwendung von Kontextualisierungen in den Erklärstücken von Robert Habeck (Bündnis90/Die Grünen), dem Bundeswirtschaftsminister und Vizekanzler der 2021 gebildeten Ampel-Koalition. Gefühlt, fast nach jedem Termin, erklärt er nicht nur, mit welchen Zielkonflikten er es gerade zu tun hat, was gerade verhandelt wurde, sondern auch, wie der Termin in den Kontext der grün-nachhaltigen Gesamtagenda passt. Kontextualisierung könnte für den Marktbeschicker des Entscheidungsmarktes bedeuten, einmal mit anderen Ständen zu kooperieren.

Die Arenen des Politikmanagements

Die Interdependenzbewältigung im Bereich der politischen Rationalität ist durch Strukturmerkmale des politischen Entscheidens noch anzureichern. Gemeint sind verschiedenen Arenen des Politikmanagements, in denen sich Entscheidungshandeln entlang von Politikfeldern sortiert. Der Verkäufer muss antizipieren, was ihn auf dem Entscheidungsmarkt erwartet und sich entsprechend wappnen, wem er was eher oder eher nicht verkaufen oder anbieten kann.

Das politische System der Bundesrepublik Deutschland kann als Mischform charakterisiert werden: Es handelt sich um eine Kombination von parlamentarischen Strukturen und Verhandlungssystemen. Als Unterscheidungsmerkmal dient dabei der Typus der Konfliktregelung. In den parlamentarischen Strukturen einer Wettbewerbsdemokratie wird über den Parteienwettbewerb und das Mehrheitsprinzip entschieden. Die politische Macht ist in repräsentativer Form bei der Parlamentsmehrheit und ihrer Regierung konzentriert, was eine weitgehende Machtausübung ohne besondere Rücksichtnahmen auf die Opposition erlaubt. Doch eine Konfliktregelung nach dem Muster der Wettbewerbsdemokratie im strikten Sinne einer Mehrheits- und Konkurrenzdemokratie – entsprechend dem britischen »Westminster-Modell« – charakterisiert keinesfalls den klassischen Machtkreislauf der Berliner Republik.

Aber trifft das Gegenbild einer Verhandlungsdemokratie zu? Hierbei entfalten Parteienwettbewerb und Mehrheitsprinzip bei Wahlen und parlamentarischen Prozessen in nur eingeschränktem Maße ihre Wirkung. Denn die Konfliktregelung erfolgt strikt durch Aushandlungsprozesse. Das gütliche, freiwillige, konsensuale, kompromissgeprägte und informelle Einvernehmen der beteiligten Akteure führt zur Konfliktlösung weitgehend ohne die Transparenz der Willens- und Entscheidungsbildungsprozesse. Dennoch lassen sich eine Vielzahl von konkreten politischen Entscheidungen anführen, in denen die Politik die Einbindung aller möglichen Interessengruppen (Korporatismus) zwar zuließ, sich dennoch der Mehrheitsregel verpflichtete, am Ende des Prozesses gegen die Wünsche und Zielsetzungen machtvoller gesellschaftlicher Gruppen entschied. Die Bundesrepublik Deutschland ist somit weder eine reine Wettbewerbsdemokratie noch eine reine Verhandlungsdemokratie. Mehrheitsdemokratische und konsensuale Entscheidungsmodi haben nebeneinander Gültigkeit, sodass sich das Regierungshandeln in der Bundesrepublik primär am Modell der verhandelnden Wettbewerbsdemokratie orientiert. In diesem institutionellen Rahmen erfolgen Konfliktregelungen und Problemlösungen in gegenseitiger Abhängigkeit, die Verhandlungszwänge entstehen lassen.

Die Überlappungen in den Ebenen Wettbewerb (Mehrheitsregel im Parlament), Hierarchie (Verwaltungshandeln bei der Ausführung und dem Vollzug von Gesetzen, Verordnungen etc.) und Verhandlung (Runde Tische für korporatistische Interessenartikulation) lassen die Schlussfolgerung zu, dass der sogenannte »verhandelnde Staat« des Einsatzes von Steuerungsinstrumenten bedarf, die über den traditionellen politischen Prozess zwischen den Verfassungsorganen weit hinausweisen. Gleichgültig von welcher konkreten Akteurskonstellation Deutschland regiert wird, die Kennzeichen der verhandelnden Wettbewerbsdemokratie gelten für alle. Das politische Entscheiden scheint sich danach an immerwährenden Runden Tischen abzuspielen. Ein Gesetz benötigt deshalb in Deutschland im Durchschnitt 264 Tage bis zu seiner Verabschiedung. Die Qualität des sozialen und gesellschaftlichen Friedens hängt entscheidend von dieser Art der legitimierten Konfliktbearbeitung ab, die einer Umarmungsdemokratie, Konsens- oder auch einer Schlichtungsdemokratie gleichkommt. Zum Alltag gehört allerdings auch, dass viele Bürger den Eindruck haben, in einer Trägheitsdemokratie zu leben. Die Entscheidungsfindung dauert angesichts vieler Vetospieler lange und die Dynamik der Veränderungen ist institutionell eingebremst. Doch erinnern wir uns an den Wählermarkt: Wollen die Sicherheitsdeutschen wirklich schnellere Veränderungen, wenn sie so status-quo-orientiert Macht beim Wählen verteilen?

Beim Politikmanagement wird sichtbar, dass die Steuerbarkeit des politischen Systems mit der Steuerungsfähigkeit der wichtigen politischen Akteure einhergeht. Die Politiker sehen sich grundsätzlich mit drei unterschiedlichen Handlungsarenen konfrontiert, in denen sich ihre Entscheidungen manifestieren. Dazu zählen die parlamentarische, die administrative und die öffentliche Arena.

Alle drei Arenen verfügen über ausdifferenzierte Handlungsebenen mit eigenen Handlungslogiken und Handlungsanforderungen, unterschiedlichen Reichweiten, Grenzen und verschiedenen Beteiligungschancen der Bürger. Vor allem bedeuten die Arenen auch drei unterschiedliche strategische Konsequenzen für die politische Kommunikation der Akteure. Die Grundthese ist dabei, dass sich diese drei Handlungsebenen des

Entscheidens im Zuge der Professionalisierung von Politik zunehmend ausdifferenziert haben.

1. *die parlamentarische Arena*: Die Entscheidungsprozesse folgen der Logik von Mehrheitsregeln des Parlamentarismus. Kurzfristige Kalküle dominieren im Dauerwahlkampf. Alle Zuordnungen im Rahmen einer politischen Kommunikation über Sachfragen oder Lösungsoptionen orientieren sich primär am Dualismus Regierung gegen Opposition. Entschieden wird nicht primär nach dem Gesichtspunkt optimaler Problemlösung, sondern nach machtpolitischen, mehrheits- und wiederwahlsichernden Aspekten. Die parlamentarische Arena bildet zusammen mit der administrativen Arena den Ort, wo sich die politischen Verhandlungsprozesse abspielen. Hier werden die allgemeinverbindlichen politischen Entscheidungen gefällt. Die Auseinandersetzungen sind öffentlich.
2. *die administrative Arena*: Bei der administrativen Ebene des Politikmanagements steht die Verhandlung, das Aushandeln im Zentrum. Wesentliche Entscheidungen werden nicht mit Stimmenmehrheit, sondern auf dem Wege von Aushandlungsprozessen getroffen. Sieger und Besiegte sind nicht wie auf der Ebene des Parteienwettbewerbs, der parlamentarischen Ebene, erkennbar. Im Gegenteil: Der Parteienwettbewerb wird durch konsensdemokratische (»gütliches Einvernehmen«) und konkordanzdemokratische Arrangements überlagert. Die Steuerung ist nicht-hierarchisch, nicht-majoritär. Die freiwillige Einigung charakterisiert das Ergebnis. Der Anteil der Akteure an den Details des geschnürten Verhandlungspakets bleibt gezielt geheim, sie verfügen über eine Abschlussvollmacht. Bei der administrativen Arena spielen zusätzlich zu den Parteivertretern die Interessengruppen und die Vertreter der bürokratischen Verwaltungssteuerung eine wichtige Rolle. In den teils lose institutionalisierten Verhandlungsarrangements beziehen Regierungen aktiv Verbände, Nichtregierungsorganisationen (Non-Governmental Organizations, NGOs) und weitere Akteure aufgrund ihrer Expertise und ihrer Legitimationserwartung ein.
3. *die öffentliche Arena*: Da jede politische Entscheidung in einer Demokratie öffentlich legitimiert sein muss, besteht zwischen den Akteuren in der Politik ein Wettbewerb um öffentliche Aufmerksamkeit. In der öffentlichen Arena ist die politische Entscheidung deshalb an

den Erfolgsbedingungen der medialen Öffentlichkeit zu orientieren. Aufmerksamkeit entscheidet, weniger die sachliche Notwendigkeit. Die Zustimmung zu den politischen Akteuren und den von ihnen vertretenen Positionen ist wichtiger als die Lösung von Problemen. Medienadressierte Personalisierung (Darstellungspolitik) ist wichtig, nicht das verschwiegene Aushandeln in der Verhandlungsdemokratie. Die Steuerung läuft über die Beeinflussung und Aktivierung von Stimmungen, nicht über Hierarchie, Mehrheit oder Konsens. In dieser Arena findet primär die politische Kommunikation zwischen den politischen Akteuren und den Bürgern statt. Die politische Kommunikation und die politische Mobilisierung in der öffentlichen Arena sind zur Erlangung von Zustimmung des Publikums für alle Beteiligten eine entscheidende Voraussetzung zur Durchsetzung ihrer politischen Anliegen. Going Public ist ein gängiges Führungsinstrument der Spitzenakteure, um aus Stimmungen am Ende Stimmen zu machen.

Man erkennt schnell, dass sich für Politiker aus den drei Arenen sehr unterschiedliche Entscheidungszumutungen ergeben. Die Arenen spielerisch, experimentell zu verknüpfen, in keine Falle zu gehen (weder in Verflechtungs- noch in Konsensfallen) gehört zur »Politischen Rationalität« des Entscheidens. Im Momentum des Entscheidens, in der Auswahl von Heuristiken hat die Erfahrung mit diesen Arenen und das Wissen über deren inhärente Logiken eine große Bedeutung.

Die Interdependenzbewältigung von Stoff, Lage, Komplexität und den Arenen markiert die politische Rationalität des individuellen Akteurs. Sie werden im Momentum des Entscheidens reflexiv mit zu berücksichtigen sein, um entscheidungsfähig zu agieren und eine politische Entscheidungsauswahl zu treffen. Im Idealfall führt das dazu, den Käufer zur Kaufentscheidung zu bringen.

Der Gewissheitsschwund auf dem Entscheidungsmarkt

»Solange man handelt, ist man frei, nicht vorher und nicht nachher, weil handeln und Freisein ein und dasselbe sind.«[28] Für Hannah Arendt ist das selbstzweckhafte Tun immer machtperspektivisch auf andere bezogen. Das Tun bedeutet entscheiden. Politiker nutzen Heuristiken des Entscheidens, um Macht zu generieren, Probleme zu bewältigen und damit die Ordnung der Freiheit zu sichern. Ausgangspunkt meiner Argumentation ist dabei die Vorstellung einer Mechanik von Heuristiken in der Politik. In einem abstrakt konstruierten Kreislaufmodell (über Feedback-Schleifen) nutzt der individuelle Akteur im situativen Momentum des Entscheidens kognitive Abkürzungen (intuitiv und reflexiv gespiegelt).

Es ist die Pragmatik des Augenblicks, die auch auf dem Entscheidungsmarkt wirkt. Dabei sind die Entscheidungszumutungen – für den Käufer – in realisierte Handlungen zu überführen, wenn politische Rationalität in Form von Interdependenzbewältigung eingesetzt wird. Der Profi prägt dabei Umgangsroutinen aus. Heuristiken begleiten das politische Handeln in Unsicherheit und das Dilemma-Management. Politik ist oft erratisch. Die Entscheidungsfähigkeit der Politik hängt von der Anwendung von Heuristiken ab. Sie öffnet den Raum für die Kunstfertigkeit von Politik.

Aber das ist unter den Bedingungen von Komplexität schwieriger geworden. Unberechenbarkeit wird das Prinzip der Politik. Gewissheitsschwund existiert, wenn es keine Zwangsläufigkeiten mehr gibt, wenn sich Planbarkeit und Masterpläne als gefährliche Illusion erweisen, wenn das Ereignis-Gewitter zur Erwartungssicherheit des Nicht-Erwartbaren führt. Die Politik agiert unter diesen Bedingungen nur noch im Modus des Nachbesserns. Politik verkommt auf dem Entscheidungsmarkt oft zum Feuerlöscher. Es wird auf Sichtweite experimentiert. Die Uneindeutigkeit führt zu überraschenden Feedbacks, zu Kontrollverlusten. Nichts folgt notwendig aus etwas Anderem. Vollständige Problemlösungen bleiben Illusionen mit der Fiktion von Lösbarkeit, weil bei komplexen Mechanismen mit neuen, aufbrechenden, unerwarteten Folgeproblemen zu rechnen ist. Für viele Bürger ist jedoch die Problemlösung und die praktische Nützlichkeit der Hauptgrund, Vertrauen in die Demokratie und ihre Prozesse zu entwickeln. Was passiert mit dem Vertrauen in die Politik, wenn Politik nur noch punktuell Probleme lösen kann?

Vielleicht helfen Anleihen bei Großstrategen der Politik, wie Henry Kissinger, der die Problematik komplexer Herausforderungen folgendermaßen beschreibt und damit das Marktgeschehen aus den unterschiedlichen Perspektiven im Blick behält: »Strategie beschreibt die Schlussfolgerung, zu der ein Staatslenker unter diesen Bedingungen der Knappheit, der Zeitgebundenheit, der Konkurrenz und der Fluidität kommt. Bei der Suche nach einem Weg voran kann man strategische Führung mit einem Seiltanz vergleichen: Wie ein Akrobat, der stürzt, wenn er zu ängstlich oder zu kühn ist, bewegt sich auch eine Führungsfigur auf einem dünnen Seil, aufgehängt zwischen den relativen Gewissheiten der Vergangenheit und den Unklarheiten der Zukunft. Die Strafe für das Streben nach dem Unerreichbaren – die Griechen sprachen von Hybris – ist Erschöpfung, der Preis für das Ausruhen auf den eigenen Lorbeeren sind fortschreitende Bedeutungslosigkeit und schließlich Verfall. Schritt für Schritt müssen Anführer die Mittel und Zwecke sowie Absichten und Umstände in Übereinstimmung bringen, wenn sie ihr Ziel erreichen wollen.«[29]

Diese Konstellationen verstärken die Sehnsucht nach Krisenlotsen in der Politik, die mit der jeweils unfertigen Politik umzugehen verstehen. Sie sollen sicher in der Unübersichtlichkeit navigieren, immer kurzfristiger entscheiden. Politik unter den Bedingungen des Gewissheitsschwundes verliert die Rituale des Siegens und Verlierens. Die Dimension des Dazwischen wird wichtiger für das Marketing der Politik. Unberechenbarkeit bleibt auch auf dem Markt relevant. Wie flexibel und überraschungsfest stellt sich der Verkäufer darauf ein, dass sein Warenangebot immerwährend flexibel zu halten ist? Fehlerfreundliche Revisionen und agile Anpassungsstrategien muss man aushalten können. Wie schnell kann einen das überfordern? Was folgt daraus weiterhin für die Wahlentscheidung? Das ist in weiteren Marktkonstellationen zu erörtern.

4. Parteien- und Koalitionsmarkt: Dominante politische Mitte

Was für eine Auswahl! Der Marktbesuch kann einem zusetzen, wenn man entscheidungsschwach ist. Denn die Angebotspalette ist meist sehr hoch. Unterschiedliche Produkte an verschiedenen Ständen, aber auch gleiche Produkte, die von verschiedenen Anbietern bereitgehalten werden, erschweren die Konstellation für Orientierungsnomaden. Viele vergleichen und wägen ab. Andere bevorzugen immer den gleichen Stand oder verbinden die eine Option koalitionär mit der anderen. Für wiederum andere enthält der Markt kein Versprechen, denn das, was man sucht, findet man nicht dort, sondern nur online oder an einem anderen Ort. Was ist im übertragenen Sinne das Besondere, Markante am deutschen Parteien- und Koalitionsmarkt? Was folgt daraus für das politische Personal?

Auch beim Parteiensystem und dem Parteienwettbewerb gilt es eine hohe Dynamik zu beachten.[1] Das Parteiensystem kennt in Deutschland den begrenzten, moderaten, pluralistischen Wettbewerb, es ist weniger polarisiert als in den meisten europäischen Nachbarstaaten. Nach 1949 entwickelten sich zunächst sehr viele Parteien. Ein Konzentrationsprozess setzte in den 1950er Jahren ein. Der ökonomische und gesellschaftliche Wandel erhöhte Wohlstand und Wohlfahrt. Sozialer und gesellschaftlicher Frieden machten aus Partikularem verbindend Integratives.

Das veränderte auch die Parteien und den Parteienwettbewerb. Denn sie sind idealerweise ein Abbild des gesellschaftlichen Wandels. Folgt man dem Cleavage-(Spaltungs)Konzept der Parteien- und Wahlforschung, dann definierten sie über Jahrzehnte die Spaltungslinien in der Gesellschaft als langfristige Zuordnungen von Wählerschaften zu politischen Lagern. Die Spannungslinien sind in diesem Konzept durch sozialstrukturelle Konflikte erkennbar, die eine Gesellschaft ausdifferenzieren. Dazu gehören ökonomische Interessen, Religion, kulturelle Prägungen oder das Stadt-Land-Gefälle. Dahinter stecken gesellschaftliche Konfliktlinien, die den Parteienwettbewerb strukturieren: die Verteilung des gesellschaftlichen Reichtums (Arbeit vs. Kapital); kulturelle Differenzen in der politischen Partizipation (libertär oder autoritär); das relative Gewicht von Staat und Markt; seit den 1990er Jahren ein Konfliktpotenzial zwischen kosmopolitischen und kommunitaristischen Polen bzw. zwischen eher postmateriell-libertär-ökologischen und traditionell-autoritär-konservativen Spannungslinien. Es ist ein Mischungsverhältnis unterschiedlicher Dimensionen von ökonomischen (verteilungspolitischen) und kulturellen (wertebezogenen) Grundpositionen.

Union (CDU und CSU), SPD, FDP und Grüne nehmen die großen gesellschaftspolitischen Grundkonflikte auf und übersetzen sie in ihre Parteifamilien. So wandelten sich Klientel- und Honoratiorenparteien zu großen Integrationstankern, zu Volksparteien (besonders Union und SPD) mit Hunderttausenden Mitgliedern und Millionen Wählern.

Das Modell von Volksparteien bildete sich als Integrationsangebot sehr unterschiedlicher Interessen heraus. CDU/CSU und SPD zielten auf eine breite Wählerschaft und verzichteten auf eine ausgeprägte ideologische Grundausrichtung. Das war der Grundstein für ein über viele Jahre andauerndes symmetrisches Dreiparteiensystem der 1960er und 1970er Jahre aus CDU/CSU, SPD und FDP. Es zeichnete sich durch die prinzipielle Koalitionsbereitschaft aller drei Parteien aus. Zugleich entschied die FDP als Zünglein an der Waage über die Zusammensetzung der Bundesregierung. Sie war über viele Jahre der Mehrheitsbeschaffer für die Union oder die SPD. Diese Rolle behielt die FDP prinzipiell bis 1998, als sie zum ersten Mal nicht mehr an der Regierung beteiligt war.

Dem Konzentrationsprozess des Wahlverhaltens auf die vier Parteien CDU, CSU, SPD und FDP folgte ab Mitte der 1970er Jahre eine erste Ausweitung des politischen Wettbewerbs mit dem Aufkommen neuer sozialer Bewegungen und der sich anschließenden Etablierung von Bündnis90/Die Grünen in den 1980er Jahren. Aus dem Zweieinhalbparteiensystem wurde ein Mehrparteiensystem. Der Einzug der Grünen in den Bundestag läutete 1983 die Phase einer Lagerpolarisierung ein: Mit Union und FDP einerseits sowie SPD und Grünen andererseits konkurrierten zwei alternative Regierungsbündnisse um die Macht.

Die deutsche Einheit stellte 1989/90 einen weiteren gravierenden Einschnitt dar. Mit dem Einzug der PDS/Die Linke in den Bundestag blieb die Lagerkonstellation erhalten, gleichwohl sich das System zu einem Fünfparteiensystem wandelte. Auf die Mehrheitsbildung im Bund und in den westdeutschen Ländern hatte der Aufstieg der Linken keinen nennenswerten Einfluss.

Unter makrosoziologischen Gesichtspunkten lässt sich dieser Wandel auch als gesellschaftspolitischer Wandel verstehen. In der Frühphase der Bundesrepublik stützte sich die Union auf Wähler mit hoher Bindung an die beiden großen christlichen Konfessionen: Personen mit hoher Kirchenbindung und insbesondere gläubige Katholiken gehörten von Anfang an zur Stammwählerschaft der Union. Die Sozialdemokratie hingegen bezog sich hauptsächlich auf den Klassengegensatz zwischen Arbeit und Kapital; vor allem in der gewerkschaftlich organisierten Arbeiterschaft erzielte sie hohe Stimmenanteile. Durch programmatische Öffnungen erweiterten beide Parteien ihre Wählerbasis, entwickelten sich in den 1950er und 1960er Jahren zu Volksparteien. Damit bildeten sich die Eckpunkte eines zweipoligen Parteiensystems heraus. Die FDP nahm als Vertreterin des alten Mittelstands (Selbstständige) dazwischen eine strategisch günstige Position als dritte Kraft ein. Dieses Zweieinhalbparteiensystem besaß eine enorme Anziehungskraft auf die Wähler. Von 1961 bis 1983 waren CDU/CSU, SPD und FDP die einzigen Parteien im Deutschen Bundestag. Bei den Bundestagswahlen 1972 und 1976 entfielen sogar über 99 Prozent der abgegebenen Zweitstimmen auf diese Parteien.

Diese feste Ordnung begann sich jedoch schon ab Ende der 1960er, Anfang der 1970er Jahre schrittweise zu verändern. Der gesellschaftliche und industrielle Wandel bewirkte eine sozialstrukturelle Angleichung der Wählerschaften beider Volksparteien. Mit dem raschen Anwachsen der neuen Mittelschicht (Beamte und Angestellte) stieg auch der Anteil der Wähler, die durch sozialen Aufstieg den traditionellen Milieubindungen immer mehr entfremdet wurden. Die Union relativierte ihr kirchliches, insbesondere katholisches Profil. Die Sozialdemokraten und die Liberalen erzielten deutliche Stimmengewinne in den neuen, konfessionell eher ungebundenen Mittelschichten. Hinzu kamen Veränderungen in den Einstellungen und den Werten bei jüngeren, vorwiegend besser ausgebildeten Menschen. Sie beförderten die sogenannten neuen sozialen Bewegungen, die sich politisch mittels Bürgerinitiativen und lokaler Netzwerke in bewusster Distanz zu den etablierten Parteien engagierten. Frieden, Umweltschutz und Emanzipation waren ihre programmatischen Leitmotive. Trotz dieser Lockerung traditioneller Loyalitäten hatten die alten Konfliktlinien jedoch weiterhin Bestand. Man kann insofern erkennen, wie der gesellschaftliche Wandel durch den Ausbau des Wohlfahrtsstaats, durch die Individualisierung von Lebensstilen, durch den Strukturwandel von Öffentlichkeit sowie durch die Bildungsexpansion auch zum Wandel von Angeboten der Parteienfamilien führten. Auf dem Marktplatz trafen sich offenbar zusätzlich andere Wähler, suchten neue Angebote. Doch der veränderte Möglichkeitsraum hatte zunehmend situativen Charakter. Kundenbindungen ließen nach.

Mit der Etablierung der Grünen zu Beginn der 1980er Jahre wurde die bis dahin vorwiegend duale Parteienlandschaft um die ökologische Konfliktdimension erweitert. Die neue Partei stand in starker Konkurrenz zu den Sozialdemokraten und den Liberalen. Bereits in den 1970er Jahren hatte sich die FDP den Interessen von höheren Angestellten und Beamten sowie sozialen Aufsteigern geöffnet und agierte im Rahmen der sozialliberalen Koalition als wirtschaftspolitisches Korrektiv gegenüber den eher staatsinterventionistischen Vorstellungen der SPD. Der erneute Koalitionswechsel der FDP 1982 zur Union reduzierte die Stammwählerschaft der FDP durch die Abspaltung linksliberal eingestellter Wählerkreise existenzbedrohend. Bis heute konnte die FDP als wirtschaftsliberale Partei, die in hohem Maß die politisch-ökonomischen Interessen von Selbstständigen vertritt, diese gravierenden Verluste nicht ausreichend kompensieren. Inzwischen ist es dem realpolitisch geläuterten Bündnis 90/Die Grünen gelungen, in ehemals linksliberalen Wählerpotenzialen Fuß zu fassen.

So bestand ab Mitte der 1980er Jahre ein »Zweiblocksystem«: Schwarz-Gelb versus Rot-Grün. Die Wähler hatten auf diese Weise zugleich die Regierungsbildung mitbestimmt. Allerdings schrumpfte der große Vorsprung von 16,2 Prozent der schwarz-gelben Koalition gegenüber dem rot-grünen Lager bei der Bundestagswahl 1990 auf nur noch 4,6 Prozent 1994.

Mit der deutschen Einheit modifizierte sich auch das Parteiensystem. Es ergänzte und erweiterte sich zunächst durch Ausdehnung der westdeutschen Parteien auf den Osten. Hinzu kam allerdings die PDS/Linke als potenzielles koalitionspolitisches Reserverad für Rot-Grün.

Bei der Bundestagswahl 1998 reichte der schwarz-gelbe Vorsprung nicht mehr.[2] Die Bundestagswahl von 1998 war auch ein Beleg für demokratische Reife. Niemals zuvor in der Geschichte der Bundesrepublik war eine Bundesregierung abgewählt worden. Erstmals etablierte sich eine rot-grüne Regierungskoalition auf Bundesebene. Aus zwei Oppositionsparteien wurden Regierungsparteien, die die erste »linke« Regierung in Deutschland seit 1919 bildeten. Das zeigt wieder, in Ergänzung zu den Argumenten auf dem Wählermarkt, wie konservativ, wie risikoscheu die Sicherheitsdeutschen wählen. Denn ansonsten galt die Regel, dass auch in der neuen Regierung kontinuitätsverbürgend ein Partner aus der alten Regierung immer mit dabei war.

Ab der Bundestagswahl 2005 existierte ein asymmetrisches, »fluides Fünfparteiensystem« (Oskar Niedermayer) mit weitreichenden Konsequenzen sowohl für die Regierungsbildung im Bund als auch in den westdeutschen Ländern. Die neue Qualität des Parteienwettbewerbs besteht seither darin, dass jenseits der Großen Koalition Bündnisse entlang der tradierten parteipolitischen Lager immer noch möglich, aber weder kalkulierbar noch erwartbar sind. Ein fluid-komplexer Parteien- und Koalitionsmarkt hatte sich ausgeprägt. Die Relativierung der ehemaligen Dominanzparteien war eingeläutet. Die Parteistärken avancierten zum flüchtigen Gut. Neugründungen entstanden 2006 mit der Partei der Piraten. Die Online-Interpretation sämtlicher politischer Prozesse stand dabei im Zentrum der digitalen Kommunikation. Die Piratenpartei zog in mehrere Landesparlamente ein, scheiterte aber an der Fünf-Prozent-Hürde bei den Bundestagswahlen.

Die Alternative für Deutschland (AfD) gründete sich 2013. Sie zog 2017 erstmals in den Bundestag ein. Sie war zeitweilig auch in allen Landtagen vertreten. Als sogenannte Defizitpartei besetzt sie in programmatischer und rhetorischer Hinsicht die Lücken der anderen Parteien. Sie bindet vor allem in der Asyl- und Flüchtlingspolitik mit ihren rechts- und nationalkonservativen Positionen und mit völkischen Grundierungen, unzufriedene Protestwähler und ehemalige Nicht-Wähler. Das moderat plurale Mehrparteiensystem veränderte sich infolgedessen in Richtung eines bipolaren Sechsparteiensystems. An den Rändern gibt es links wie rechts auch Tendenzen zur Radikalisierung. Doch deutliche Fliehkräfte auf dem Wählermarkt zu den Extremen existieren nicht. Die Linke schaffte 2021 den Einzug in den Bundestag nur noch, weil sie drei Direktmandate eroberte – an der Fünf-Prozent-Hürde scheiterte sie nämlich. Und die AfD blieb mit knapp über zehn Prozent deutlich hinter ihren Erwartungen zurück. Statt zunehmender Bipolarität ist eher eine Gegenbewegung zu beobachten: Die Parteien der Mitte rücken näher aneinander, was sich in ihrer Multikoalitionsfähigkeit ausdrückt. Inwieweit dies auch für das Wahljahr 2024 weiterhin gilt, soll im Schlusskapitel näher eingeordnet werden.

Derweil geht die Selbstverzwergung durch Mitgliederschwund der ehemals großen Massenparteien weiter. Union und SPD gleichen heute eher mittleren »professionalisierten Medienkommunikationsparteien« (Elmar Wiesendahl) als großen Volksparteien. Gleichwohl haben kleinere Parteien, etwa die Grünen, tausendfachen Mitgliederzuwachs. Die Parteien in der politischen Mitte nivellieren sich auf mittlerem Niveau. Der Parteienmarkt bietet bunte Angebote auf dem Wochenmarkt. Alles rückt dort gern in die Mitte, um Verkaufserfolge zu erzielen.

Bürgerliche Mitten: moderat, mittig, mittelmäßig

Wer über den Begriff »bürgerlich« als Habitus oder Zustandsbeschreibung räsoniert, artikuliert stets gefühlte Zugehörigkeiten. Das gilt ebenso für die häufig synonym gebrauchte Zuordnung der politischen Mitte. Wohlfahrtsstaatlich, gesellschaftspolitisch, wahlsoziologisch fällt es schwer, klare empirische Vermessungen des Bürgerlichen vorzunehmen, wenn man es nicht mit Mittelstand oder Mittelschicht oder Mittelklasse verwechselt, die je nach Bemessungsgrundlagen unterschiedlichen Größenordnungen zuzuordnen sind. Viele folgen dem Befund von Andreas Reckwitz, dass sich durch Bildungsexpansion, Postindustrialisierung und kulturellen Wertewandel die sogenannte Mittelschicht heute in zwei Mittelklassen ausdifferenziert.[3] Die neue Mittelklasse, geprägt von Selbstverwirklichung, offener Urbanität und Kosmopolitismus, steht einer alten Mittelklasse gegenüber, die kulturell in der Defensive ist und, sozial und kulturell eher immobil geworden, zu den Globalisierungsverlierern gehört. Wenn sich diese Mittelschicht ausdifferenziert, gilt das auch für den Wählermarkt, der damit bedient wird. Gleichwohl fühlen sich die Mehrzahl dieser Wähler nach wie vor bei den Parteien der Mitte (Union, SPD, Grüne, FDP) beheimatet, ohne zu leugnen, dass die Wähler der so bezeichneten alten unteren Mittelklasse auch ins Nichtwählerlager abwandern bzw. Andockpunkte bei Linken und AfD finden.

Für unseren Blick auf den Parteien- und Koalitionsmarkt bleibt wichtig, dass es sich um Wahrnehmungen, um Projektion, um gefühlte Zuordnungen handelt, wenn von einer Sehnsucht der Wähler nach einer Verortung in der bürgerlichen Mitte gesprochen wird. Die bürgerliche Mitte scheint in der Ausprägung einer projizierten Zuordnung heterogener, schwerer erreichbar und von Status-Ängsten geplagt. Von alters her trafen zwei definitorische Merkmale auf das Bürgertum zu. Es war eine Bevölkerungsgruppe, die von Mauern geschützt in einer Stadt lebte und besondere Privilegien genoss. Für die Soziologie und die Politik des Bürgertums sind das bis heute wichtige Kriterien: komplexe Sicherheit und mehr Kopf- als Handarbeit in einer Dienstleistungsgesellschaft. Die bürgerliche Gesellschaft stellte eine Gegenöffentlichkeit gegen Adel, Kirche und Unterschicht dar. Die Gegenöffentlichkeit des Bürgerlichen zwang die Herrschenden sich zu legitimieren. Demokratie ist ohne Bürgerlichkeit nicht lebensfähig. Doch wieviel Bürgerlichkeit steckt im Zeitgeist, wieviel Bürgerlichkeit lässt unser Parteienwettbewerb zu?

Als Kampfbegriff zur Mobilisierung in Wahlzeiten treten bürgerliche Parteien in einem sogenannten »bürgerlichen Lager« auf. In der Selbstbeschreibung zählen dazu Union und FDP. Doch was wäre dann nichtbürgerlich? Proletarische Links-Parteien, Arbeiter-Sozialdemokratie, Extremisten und Populisten oder Vertreter des neuen Dienstleistungs-Prekariats? Wo blieben bei so einer Aufzählung die Parteien des Deutschen Bundestags, die vor dem Hintergrund ihrer gemeinwohlorientierten Ausrichtung, einer grundgesetzkonformen Programmatik und einer überwiegend bürgerlichen Wählerschaft im Bundestag, jenseits von Union und FDP, zumeist die rechnerische Mehrheit bildeten. In aufgeweichten politischen Lagern fällt eine vage Unterscheidung von bürgerlichen und nicht-bürgerlichen Parteifamilien immer schwerer.

Die Differenzierung bleibt diffus, weil in Deutschland politisch-kulturell die Mehrheit ohnehin in die Mitte strömt. Das ist die Konsequenz einer Verhandlungsdemokratie, die im strikt machtteilenden institutionellen Setting immer die Schlichtung und den breiten Konsens anstrebt. Die gefühlt immerwährende informelle Große Koalition gilt als Optimalfall bei den allermeisten Wählern. Der Heilige Gral wird immer in der politischen Mitte gesucht und da hält sich auch der bürgerliche Wähler gern auf. Das bürgerliche Aufbegehren hat Grenzen: Zwei Drittel der Deutschen sagen in Umfragen seit vielen Jahren konstant, dass es zur vordersten Aufgabe der Opposition gehört, mit der Regierung zusammenzuarbeiten. Das entspricht einer mittigen Vorstellung von Politik und Demokratie, die einer oft medial unterstellten Polarisierung der Gesellschaft widerspricht. Verwechseln wir hierbei vielleicht die öffentliche Lautstärke mit Wirkung, die sich an Wahltagen zeigt?

Faktisch trägt die bürgerliche Mitte bereits die Zeichen einer Rentner-Demokratie. Die bürgerlichen Alten bestimmen die Mitgliedschaft in den politischen Parteien. Sie wählen, wie gezeigt wurde, weitaus häufiger als diejenigen unter 60 Jahren. Das Grundempfinden dieser bürgerlichen Mitte zielt für die Politik eindeutig auf Sicherheit, Stabilität, Verlässlichkeit, Status-quo-Dominanz und ein Versprechen auf die Planbarkeit des Lebens.

Die Bundestagswahlen sind oft ein Triumph der Sesshaftigkeit. Nicht Gerechtigkeit bzw. Bürgerrechtsthemen, sondern Wohlfahrtsversprechen dominierten. Nicht wer am meisten Veränderungen verspricht – rechts wie links – wird gewählt, sondern wer am plausibelsten machen konnte, die Bürger vor den Unbilden der Zukunft zu schützen. Stabilitätsgarantien fordern bürgerliche Wähler, die durch die Politik den Status quo gesichert und wertgeschätzt haben wollen. Nicht direkte Verteilungsfragen sind wichtig, sondern eher Ligaturen, die ein Minimum an sozialer Sicherheit und Planbarkeit der eigenen Biografie für das Familien- und Arbeitsleben garantieren. Letztlich passt zu dieser Risikounlust adäquat die Auswahl des politischen Führungspersonals der bürgerlichen Mitte, was uns noch beim Thema »Führungsmarkt« beschäftigen wird.

Doch zeichnete sich das Bürgertum traditionell eben nicht nur durch schützende Mauern aus. Was ist positiv und leidenschaftlich demokratisch gewendet aus den einstigen Privilegien geworden? Wo ist der Ort, der nicht nur schützende Dezision, sondern auch kritisch-begleitende Deliberation markiert? Wieviel bürgerlicher Impetus steckt in unserer politischen Öffentlichkeit und in den sich vor allem digital abbildenden Gegen-Öffentlichkeiten? Das wird uns bei der Diskussion der »Medienmärkte« beschäftigen.

Aber vielleicht gehören zum Strukturkonservativen und Bürgerlichen auch weniger der Aktionismus oder Glaubenssätze, sondern vielmehr eine Haltung. Gemeint sind zivilisatorische Standards einer bürgerlichen Parteien-Formation beim Schutz von Minderheiten in einer Mehrheitsgesellschaft. Hier verbirgt sich der historisch qualitative Kern des Bürgerlichen in einer Demokratie. Gemeinwohlorientiert kann sich nur diejenige politische Formation nennen, die das vermeintlich Abweichende schützt und für die Vielfalt als Freiheitsvorteil wirbt.

Moderne Bürgerlichkeit, die sich im Parteienspektrum der Mitte abbildet, sucht nach der Verbindung aus moralischem Ernst, gemeinwohlorientiertem Kaufmannsgeist, moderner Identität, sozialstaatlichem

Pragmatismus und Autonomie, die sich über den Widerspruch anspornend freut. Dahinter stecken Haltungen, die auf Komplexität reagieren, die sich jeder populistischen Vereinfachung widersetzen. Die Haltung transportiert idealerweise auch eine Tonalität, die moderierend-integrativ und nicht expressiv-ausgrenzend daherkommt. So etwas orchestriert politische Mittigkeit, eine Maß- und Mitte-Gesellschaft. Besonnen und moderat zeigten sich die Wähler in den zurückliegenden Jahrzehnten, wenn es darum ging, radikale Kräfte kleinzuhalten. Für viele scheint klar zu sein, in welchen Parteien die Makler der Mitte den Ton angeben.[4]

Die Mehrzahl der Bundesbürger wählen bislang konstant Union, SPD, Grüne, FDP – die in der Anmutung der Wähler Garanten der politischen Mitte sind. Fragt man die Bürger in Deutschland, wo sie sich auf einer Links-rechts-Skala einstufen, dann sieht sich die übergroße Mehrheit seit vielen Jahren konstant in der Mitte verortet.[5] Deshalb wollen die Bürger auch von denjenigen Parteien repräsentiert werden, die für die politische Mitte stehen. Das gilt auch explizit für die Bürger in Ostdeutschland, die noch vor zehn Jahren auf dieser Skalenverortung deutlich linker eingestellt waren als der Westen. Die Selbstverortung zur Mitte hin und die Sehnsucht, zur politischen Mitte zu zugehören, sind empirisch relativ stabil. Ähnlich fallen auch die Befunde aus, ökonomische Mitte zu sein oder zur Mittelschicht zu gehören. Insofern: Nicht nur im politischen (Rechts-links-Verortung), sondern auch im ökonomischen Selbstverständnis sieht sich ein großer Teil der Bevölkerung als Mitte. Das schließt nicht aus, dass zeitgleich auch Studien die Brüchigkeit und Fragilität dieser vorgestellten ökonomischen Mitte infrage stellen. Sie hat durchaus auch das Potenzial, sich zu radikalisieren. Die Mitte ist stets nervös, oft von Abstiegs- und Aufstiegsängsten getrieben. Das hindert diese sich selbst zuordnende Mitte nicht daran, Moderatorenfunktionen in der Demokratie zu übernehmen. Oft erweist sich die politische Mitte auch als Scharnier für tragfähige Gemeinwohlkonzepte, die auf breite Mehrheiten hoffen können.

Sieht man sich die Wahldaten an, dann zeigt sich, dass sich die politische Mitte neu sortiert, aber stetig verdichtet hat. Anders sind die bunten und mobilen Bündnisse in den Länderregierungen – von »Jamaika« (schwarz-gelb-grün) über »Kiwi« (schwarz-grün) bis hin zur »Ampel« (rot-gelb-grün) – nicht erklärbar. Wahlstudien zeigen zudem, dass die politischen Randparteien, etwa die Linke oder die AfD, ihre Wähler zu großen Teilen aus ehemaligen Nicht-Wählern oder den Wählern sonstiger kleiner Parteien rekrutieren und nur beschränkt aus dem

Potenzial der SPD (bei den Linken) oder der Union (bei der AfD) schöpfen können. Es gehört zur Dynamik der Unverbindlichkeit, dass auf einem Wählermarkt, bei dem sich mehrere Parteien der Mitte im Wettbewerb befinden, Profilierungen und Alleinstellungsmerkmale schwerfallen. Auch die Wechselwählerbereitschaft hängt am Portfolio der Parteien der politischen Mitte. Die Attraktivität der Parteien auf dem Wählermarkt hat einen Bezugspunkt darin, dass sie auch als Problemlöser von den Wählern gesehen werden. Die Nachwahlanalyse der Konrad-Adenauer-Stiftung zur Bundestagswahl 2021 bestätigte genau diese Befunde: Bei allen Befragten standen die inhaltlichen Positionen (Problemlösungs-Issues) als Hauptgrund der Wahlentscheidung im Vordergrund, daneben die Fähigkeit, gut regieren zu können; Einschätzungen zum Spitzenpersonal waren dagegen nur nachgelagert. Wie tragfähig diese Konstellationen auch für den Wahlkalender 2024 und 2025 gelten, soll im Schlusskapitel erörtert werden.

Die extreme Wertschätzung der Mitte unterscheidet unser politisches System von anderen Nachbarstaaten.[6] Für diejenigen Parteien, die die Mitte besetzen wollen, hat dies viele Vorteile. Folgt man dem Beispiel der Spieltheorie von Harold Hotelling, erkennt man zügig, dass nur derjenige, der die Mitte besetzt, Chancen hat, politisch erfolgreich zu sein. Er illustrierte dies anhand der Geschichte von Eisverkäufern am Strand. Es ist naheliegend, dieses Modell auf einen Wochenmarkt zu projizieren, der entlang einer Straße die Stände aufgebaut hat. Wie findet man unter marktwirtschaftlichen Gesichtspunkten den optimalen Standort als Eisverkäufer? Zwei Eisverkäufer sind zu sehen. Beide verkaufen mehr, wenn sie ihre Stände, ihre Produkte und ihre potenziellen Käufer in eine rechte und eine linke Hälfte der Straße aufteilen. So erreichen sie ein gleich großes Einzugsgebiet. Wie kann der eine mehr verkaufen als der andere? Die Eisverkäufer verrücken ihre Stände, aber der jeweils andere rückt nach. In der Mitte angekommen, verkaufen beide noch gleich viel, aber insgesamt weniger als vorher an den Rändern. Die Mitte nutzt den Kunden in der Mitte, nicht jedoch den Eisverkäufern. Sollte an den Rändern jetzt ein weiterer Eisverkäufer auftauchen, wäre es ein fataler Fehler, wieder die Mitte zu verlassen – eher sind Bündnisse einzugehen. Wer nicht profiliert erkennbar ist oder sich von anderen unterscheidet oder nicht zu verorten ist, verliert an Zuspruch. Darin liegt das besondere Risiko einer breiten Mitte. Aber die Chancen sind groß, dass dort, wo die Mitte vermeintlich ist oder auch nur behauptet wird, auch noch mehr dazu kommen: Dort sind die Definitionshoheit, das Machtzentrum, das Verkaufsprivileg angesiedelt. Die Positionierung auf dem Wählermarkt ist daher für die Parteien äußerst wichtig. Ähnlich wie Eisverkäufer, die zu nah beieinanderstehen, können sich politische Parteien und Kandidaten, die sich zu ähnlich sind, gegenseitig Konkurrenz machen und ihre Chancen auf den Wahlsieg verringern. Sie können allerdings über den Koalitionsmarkt ihre Mehrheitsfähigkeit absichern.

Zu welchen konkreten Mehrheitsverhältnissen führte diese Vorstellung von bürgerlichen Mehrheiten und der Selbstverortung in der politischen Mitte bei den Bundestagswahlen 2013 und 2017? Beide Bundestagswahlen hatten lagerübergreifende Große Koalitionen zur Konsequenz. Das unterstreicht offenbar nochmals den Wunsch der Wähler, in der Mitte zusammenzuarbeiten. Sehen wir uns unter dem Blickwinkel der Wähler-, Parteien- und Koalitionsmärkte diese beiden Bundestagswahlen näher an. Welche Muster sind erkennbar?

Die Bundestagwahl 2013: Ein halber Machtwechsel

»Merkel plus X« – so stellte sich für die meisten Wähler die Wahloption für die Bundestagswahl am 22. September 2013 dar. Über viele Monate hinweg zeichnete sich für keines der beiden traditionellen Lager von Union und FDP auf der einen sowie SPD und Bündnis 90/Die Grünen auf der anderen Seite eine eigene Mehrheit ab. Die extrem hohen und stabilen lagerübergreifenden Zustimmungswerte zur Programm-Person der Kanzlerin[7] machten die Bundestagswahl 2013 zu einer ausgeprägten Personenwahl: Angela Merkel fungierte als Orientierungsautorität in Zeiten relativer Zufriedenheit. Merkel plus eine ergänzende, mehrheitsbeschaffende Partei – so wollten es die meisten Wähler. Die Kanzlerin konnte im Parteienwettbewerb triumphieren: Die hohe Zufriedenheit mit ihrer Leistung stand dabei im Kontrast zu einer gleichermaßen ausgeprägten Unzufriedenheit mit der Regierungsleistung. Offenbar lag nur ein partieller Wechselwunsch vor. Umfragen dokumentierten erstmals, dass als Wunschkoalition eine Große Koalition der Favorit war. So kam es zum dosierten Machtwechsel, bei dem kontinuitätsverbürgend jeweils ein Koalitionspartner aus der vorhergehenden Regierung auch einen Teil der neuen Regierung stellt. Dieser Typus eines »halben« Machtwechsels favorisieren die Wähler in Deutschland.

Die Kanzlerin nutzte auch in diesem Wahlkampf die Dramaturgie der Gewöhnung an eine ausgeprägte Krisen-Dialektik: »Weiter so!« und »Keine Experimente!« waren die Kernbotschaften. Mit einem Vermeidungswahlkampf auf Samtpfoten erzwang Merkel auf diese Weise, wie bereits bei der Bundestagswahl 2009, systematisch und strategisch professionell eine Demobilisierung der SPD. Potenziell konfliktträchtige Themen wie der Mindestlohn und die Mietpreisbremse übernahm die Union in ihr Programm, sodass die Wettbewerber früh der Merkel-Mimikry erlagen. Merkel agierte als Kanzlerpräsidentin mit hohen persönlichen Sympathiewerten. Mit forcierter Passivität navigierte sie durch den Wahlkampf wie auch durch die Krisenlagen dieser Zeit. Den Wählern genügte das. Faktisch lagen in zentralen innen- und gesellschaftspolitischen Fragestellungen wichtige Unterschiede zwischen den Parteien vor, die aber medial kaum eine Rolle spielten.

Das Überraschende am Wahlergebnis

Unerwartet legten die Volksparteien in der Wählergunst 2013 zu. Sie profitierten erstmals seit 2002 wieder von Stimmenzuwächsen. Dass die Stimmengewinne der einen Volkspartei nicht zulasten der anderen Volkspartei gingen, sondern beide zeitgleich zulegten, trat zuletzt bei der Bundestagswahl 1965 ein. Angela Merkel siegte 2013 in historischen Ausmaßen. Zeitweilig schien am Wahlabend sogar eine absolute Mehrheit für die CDU/CSU möglich, die bislang lediglich Konrad Adenauer 1957 eingefahren hatte. Nur Adenauer und Kohl schafften es zudem, nach einer Bundestagswahl zum dritten Mal wiedergewählt zu werden. Merkel ist die erste Kanzlerin, die drei Legislaturperioden in Folge mit jeweils anderen Koalitionspartnern eine Regierung bildet: Schwarz-Rot, Schwarz-Gelb, Schwarz-Rot. Doch die Große Koalition von 2005 war mit der von 2013 nur formal vergleichbar. Damals trennten beide Volksparteien knapp 440.000 Stimmen. 2013 war der Abstand deutlich größer (6.913.231 Stimmen) und die Koalition erwartbar. Erstmals in der Geschichte der Wahlumfragen wünschten sich die Deutschen mehrheitlich die Große Koalition.

Es zogen überraschend wenige Parteien in den Bundestag ein: CDU, CSU, SPD, Linke, Grüne. Die Großen wurden größer, aber in einer asymmetrischen Verteilung, denn der Abstand zwischen Union und SPD entspricht dem traditionellen Verständnis von Koalitionspartnerschaften: Kleine Parteien (in diesem Fall die SPD) verhelfen großen Volksparteien zur notwendigen Mehrheit. Nach der Großen Koalition 2009 schrumpften die Großen erwartungsgemäß und die Kleinen feierten Superlative – eine systematische Konsequenz, die nach Großen Koalitionen die Regel ist. Das Parteiensystem ist asymmetrisch aufgeladen und bunt: Das sogenannte bürgerliche Lager vertreten die Unionsparteien und die Liberalen. Alle anderen Parteien sind deutlich kleiner und eher links von der Mitte positioniert. Diese linke Formation hatte rechnerisch die Mehrheit im Bundestag. Das Parteiensystem zeigte sich gleichzeitig vital, robust, belastbar: Neue Parteien hatten sichtbar keine Chance. Zwar konnten die Piraten nicht ihre Erfolge der Landtagswahlen für den Bundestag umsetzen. Doch die damals neu gegründete Alternative für Deutschland (AfD) schaffte es beinahe, sich zu parlamentarisieren.

Während die Sozialdemokraten mit ihrem Kanzlerkandidaten Peer Steinbrück trotz leichter Stimmenzuwächse das zweitschlechteste Bundestagswahlergebnis ihrer Geschichte hinnehmen mussten, feierte die Union ihren Kantersieg. Die ehemals mittelgroßen Parteien hatten hingegen an Stimmen verloren. Desaströs war das Wahlergebnis vor allem für die FDP: Mit ihren 4,8 Prozent verfehlte sie den Einzug in den Bundestag um nur 90.000 Stimmen. Die Liberalen waren nach 1949 erstmals nicht im Parlament vertreten – ein existenzieller Schock für eine Partei, die im Bund so lange Regierungsverantwortung getragen hatte wie keine andere. An der Sperrklausel scheiterte ebenfalls die AfD, die mit ihrer rechtspopulistischen Anti-Euro-Programmatik auf Anhieb 4,7 Prozent der Wählerstimmen erhielt. Wie auch bei den Wahlen zuvor hatten links- und rechtsradikale Parteien keine Chance.

Wählertypen und Wahlkampfkommunikation

Zu den Überraschungen der Bundestagswahl zählte auch die immer deutlicher werdende Aufteilung der Wählerschaft in Früh- und Spätwähler. Immer mehr nutzten die Briefwahl – ihr Anteil stieg von 21,4 Prozent (2009) auf 24,3 Prozent. Für die Frühentscheider ist der Höhepunkt des Wahlkampfs irrelevant. Sie legen sich frühzeitig fest, weil sie unter allen Umständen an der Wahl teilnehmen möchten. So sind sie langfristig frei und unabhängig in der persönlichen Gestaltung des Wahltages. Das Pendant zum Frühentscheider ist der Spätentscheider. Da sich knapp 40 Prozent der Wähler erst in den letzten zehn Tagen vor dem Urnengang zu einer Wahlentscheidung durchringen, ist es aus Sicht der Parteizentralen rational, den Höhepunkt des Wahlkampfs auf die Schluss-Phase zu verlegen. Die Medien haben dies seit Frühjahr 2013 immer wieder kritisiert. Die meisten Medien vermissten die Präsenz des Wahlkampfs. Das ist nicht neu – bereits 2009 hatten Journalisten mehrfach die Absenz eines Wahlkampfs artikuliert. Im Wahlkampf 2013 forderten sie die Parteien und die Spitzenkandidaten früh auf, mit der polarisierenden Auseinandersetzung zu beginnen. Bei anderen Bundestagswahlkämpfen war dies bislang in dieser Ausprägung nicht zu beobachten.

Selbst in den Sommerferien, wenn der öffentliche Wahlkampf auf den Marktplätzen und in den Sonderformaten des »Politainment«[8] eher ruht, waren die Journalisten extrem ungeduldig. Das hing mit Sicherheit auch damit zusammen, dass insgesamt – wie schon 2009 – nicht nur ein später, sondern auch ein langweiliger Wahlkampf attestiert wurde: »Valium-Wahlkämpfe« setzen auf geringe Polarisierung, um eine Gegenmobilisierung zu verhindern. Merkel inszenierte einen »Brigitte-Wahlkampf« – persönlich, aber nie privat. Sie nutzte Frauen- und Familienzeitschriften, um sich zu vermarkten. Die Medien hatten sich schnell auf ein Motto verständigt, das eher Harmonie, Stabilität, Sicherheit intonierte und jede Form von inhaltlicher Auseinandersetzung scheute. Insofern war der medial begleitete Wahlkampf nicht nur langweilig, sondern auch für die Medien verspätet. Auf den »Hauch von Wahlkampf«[9] 2009 folgte die »große Flaute«[10]. In welchem Ausmaß nunmehr auch ein Wahlkampf unter das Diktat von Beschleunigung rückt, war 2013 weniger am Wahlkampf selbst als vielmehr an der Ungeduld der Journalisten erkennbar. Paradox erschienen die Langeweilebekundungen der Journalisten ohnehin, denn ausgerechnet sie selbst leisteten einen wesentlichen Beitrag zur fortwährenden Reproduktion eben jener Langeweile.

Beschleunigung nahm der Wahlkampf in seiner Endphase auf. Was sich bereits 2009 mit vereinzelten Aktionen – vor allem im digitalen Raum – abgezeichnet hatte, gehörte im Jahr 2013 zum Standardrepertoire: der quasi-ubiquitäre Wahlkampf. Rund um die Uhr wurden in ganz Deutschland letzte Mobilisierungsversuche unternommen. Aktionen wie »Drei-Tage-Wach« der grünen Jugend hatten es 2009 vorgemacht. Fast schon obligatorisch hieß es bei den Jusos in diesem Jahr »Sieben Tage wach«.

In den letzten Tagen vor der Wahl sollten solche Projekte wankelmütige Wechselwähler und Spätentschlossene auf den letzten Kampagnenmetern mobilisieren. Einen nicht unerheblichen Anteil an diesen Last-minute-Aktionen haben die politischen Jugendorganisationen. Insbesondere die Jusos und die Junge Union verfügen über ein enormes Mobilisierungspotenzial – vor allem in der Gruppe der Jung- und Erstwähler. Die enge Anbindung der Jugendkampagnen an die Wahlkampfzentralen in 2013 zeugt davon.

In den letzten Wochen vor der Wahl dominierten in den Medien die Suche und die Typisierung nach dem Nicht-Wähler. Neben der Aufarbeitung der Heterogenität dieser Gruppe spielten auch die Konsequenzen für den Wahlausgang eine besondere Rolle – deutlich vor allem nach der Landtagswahl in Bayern, die eine Woche vor der Bundestagswahl stattfand. Niemals zuvor traten Nicht-Wähler so prominent in Erscheinung. Intellektuellen Glanz verlieh ihnen auf dem eher linken Flügel Harald Welzer, der durch den Aufruf zur Wahlenthaltung dafür warb, die Ökologie zu stärken. Der eher rechte Flügel um den Journalisten Gabor Steingart plädierte dafür, durch Wahlenthaltung die Euro-Rettung zu stoppen. Viele andere Medien stimmten in diese Grundmelodie ein, wonach ein neues Selbstbewusstsein der bürgerlichen Nicht-Wähler zu konstatieren sei. Man konnte den Eindruck gewinnen, dass sich Kampagnenmaterial aneinanderreiht, um der Forderung nach Wahlenthaltung weiter Nachdruck zu verleihen – ganz im Gegensatz zu früheren Wahlkämpfen, in denen mehr oder weniger bekannte Prominente immer wieder für und nicht gegen eine Wahlteilnahme geworben hatten.

Beschleunigung und Gründung der AfD

Niemals zuvor konnte eine Partei in nur sechsmonatiger Gründungsgeschichte fast den Einzug in den Deutschen Bundestag schaffen. Die Besonderheit der AfD lag somit im Tempo der Parteiwerdung, die bis zum Stichtag der Anmeldung für die Bundestagswahl in allen Bundesländern gelang. Vielleicht lag aber auch genau in dieser spezifischen Dynamisierung eine Erklärung für das Wahlergebnis, denn für Parteineugründungen ist der Zeitkorridor zwischen Aufmerksamkeit und Verfall immer schmal. Am Beginn dominiert die Aufmerksamkeit der Medien überproportional. Im Zeitverlauf ziehen solche Neugründungen aber auch sehr viele Mitglieder an, die aus Unzufriedenheit mit anderen Parteien die Mitgliedschaft wechseln. Magnetisch entsteht ein Zug in Richtung von protestorientierten Neumitgliedern, die in der Regel nur sehr schwer zu integrieren sind. Auch der Erfolg von sogenannten »Defizit-Parteien« wie der AfD, welche die sichtbare Lücke im Themenhaushalt der anderen Parteien ausgleichen, zeugt von der Vitalität des deutschen Parteiensystems, das dennoch nach wie vor mittezentriert und durch moderaten Pluralismus geprägt ist.

Kollaborative Wahlprogrammformulierung

Überraschend kollaborativ kamen die Wahlprogramme vieler Parteien zustande. Als Visitenkarten der Parteien beschreiben Wahlprogramme zeitliche Projekte. Sie sind als kondensierte Wahlversprechen Momentaufnahmen mit baldigem Verfallsdatum. Doch das ist nur die halbe Wahrheit. Denn Wahlprogramme dienen in ihrer über Wochen in Parteigremien ausgearbeiteten Langversion immer auch der Selbstverständigung. Wahlversprechen sind insofern strategische Instrumente der Wählermobilisierung. Auf was sich eine Partei in einer bestimmten Phase einigt, beschreibt die aktuellen Machtgewichte zwischen ihren unterschiedlichen Strömungen und Flügeln. So fügen die Programme für ein paar Monate das diszipliniert zusammen, was ansonsten den innerparteilichen Alltag von Parteien als »lose verkoppelte Anarchien«[11] faktisch ausmacht.

Meist dienen die ausformulierten Langfassungen der Programme als konkrete Vorlagen für die Koalitionsverhandlungen. Die wenigen Befunde der Wahlprogrammforschung dokumentieren, dass angesichts der innerparteilichen Kompromisssuche die Verständlichkeit der Formulierungen eher in den Hintergrund tritt. Vielfach sind die Aussagen deshalb nicht nur vage, sondern zudem verklausuliert und für Außenstehende nur schwer verständlich. Größere Außenwirkung erfahren die Programme durch die jeweilige Kurzfassung, die eine hohe Verständlichkeit voraussetzt, medial aufbereitet ist und zudem idealerweise mit einem Gesicht als Programmträger verbunden werden kann.

Im Bundestagswahlkampf 2013 übertrafen sich die Parteien bei der Erstellung ihrer Wahlprogramme erstmals im originellen Wettbewerb um die Beteiligung ihrer Mitglieder. Die politisch-kulturelle Grundstimmung von neuen bunten, partizipativen Beteiligungsarchitekturen erfasste diesen Wahlkampf. Alle Parteien eröffneten sowohl ihren Mitgliedern wie auch den Nicht-Mitgliedern mehr oder weniger kollaborative Mitwirkungsmöglichkeiten. Die Grünen organisierten als einzige Bundestagspartei damals sogar einen formellen Mitgliederentscheid über das Wahlprogramm, auch wenn dieser Prozess, in dem über die prioritären Themen abgestimmt wurde, der Entstehung des Bundestagswahlprogramms nachgelagert war.

Doch Wahlprogramme bleiben, trotz neuer Teilhabe-Modelle, für die allermeisten Wähler unbekannt. Wählerische Wähler kennen die Bundestagswahlprogramme genau so wenig wie die Stammwähler. Wissen ist insofern kein Hauptmotiv für die Wahlentscheidung. Ausschlaggebend ist vielmehr, dass der Wähler zu wissen glaubt, welche Partei die für ihn individuell relevanten Probleme zukünftig am kompetentesten zu lösen vermag. Wahltage sind keine Erntedankfeste. Die Leistungsbilanz interessiert den Wähler nur am Rande. Stattdessen wird die Zukunft gewählt und damit immer auch eine Anmutung von unterstelltem Politikmanagement.

Da Politik weitestgehend medienvermittelt ist, erfährt der Bürger über das Bundestagswahljahr all das, was er liest, hört, sieht. Die wenigsten haben direkten Kontakt zu einem Politiker oder besuchen Wahlveranstaltungen mit dem politischen Spitzenpersonal. Man ist somit auf Informationen aus zweiter Hand angewiesen. Oder um auf unsere Metapher zurückzukommen: Man besucht Märkte.

Zu all dem kommt die gewachsene Erfahrung hinzu. Die allermeisten Bürger misstrauen den Versprechungen im Wahlkampf. Das generelle Misstrauen hängt mit diffusen Kenntnissen des Regierungssystems zusammen. In einer politisch-kulturellen Schlichtungsdemokratie wie der Bundesrepublik Deutschland ist es nicht ungewöhnlich, von Koalitionsregierungen im Regierungsalltag Kompromisse zu erwarten und zu akzeptieren. Keine Partei kann in der deutschen Koalitionsdemokratie ihr Wahlprogramm vollständig umsetzen, sondern braucht für die Mehrheit einen Partner, der wiederum seine eigenen Interessen beim Regieren einbringt. Die Bürger lesen also keine Wahlprogramme und misstrauen den Zusagen der Parteien. Gleichwohl hat die Regierungsforschung nachgewiesen, dass Wahlversprechen mit hoher Wahrscheinlichkeit von Regierungen auch tatsächlich umgesetzt werden. Es macht für die Regierungspolitik einen Unterschied, ob CDU/CSU oder SPD an der Macht sind.

Wähler spüren Unterschiede zwischen den Parteiangeboten und den Spitzenkandidaten. Und das galt sogar für den Wahlkampf 2013, der keine dominierenden Lager-Themen hervorbrachte. Die Unterschiede haben aber nicht zuletzt mit Psychologie zu tun. In vielen Bereichen bleiben die Wahlprogramme souverän unscharf, denn nur der politische Dilettant formuliert glasklar. Unschärfe in der Rhetorik sichert politische Optionen, die ein Politiker immer offenhalten muss, um bei stimmungsflüchtigen Mehrheiten handlungsfähig zu bleiben. Da mittlerweile Experten die Wahlprogramme öffentlich analysieren und sezieren, zahlt sich auch hierfür Vagheit in der Programmaussage aus. Selektiv werden nicht nur Teilinhalte medial vermarktet, sondern eben auch Teilaussagen einem Fakten-Check unterzogen. Da ist mystifizierender Sprachnebel strategisch hilfreich. Die Aura der Intransparenz sichert Macht. Unschärfe im Wahlprogramm ist aber auch dienlich für die Phase nach dem Wahltag, wenn keine klaren Mehrheiten erkennbar sind. Das gilt vor allem für Koalitionsaussagen. Keine Regierung wird durch einen offenen Bruch ihres Koalitionsversprechens ins Amt kommen. Wahrhaftigkeit ist hier wichtiger als Klarheit. Rhetorisch haben sich die Parteien viele Auswege gelassen, sodass es am Ende Hierarchien der Wahrheit gibt, denen sie folgen werden, um eine Mehrheit zu erreichen – vielleicht sogar erst nach vielen Monaten des Verhandelns.

Wer es als Politiker schafft, anschaulich zu begründen, warum seine Aussagen vor der Wahl nicht mit denen nach der Wahl übereinstimmen, verliert keineswegs sofort die Mehrheit. Das hängt zunächst mit der Vergesslichkeit von Wählern zusammen, die sich nur rudimentär an Wahlversprechen erinnern. Aber vor allem können Politiker einen Politikwechsel organisieren, wenn sich die Zeitläufe sichtbar verändert haben. Wichtig bleibt, dass immer ein positiver und vor allem systematischer Bezug zu den politisch-kulturellen Grundströmungen den Politikwechsel kommunikativ und substanziell begleitet. Wer von der sogenannten Pfadabhängigkeit bei Veränderungsprozessen abweicht, wird abgestraft – egal, ob er es zuvor angekündigt hatte oder nicht. Im Kapitel über die Erwartungsmärkte werde ich das wieder aufgreifen. Für viele Wähler drängte sich im Wahljahr 2013 der Eindruck auf: Wer erliegt am Ende welcher Versuchung? Dies bezog sich nicht auf Inhalte, sondern auf das Optionsmodell von denkbaren Koalitionen angesichts fehlender Mehrheiten.

Das Politisch-Romantische am Wahlergebnis 2013

Die Bundespublik Deutschland ist eine verhandelnde Wettbewerbsdemokratie, die sich politisch-kulturell als Schlichtungs- und Konsensdemokratie präsentiert. Wahlen werden entsprechend immer in der politischen Mitte gewonnen. Viele Deutsche zeigen sich konfliktscheu und parteienkritisch. Umgekehrt favorisieren sie Überparteilichkeit. Der Ausstieg aus den Kompliziertheiten des politischen Alltags führte in der ideengeschichtlichen Entwicklung häufig ins Reich des Absoluten. Machtworte sind in der Bevölkerung ebenso populär wie präsidentielle Harmonie. Diese politisch-kulturelle Spielart von politischer Romantik hat eine große Tradition in Deutschland. Sie findet sich auch als ein Erklärungsmuster für das Wahlergebnis.

Da steht zunächst Kanzlerin Merkel mit ihrem Regierungsstil einer Kanzlerpräsidentin im Interessenfokus: Sie agierte wie bereits in ihrer ersten Amtszeit als Kanzlerin meist präsidentiell-überparteilich, organisierte lagerübergreifende (Fast-)Allparteien-Mehrheiten im Bundestag, erschien in Finanzfragen als Krisenlotsin und zeigte sich extrem pragmatisch in der Aneignung von Lösungsideen aus dem parteipolitisch gegnerischen Lager. Zum Politisch-Romantischen am Ergebnis gehörte letztlich auch der immerwährende Wunsch nach einer Großen Koalition als dem Abbild eines heiligen Grals in der Mitte der Gesellschaft. Gefragt nach der wichtigsten Rolle einer Opposition im Bundestag, antworten über zwei Drittel der Befragten: die Mitarbeit an der Regierung. Das ist extremer Ausdruck einer Konsensgesellschaft, die das Überparteiliche höher bewertet als den Interessenkonflikt. Letztlich steckte auch in den hohen Zustimmungswerten für die AfD noch 2013 ein Stück Romantik. Denn diese Partei galt damals als reine Professorenpartei. Der Wunsch nach einer Expertokratie, die ausschließlich wissensbasiert – und eben nicht parteipolitisch – entscheidet, hatte romantische Züge.

Der Wahlkampf in Deutschland hatte die Grundmelodie der Schlichtungsdemokratie übernommen, was aber auch mit dem gewachsenen Grad an Medienverdrossenheit der Bürger zusammenhing. Der Wahlkampf war geprägt von einer Empörungsverweigerung der Deutschen. Journalisten ereiferten sich über Trivialitäten und erreichten damit nur noch sich selbst. Selbstrefenziell verlief der mediale Wahlkampf gerade auch deshalb, weil journalistisches Schwarmverhalten unter digitalen Bedingungen tendenziell deutlich zugenommen hatte. Die politische

Öffentlichkeit war selten so gespalten wie im Wahljahr 2013: Die Medien beschäftigten sich mit dem Versuch, Skandale zu beflügeln. Das Publikum strömte zu den Veranstaltungen und diskutierte interessiert entlang der vielen Unterschiede zwischen den Parteien. Ein Klima der Zufriedenheit hat immer den Nachteil, dass politische Kontroversen eher gedämpft diskutiert werden. Berufsempörung hatte aber nichts mit Empörung des Publikums zu tun. Es stimmte, dass kein Thema der Parteien wirklich lautstarke, emotionale oder intellektuelle Debatten provoziert hatte. Aber das ist nicht identisch mit unterstellter Langeweile. Vielmehr ist eine mit sich selbst zufriedene Schlichtungsdemokratie eher pragmatisch aufgelegt. Der häufige Konsens spiegelt sich dann auch in intellektueller Trägheit wider. Das ist der Preis der Zufriedenheit, das ist deutsche Biedermeierlichkeit. Doch Unterschiede zwischen den Parteien und Lagern waren in zahlreichen markanten Punkten durchaus vorhanden. Steuergerechtigkeit war ein solches Thema, ebenso die Erhöhung des Spitzensteuersatzes und der Erbschaftssteuer oder die Einführung einer Vermögensabgabe. Hier gab es entlang der Lagergrenzen klare Fronten: pro Oppositions-, contra Regierungsparteien. Doch sogenannte Aufregerthemen blieben in der Erregungsdemokratie Deutschland damals weitgehend ohne Resonanz.

Das Richtungspolitische am Wahlergebnis 2013

Das Wahlergebnis legte die Dominanz wohlfahrtsstaatlicher und weniger gerechtigkeitsorientierter Zielbilder nahe. Wohlfahrtsstaatliche Themen im Sinne eines »Weiter so!« hatten die Wahl 2013 entschieden. Die meisten Bürger waren 2013 in ihrer persönlichen und allgemeinen Einschätzung deutlich zufriedener und zukunftsoptimistischer als 2009. Mit Merkel als Garantin dieses Wohlfahrtsniveaus sollten auch die kommenden vier Jahre zumindest für eine sichernde Stabilisierung auf diesem hohen Niveau sorgen. Wechselstimmung war deshalb nicht messbar. Gerechtigkeits- und Bürgerrechtsthemen haben in so einem Klima sehr geringe Mobilisierungschancen. Merkel galt für viele als diejenige, die international als sichere Anwältin der Steuergelder auftrat: »Wir geben nichts« – so lautete das Credo. Viele verbanden damit richtungspolitisch auch keine Steuererhöhungen oder Haushaltskonsolidierung. Vielmehr wurde das Primat der Sicherheit gewählt: tiefe Sehnsucht nach Sicherheit (objektive Sicherheitslage und subjektives Sicherheitsgefühl), Absicherung des sozialen Status und gesellschaftliche Selbstvergewisserung in moralischen Urteilen. Häufig orientierte sich diese Sicherheitssehnsucht nicht am Geld, sondern eher an bestimmten Gefühlen: Es ging um Anschluss und Austausch mit anderen Menschen, um eine soziale Identität und zukunftsgerichtet um möglichst wenig Unsicherheit. Wohlfahrtssteigerungen müssen mit solchen Gefühlen einhergehen, wenn es zu mehrheitsfähigen Mobilisierungserfolgen führen soll. Letztlich wurde das Resilienzmanagement der Kanzlerin honoriert bzw. ihr die Aura dazu unterstellt: Gleichgültig welcher Krisenabstieg drohen könnte, mit Merkel geht es im Aufwärtstrend irgendwie immer weiter – so die Projektion vieler Wähler.

Historische Dimensionen hatte die Wahl 2013, weil die FDP nach einer Bundestagswahl seit 1949 überhaupt erstmals nicht mehr im Bundestag vertreten war. Eine Funktions- und Mehrheitsbeschafferpartei hatte ihre Funktion offensichtlich aus Wählersicht verloren. Zudem blieb bis zum Schluss unklar, worin das inhaltliche Korrektiv einer FDP in erneuter Regierungsverantwortung bestehen könnte, um die Union zu disziplinieren oder zu ergänzen.

Welches inhaltliche Korrektiv hätte von der FDP ausgehen können? Richtungspolitisch konnten die meisten Wähler die FDP nicht verorten. Ihr kommuniziertes inhaltliches Profil blieb im Wählerbild diffus. Den Wählern musste bei der Ausgangssituation der fehlenden Lagermehrheiten klar sein, dass die Mehrheitsfindung für die Union als stärkste Partei – ohne die FDP – systematisch zu einer Koalition führen muss, die richtungspolitisch linker als die Union aufgestellt war. Viele verbanden auf der Links-rechts-Achse dazu die Themen mehr Umverteilung, mehr Regulierung des Arbeitsmarkts, mehr Verteilungsgerechtigkeit.

Das Richtungspolitische am Wahlergebnis und der Regierungsbildung musste immer auch den Entscheidungsraum des Bundesrats berücksichtigen. Die Mehrheitsverhältnisse zwischen Bundestag und Bundesrat sind in der Regel ein gutes Abbild der deutschen Schlichtungsdemokratie. In den meisten Regierungsjahren seit 1949 lagen jeweils gegensätzliche Mehrheiten vor. Keine richtungspolitische Großentscheidung sollte dominant sein, sondern abgemildert, eingehegt, abgeschliffen werden – dazu dienten im dialektischen Verständnis häufig die zeitversetzten Landtagswahlen im Hinblick auf den bundespolitischen Großtrend. Das Regieren mit dem Bundesrat wurde für die Große Koalition nach 2013 schwer, aber nicht unmöglich, obwohl sie nur über 27 eigene Stimmen (fünf Große Koalitionen und jeweils absolute Mehrheiten in Bayern und Hamburg) verfügte.

Das Europäische am Wahlergebnis

Auch Europa hatte die Wahl 2013 entschieden: Da sich keine der etablierten Parteien im Wahlkampf um eine ernsthafte, an Gestaltungszielen ausgerichtete Europapolitik gekümmert hatte, stiegen die Chancen der Eurokritischen AfD. Solange die Parteien der Mitte im traditionellen alt-bundesrepublikanischen Europadenken gefangen waren, öffneten sich Themenspielräume für andere Parteien, die nicht grundsätzlich europafeindlich waren, aber weniger befangen im Hinblick auf Defizite der europäischen Integration argumentierten. Die ausgehöhlte institutionelle Architektur, das Demokratiedefizit, die zunehmende exekutive Entscheidungsfindung – all das hätten die etablierten Parteien thematisieren können, nicht nur Europa als Euro-Krise. Die Stimmen für die AfD – ob nun im Parlament vertreten oder nicht – fehlten dem schwarz-gelben Regierungslager. Merkel erklärte ihren Europakurs schon frühzeitig als »alternativlos«. Das führte zur Namensgebung der AfD, die bewusst Alternativen vorschlug.

Ein anderer Europabezug war ebenso ausschlaggebend: Beim Euro zeigten Allparteien-Entscheidungen des Bundestags, dass in der Krise alle zusammenhalten. Warum sollen die Wähler dann nicht gleich eine Große Koalition wählen? Europa hatte auch mit dem Wahlklima zu tun: Wählen in Zeiten der Zufriedenheit war 2013 für die meisten Bundesbürger eine zutreffende Befindlichkeit – gerade im Vergleich mit vielen anderen krisengeschüttelten Mitgliedsländern der EU. 16 Regierungen waren seit der Lehmann-Krise 2008 in Europa abgewählt worden – wegen der Banken-, Verschuldungs-, Eurokrise. Merkel wurde hingegen in Deutschland wegen ihres Krisenmanagements im Euro-Raum gewählt. Und zu guter Letzt: Deutschland war sichtbar die Zentralmacht Europas, von der geldpolitisch alles abhängt. Merkel dominierte allein schon durch ihre langjährige Präsenz auf der gouvernementalen Europa-Bühne, die ihr einen unschätzbar wichtigen Erfahrungsvorsprung sicherte.

Das Konservativ-Fortschrittliche am Wahlergebnis 2013

Es gehört zum Kernbestand der Wahlforschung, dass in Deutschland die Schnittmengen aus drei Bereichen zum Wahlerfolg führen können: ökonomische Effizienz, soziale Gerechtigkeit und kulturelle Modernisierung. Wer in allen drei Bereichen über Problemlösungskompetenz und personelle Sichtbarkeit verfügt, steigt in der Wählergunst. In der Regel konnten diese drei Bereiche auf eine Zwei-Parteien-Koalition verteilt wiedergefunden werden. Das Besondere an dem Wahlergebnis war jedoch der Eindruck, dass bei einer fast absoluten Mehrheit für CDU/CSU viele Wähler den Unionsparteien in allen drei Bereichen Vertrauen und Kompetenz entgegenbrachten. Die von Merkel betriebene sanfte Öffnung der CDU vor allem in gesellschafts- und familienpolitischen Themen brachte der Union die Meinungsführerschaft bei »weichen« Themen. Die traditionell rot-grüne kulturelle Hegemonie in diesem Themenspektrum existierte nicht mehr.

Ökonomische Effizienz wurde CDU/CSU bei Wahlumfragen konstant zugesprochen. Durch die Koalition mit der FDP hatte die Union die Chance, auch im Bereich der sozialen Gerechtigkeit in der Wahrnehmung der Wähler zuzulegen. Das Konservativ-Fortschrittliche am Wahlergebnis lag in der Dominanz einer Partei, die offensichtlich lagerübergreifende Zustimmungswerte und damit Fortschritt und Konservatismus gleichermaßen miteinander verbinden konnte. Ohne diese Anmutung der Union wäre auch nicht nachvollziehbar, wie es zu derart intensiven Sondierungen zwischen Union und Grünen nach den Wahlen kommen konnte. In den bis dahin trennenden Lebensstilfragen hatten sich die beiden Parteien offensichtlich angenähert, ohne dabei völlig übereinzustimmen. Wann bildet sich die erste schwarz-grüne Koalition auf Bundesebene?

Das Postheroische am Wahlergebnis

Merkel verfügte ganz offensichtlich über einen »Popularitätspanzer« (Güllner): Da sie sich häufig in der Öffentlichkeit extrem rar machte, bestand auch (noch) nicht die Gefahr des Überdrusses. Keine Kritik an ihrem Regierungsstil, an Führungsentscheidungen als Parteivorsitzender oder an abrupten Themenänderungen blieb negativ an ihr haften. Ihr Image war unverändert: Sie diente pflichtbewusst der Sache und nahm das Amt, aber nicht sich selbst wichtig. Sie schien für viele Bürger integer und geerdet. Ihr Habitus war nicht auf Bedeutung aus. Ihr Bekenntnis orientierte sich daher eher an Kartoffelsuppe und Hausmannskost statt an der Molekularküche. Postheroisch ging sie mit dem Gebaren der Macht um, lebte ein wandelndes Understatement vor. Inszenierte Macht unterlief sie systematisch durch Macht ohne Gesten. Ihre Macht war wenig sichtbar, aber angesichts des Wahlergebnisses nochmals enorm gewachsen. Konsensuale Dominanz musste Merkel als Machtmittel erneut für die zweite Große Koalition unter ihrer Führung einsetzen. Man hatte den Eindruck, dass sie am Wahlabend die absolute Mehrheit für die Union fürchtete und froh darüber war, dass sie nicht eintrat. Ihren erklärungsarmen Pragmatismus goutierten die meisten Wähler. Sie sollte moderieren und Tagesentscheidungspolitik betreiben. Das »auf Sicht fahren« war damals populär, weil das ein adäquater Regierungsstil in beschleunigten Krisenzeiten zu sein schien.

Die Wahlkampagne der Union zielte professionell auf die ruhige Stärke der Amtsinhaberin als Solidätsgarant. Die »Merkel-Raute« erhielt einen ikonografischen Wert: Deutschland ist in guten Händen. Das sollte das Wahlplakat mit den als Raute formierten Händen suggerieren – mehr Stimmung als inhaltliche Programmatik. Doch Vertrauen, Glaubwürdigkeit, moralische Integrität sollten in dieser Kampagne mitschwingen, nicht zuletzt auch Problemlösungskompetenz. Denn auch die Raute als Symbol verdichtet die Wirtschaftskompetenz der Kanzlerin – der deutsche Wohlfahrtsstaat bleibt, so das Signal, in mit ihr guten Händen und in guter Verfassung.

Dieser Politikstil kam postheroisch daher und beschrieb alltägliche Wirklichkeiten. Das war die Stärke der Kanzlerin, die mit ihrer Sprache der Wirklichkeitsbeschreibungen auch für die meisten Bürger sehr verständlich war. Merkels Sprache und Regierungsstil erschien als Prototyp für das Regieren unter Bedingungen globalisierter Governance. Ruhige Stärke und forcierte Passivität charakterisierten die Rhythmen ihres Politikmanagements. Dieses Politikmanagement befriedigte in vielerlei Hinsicht den Eindruck, dass die Bürger beim problemlösenden Regieren direkt mitgenommen wurden. Faktisch konnten so jedoch immer nur Wirklichkeiten durch die Kanzlerin beschrieben werden, nie Möglichkeiten und Gestaltungsziele. Deliberation und Dezision prägen in wechselseitiger Abhängigkeit unsere Demokratie. Ein Regierungsstil, der mit Geschwindigkeitsgrenzen bei den Entscheidungen kämpfte und weitgehend auf argumentative Gestaltung verzichtete, veränderte die Qualität der Demokratie. Doch wie die Bundestagswahl 2013 zeigte, honorierten die meisten Wähler genau diesen Politikstil, der auf immerwährendes Kümmern setzte. Die Kanzlerin schien mit ihrem Stil des Entscheidens eine adäquate Antwort auf die Herausforderungen der Risikokompetenz gefunden zu haben. Und mit dem neuen Koalitionspartner, der SPD, die die FDP als Regierungspartner ablöste, wählten die Deutschen einen halben Machtwechsel. Erneut blieb ein Partner, vertraut aus der alten Regierung, in der neuen Regierung mit an Bord. Die politische Mitte hatte sich neu sortiert – diesmal lagerübergreifend als Große Koalition.

Die Bundestagswahl 2017: Ein Plebiszit über die Flüchtlingspolitik

Bundestagswahlen enthalten immer Elemente von Kontinuität und Diskontinuität. Auf dem Parteien- und Koalitionsmarkt ist keineswegs immer alles neu, immer alles anders. Politisch-kulturell gilt die Kundenliebe den Parteien der Mitte. Das war auch 2017 so. Dennoch ergaben sich, selbst für die Fortsetzung der Großen Koalition, Besonderheiten[12]:

- Die Wahlbeteiligung stieg erstmals seit der Bundestagswahl 1998 wieder an (um 4,6 Prozentpunkte auf 76,2 Prozent). Fast drei Millionen Wähler ließen sich im Vergleich zur Wahl von 2013 zusätzlich mobilisieren. Die seit Sommer 2015 durch den Flüchtlingszuzug deutlich politisierte Gesellschaft nutzte den Wahlzettel zur politischen Partizipation.
- Die politisierte Gesellschaft war auch polarisierter unterwegs. Mit der AfD war erstmals seit 1961 wieder eine Partei deutlich rechts von der Union in den Bundestag eingezogen. Mit 12,6 Prozent war die AfD Ausdruck einer rechten Konsensverschiebung in Deutschland. Wähler erhielt die Partei nicht nur aus dem Protest- und Nicht-Wählerlager, sondern durchaus auch aus allen anderen parteipolitischen Lagern.
- Die Fragmentierung hatte zugenommen: Wie zuletzt 1953 zogen sieben Parteien, in sechs Fraktionen, in den 19. Deutschen Bundestag ein. Da es sich um die erste Bundestagswahl ohne eine Koalitionsaussage handelte, gestaltete sich die Regierungsbildung mit einer Dauer

von insgesamt 170 Tagen als schwierig. Nach 70 Jahren wurde der Bundespräsident zum Kanzlermacher[13] – durch Ausnutzung seiner verfassungsrechtlich vorgegebenen Reservemacht. Die breite politische Mitte (73,1 Prozent) – alle Parteien außer AfD und Linke – schien über Monate hinweg, bis März 2018, unfähig und unwillig zur stabilen Regierungsbildung zu sein.

- Wie nach der Großen Koalition von 2009, schnitten vor allem die Volksparteien 2017 in der Wählergunst sehr schlecht ab. Die parlamentarische Dominanz (56,3 Prozent der Bundestagsmandate) und die elektorale Dominanz (53,4 Prozent der Wählerstimmen) der Union und der SPD waren in fast 70 Jahren nie so gering.
- Die FDP zog nach einmaliger Auszeit wieder in den Deutschen Bundestag ein.[14] Die Opposition war mit vier Parteien (AfD, FDP, Linke, Grüne) gegenüber einer Großen Koalition stärker und vielfältiger denn je.
- Das Wahlrecht blähte den Bundestag erwartungsgemäß erstmals über die symbolische Grenze von 700 Abgeordneten auf.

Strukturmuster der Wahlentscheidung

»Obwohl unser Land (...) gut dasteht, (...) machen sich viele Menschen Sorgen um die Zukunft, ist der Ton der Auseinandersetzung rauer geworden, ist der Respekt vor unterschiedlichen Meinungen zurückgegangen, ist die Angst vor falschen Informationen gewachsen, sind die Sorgen um den Zusammenhalt unserer Gesellschaft größer geworden (...).«[15] Nie zuvor hatte die Bundeskanzlerin so selbstkritisch ihre jeweilige Kanzlerschaft begonnen. Nach sechs Monaten des Verhandelns stellte Merkel am 21. März 2018 ihre erste Regierungserklärung – der zweiten Großen Koalition in Folge – im Bundestag zur Aussprache. Vielfältige Gründe gehörten zu den Ursachen des komplizierten Regierungsbildungsprozesses. Aber maßgeblich änderte vor allem die Flüchtlingspolitik die Koordinaten der deutschen Politik nach 2015: Einwanderung, Flüchtlinge, Integration, Zusammenhalt waren entscheidende Themen des Wahlkampfs. Merkel ergänzte gleich zu Beginn ihrer Regierungserklärung: »(...) vielmehr hat (...) die Debatte über den richtigen Weg (...) wie wir langfristig die Integration bewältigen, unser Land bis heute gespalten und polarisiert, und zwar so sehr, dass ein an sich unglaublich banaler Satz wie ›Wir schaffen das!‹, den ich im August 2015 gesagt habe und den ich zuvor mehr oder weniger wortgleich in meinem ganzen politischen Leben, (...) schon unzählige Mal gesagt hatte, zu einer Art Kristallisationspunkt dieser Auseinandersetzung werden konnte.«

Flüchtlinge bestimmten den Ausgang der Bundestagswahl 2017. Es war insofern erneut eine von den Bürgern wahrgenommene Krisenkonstellation, die die Wahlentscheidungen prägte. Die folgenreiche Flüchtlings-Entscheidung der Bundeskanzlerin vom 4. September 2015 – über die begrenzte Aufnahme syrischer Flüchtlinge aus Ungarn – war der Prägestempel der Großen Koalition. Der Sommer 2015 gehörte zu den Kipp-Punkten des Regierens, der die Bundestagswahl entschied. Der Globalisierungsschub für die deutsche Einwanderungsgesellschaft wirkte als externer Schock nach. Kaum ein Thema ist so lebensnah und emotional im Alltag der Bürger verankert wie der Umgang mit den neuen Fremden. Es ist eine Mixtur aus Verteilungs- und Gerechtigkeitsfragen, aus Identität und Sicherheit. Es ist die Übersetzung des sperrigen Begriffs der Globalisierung in den familiären Alltag. Es umfasste die interpersonale Kommunikation und die Richtung der wahlentscheidenden Anschlussgespräche. Und es prägte die Ausdifferenzierung des Parteienspektrums ebenso wie die Regierungsbildung. Die Flüchtlingspolitik markiert bis heute die Machtfragen bei der Ausdifferenzierung des gesamten Parteienwettbewerbs. Die Bundestagswahl 2017 war ein für Schlüsselentscheidungen typischerweise nachgelagertes Plebiszit über die Grenzöffnung im Sommer 2015. Für viele Bürger war die Bundeskanzlerin persönlich verantwortlich, mithin ursächlich haftbar für den zeitweiligen Kontrollverlust an den Grenzen. Ihr Popularitätspanzer schrumpfte binnen weniger Wochen. Merkel schien seit dem Sommer 2015 nicht mehr unbesiegbar. Für andere wiederum wurde Merkel zur Ikone des humanitären Helferstolzes. Die Flüchtlingspolitik prägte die Zäsur: Nach rund 60 Jahren zog mit der AfD erstmals eine rechtspopulistische, rechtskonservative und in Teilen rechtsextreme Partei in den Bundestag ein und begründete damit die Rechtsverschiebung der Achse im Parteiensystem.

Hinter der Chiffre »Flüchtlingspolitik« verbarg sich ein politisches Amalgam: Wo endet das gemeinsame Wir? Wer hält sich an welche Regeln? Wer lindert die wachsenden Gefühle der Unsicherheit und des Unbehagens? Die Ethnisierung vieler politischer Diskurse nahm zu. Die Flüchtlinge waren der Auslöser, der Katalysator einer Diskussion, die schon länger schlummerte. Die bis dahin bleierne integrationspolitische

Debatte eines faktischen Einwanderungslandes öffnete sich in Richtung von Identitätsnachfragen und Zugehörigkeits-Definitionen. Die Chiffre »Flüchtlingspolitik« löste eine Veränderungskraft im Parteienwettbewerb aus. Sie stabilisierte sich über eine Rechtsverschiebung in den Parlamenten mit ebenso großer Vehemenz wie vormals die Umwelt- und Ökologiebewegung über eine Linksverschiebung.

Durch die neue Themensetzung auf Sicherheit und Identität und die damit einhergehende Repolitisierung der Gesellschaft sortierte sich die politische Mitte neu und mit der AfD zog eine Protestpartei – inzwischen weit rechts der Mitte – in die Parlamente ein. Abweichend von den vorhergehenden beiden Bundestagswahlen führte der emotionale Klimawandel der Republik wieder zu einer polarisierenden Auseinandersetzung um Mobilisierungsthemen. Privat wie öffentlich lieferten die Herausforderungen der deutschen Einwanderungsgesellschaft den Stoff für laute, emotionale, rationale, irrationale und diskursive Auseinandersetzungen. Das Krisen-Momentum vom Sommer 2015 war somit ein komplexes und emergentes Großereignis – ein folgenreiches Signum der Großen Koalition.

Eine neue Konfliktlinie der Demokratie zwischen Begrenzung und Öffnung zeichnete sich ab.[16] Die Angst vor Entgrenzung stieg seit dem Sommer 2015. Eine Sehnsucht nach Begrenzung, nach Grenzen, nach territorialer und normativer Übersichtlichkeit ergriff die stets skeptische politische Mitte. Die Wahltagserhebung der Forschungsgruppe Wahlen im September 2017 zeigte, dass das Themenfeld »Flüchtlinge/Ausländer/Integration« für 44 Prozent der Befragten das wichtigste Problem darstellte. Erst mit erheblichem Abstand folgten andere Themen wie Rente (24 Prozent) und soziale Gerechtigkeit (16 Prozent). Seit Sommer 2015 hatte sich nichts an dieser Priorisierung geändert. Der besondere Aufregungszyklus dieses medialen Groß-Themas unterminierte die Zustimmungswerte der Bundesregierung. Diese erhielt in anderen Politikfeldern und auch in der Leistungsbewertung einzelner Regierungsmitglieder durchaus positive Werte. Doch das Flüchtlings- und Migrationsthema avancierte zum Inbegriff einer angeblichen staatlichen Ohnmacht. Davon profitierte die AfD als Protest- und Anti-Flüchtlingspartei. Die politische Mitte zeigte sich strukturell nervös und zukunftssensibel. Sie forderte bei der Bundestagswahl und bis weit ins Jahr 2018 hinein eine Rückgewinnung nationaler Souveränität, eine Entschlackung des europäischen Apparates und eine bestenfalls kontrollierte Zuwanderung.

Wie unsicher die Zeiten sein können, war vielen Bundesbürgern bis zum Sommer 2015 nicht mehr bewusst. Sicher gab es Bürgerkriege in europäischer Nähe oder extreme Turbulenzen mit dem Euro. Doch den konkreten Alltag der Bürger erreichten diese medial vermittelten Krisen nicht. Auch faktisch befand sich die deutsche Demokratie nicht in einer Krise, wie es vergleichende empirische Studien belegen.[17] Doch durch den neuen und plötzlichen Zustrom von über einer Million Flüchtlingen in Deutschland stand das politische System unter erheblichem Belastungsdruck. Angst beherrschte über Monate erstmals die öffentliche Stimmung. Viele Bürger sahen sich mit Unsicherheit konfrontiert: bei den Spitzenpolitikern, den Parteien, der öffentlichen Verwaltung.

Für die Mehrheit der Bürger hatte Bundeskanzlerin Merkel im Sommer 2015 »die Grenzen geöffnet«. Merkels Migrations-Misere, ihr Merkel-Malus im Wahljahr haben in dieser im Kern humanen Entscheidung ihren thematischen Ausgangspunkt. »Staatsversagen« – so lautete der Vorwurf trotz der glänzenden Erfolge im Katastrophenschutzmanagement, mit dem es gelungen war, Hunderttausenden Menschen in Not professionelle Hilfe anzubieten. Der damalige CSU-Chef und bayerische Ministerpräsident Horst Seehofer sah sogar eine »Herrschaft des Unrechts« am Werk. Merkels Politikmanagement – die begrenzte Aufnahme syrischer Flüchtlinge – ordnet die Publizistin Ursula Weidenfeld in Merkels Handlungslogik von »radikalen Interventionen« ein: »Die Bundeskanzlerin scheint geradezu auf Ereignisse zu warten (gemeint waren die Katastrophe von Fukushima und Lehmann-Bank-Pleite, d. Verf.), die politisches Handeln erfordern, um sie anschließend durch allgemeine politische Erwägungen anreichern zu können, die dem Gebot der Zeit, nicht dem eventueller eigener Vorstellungen folgen.«[18] Demnach beherrscht die Kanzlerin nicht nur den erklärungsarmen Pragmatismus, sondern auch die abrupte Kehrtwende. Doch bei der Flüchtlingspolitik schien dieses Prinzip erstmals überreizt. Es stieß an seine Grenzen. Merkel hatte große Mühe, die Mehrheit in ihrer Partei und – je nach Fragestellung der Umfragen – auch in der Bevölkerung zu halten. Merkels Macht erodierte ebenso wie ihr öffentliches Ansehen.

Flüchtlinge haben somit über den Ausgang der Bundestagswahl 2017 entschieden. Das Superwahljahr 2017 kannte aber auch andere Wahlereignisse: Zur Wahl standen der Bundespräsident und drei Ministerpräsidenten (Saarland, Schleswig-Holstein, Nordrhein-Westfalen). Der Parteienmarkt war gefordert. Noch immer gruppierte sich das Parteiensystem in Deutschland um drei wichtige große gesellschaftspolitische Konfliktlinien: um die Verteilung des gesellschaftlichen Reichtums, um kulturelle Differenzen der politischen Partizipation sowie um das relative Gewicht von Staat und Markt.

Doch seit einiger Zeit kam eine neue, vierte wichtige gesellschaftspolitische Konfliktlinie wirkungsmächtig hinzu. Es war das ideologische Konfliktpotenzial zwischen kosmopolitischen und kommunitaristischen Werten. Gemeint war das Spannungsfeld zwischen globalisierten Weltbürgern und nationalkonservativen Gemeinschaften. Kommunitaristische Einstellungen favorisieren die Zugehörigkeit und Mitgliedschaft in nationalen und kommunalen Kontexten. Kosmopolitische Einstellungen betonen hingegen universelle Verpflichtungen. Dementsprechend konnten dann neobiedermeierliche Rückzüge und kulturelle Schutzargumente des eigenen Marktes einem internationalen Freihandelsabkommen wie beispielsweise TTIP entgegenstehen. Da wurde die innere Globalisierung – auch als humanitäre Aufgabe, immer mehr Flüchtlinge aufzunehmen – infrage gestellt. Letztlich triumphiert im nationalen Kommunitarismus die Volksgemeinschaft gegenüber internationalen Verpflichtungen.

Es wäre vereinfacht zu sagen, hier standen Globalisierungsgewinner gegen Globalisierungsverlierer. Zumal nicht immer eine klare Dichotomie erkennbar war, sondern eher ambivalente Spannungsfelder. Die dahinterliegende gesellschaftspolitische Konfliktlinie orientiert sich an den Globalisierungsverängstigten. Solche Wähler fühlen sich entfremdet im eigenen Land und mit der Beschleunigung des Alltags überfordert. Der Soziologe Armin Nassehi übersetzt diese Konfliktlinie mit der Sprache des Internets: »Gelebt wird in analogen Welten, verarbeitet werden diese aber digital«[19]. Damit wird auch deutlich, dass die Dimension des Konfliktes nicht ab-, sondern eher noch zunehmen wird. Doch der Bedarf gerade in der verunsicherten Angst-Mitte der bürgerlichen Wähler an einer Partei, die diese gesellschaftspolitische Konfliktlinie aktiv bedient, wuchs damals an. Gerade diese Konfliktlinie eines neuen gesellschaftlichen Diskurses verrät viel über widersprüchliches, paradoxes Wählerverhalten. Wie die Bürger sich auf dieser Konfliktdimension positionieren, hatte sehr viel mit weichen, aber eminent politisch wirkenden Faktoren zu tun: Anerkennungsverhältnisse, Wahrnehmungen, lebenskulturelle Modernisierung und auch modernen Artikulations- und Teilhabemöglichkeiten. Die AfD als Protestpartei profitierte von diesen weichen, oft emotionalen Faktoren. Thomas Schmidt fasst dies eindrucksvoll in einem

Essay folgendermaßen zusammen: »Dass die AfD für viele Bürgerliche so attraktiv erscheint, liegt nicht daran, dass sich die von den Volksparteien vernachlässigten Strömungen plötzlich in ihr wiederfinden würden. Die AfD markiert vielmehr eine Leerstelle. Wenn sie überhaupt etwas repräsentiert, dann ist es die Polarität in den politischen Verhältnissen, und zwar dort, wo eine solche vermisst wird. Sie steht dann für das Andere, das Jenseits all jener Normen, die anderweitig und nicht etwa durch eine Willensbildung gesetzt wurden. Nun ist es der Ort der Verdammten oder der Verlierer oder der Wütenden«.[20] Für Schmidt sind »zu viel Mitte« und zu viel normativer Konsens eine Ursache dafür, dass Abweichungen von dieser Linie nur noch am rechten Rand umsetzbar zu sein scheinen.

Personalisierung und Stil-Pluralität

Status-quo-Wähler stärken immer das Bekannte vor dem Unbekannten. Das kennen wir bereits aus der Typologie der Wähler. Die Vorstellungen darüber, wie politisches Spitzenpersonal zu agieren hat, waren über viele Jahre relativ konstant. Anders wären die Wiederwahlen von Angela Merkel – mit ihrem politischen Führungspersonal der bürgerlichen Mitte – nur schwer zu erklären.

In Zeiten von dramatischen Risikoentscheidungen kam dieses Personal größtenteils unaufgeregt-nüchtern-geschäftsmäßig und unprätentiös-schlicht daher. Merkel lebte eine Empörungsverweigerung vor. Ihre permanente Deeskalation glich einem Ruhe-Regiment. Kalkuliert unauffällig und mit erklärungsarmem Pragmatismus ausgestattet, arbeitete sie effektiv und geschäftsmäßig Probleme stellvertretend für die Bürger ab, die Merkel gewählt hatten. Die Wähler wollten mit den Problemen möglichst nicht mehr belangt werden, sobald der Wahltag vorbei war. Weit und breit grassierte Risiko-Unlust. Status-quo-Wähler stärkten Merkel.

Die deutschen Wähler wählten auch 2017 keine Power-Entscheider, die kraftstrotzend, darstellungsreich wegentscheiden. Stattdessen bevorzugten die Deutschen Politiker, die den Bescheidenheits-Imperativ vorlebten. Diese dienen problemlösend, ohne sich selbst zu inszenieren. In Zeiten der täglich medial vermittelten Krisendynamik goutierten die Deutschen mehrheitlich diesen Politikstil, der auf Problemlotsen abzielte. Es waren im besten Fall Orientierungs-Autoritäten, die als Soliditäts-Garanten für uns als Bürger politische Probleme abarbeiten. Früher passte das

Führungscharisma zum Bild des Steuermanns, der hierarchisch mit viel Überblick navigierte. Das galt 2017 nicht mehr. Führung bedeutete nun eher, sich postheroisch im Verbund mit vielen anderen, permanent und gipfelbeseelt, vom Zwischendeck aus, abzustimmen: kleinteiliges Vielfaltsmanagement. Die politische Lage änderte sich so rasch, das Risiko-Kompetenz als Führungsressource unersetzbar wurde.

Zeitgleich bildete sich jedoch auch ein anderes Führungsverständnis heraus. Weltweit gewann damals ein heroischer Führungstypus an Zustimmung, der weniger auf Kompromisse als auf unilaterale Durchsetzung pochte. Wenn sich diese Sehnsucht nach narzisstischen Populisten durchgesetzt hätte, hätte die Bundesregierung schnell wie aus der Zeit gefallen wirken können. Die Neugierde der Wähler auf andere Führungstypen nahm durchaus auch bei den sicherheitsorientierten Wählern in Deutschland zu. Das war ein damals wie auch heute noch international sichtbares Phänomen: die Renaissance von autokratischen, autoritären und populistischen Regimen mit identitärer Stärke; halbstarke Typen voller Rauflust und Eskalations-Gehabe, immer unterwegs mit absichtsvoller demokratischer Regelverletzung[21].

Auch in Deutschland zeigten sich Varianten unterschiedlicher Führungsstile, die in der politischen Mitte demokratisch verortet waren. Mit Martin Schulz hatte die SPD einen Kandidaten für das Bundeskanzleramt benannt, der auf die Wähler als Stil-Kontrast zu Merkel wirkte. Er kam als vertrauter Nachbar daher: Würselen (sein Geburtsort) ist überall! Das kommunale Basislager der Demokratie hatte ihn geprägt. Im Blick auf die Bundespolitik verfügte der Brüssel-Rückkehrer (er war viele Jahre Präsident des Europäischen Parlaments gewesen) über den Charme des Anti-Etablierten. Er hatte in der Berliner Republik nie einen öffentlich sichtbaren politischen Job.[22] Er konnte konfrontieren, musste nicht kooperieren. Schulz weckte in der SPD Hoffnungen und er formulierte erstmals auch offensiv den Anspruch, Bundeskanzler zu werden. Innerhalb der SPD löste er damit nicht nur Erwartungen und Sehnsüchte aus, sondern auch leidenschaftliche Bekenntnisse. Die nüchtern-kühl-pragmatische Attitüde der Eiskönigin Merkel konterte er mit Ideologie, mit Emotion und mit lauter, zivilisierter Streitkultur. Die innerparteilichen und öffentlichen Zustimmungswerte für Schulz zu Beginn des Jahres 2017 dokumentierten eine Mischung aus Autosuggestion der SPD und öffentlicher Neugierde. Stil-Pluralität war somit im Super-Wahljahr 2017 zumindest im Frühjahr über einige Monate erkennbar. Am Ende siegte allerdings wieder das bewährte Nüchtern-Abarbeitende-Deeskalierende-Sichernde und nicht das Leidenschaftlich-Gestaltende-Gerechtigkeitsgetriebene.

Thematisierung und Agenda-Setting 2017

Bislang galt für die zurückliegenden Wahlkämpfe: Nicht Gerechtigkeits- und Bürgerrechtsthemen, sondern Wohlfahrtsversprechen dominierten. Sicherheit ist in der Wahl-Arena wichtiger als Gerechtigkeit. Nicht wer am meisten Veränderungen versprach – und zwar rechts wie links – wurde seit 2005 gewählt, sondern wer am plausibelsten machen konnte, die Bürger vor den Unbilden der Zukunft zu schützen. Bürgerliche Wähler forderten Stabilitätsgarantien. Sie möchten, dass die Politik den Status quo sichert. Angesichts einer Wählerklientel, die bei der Bundestagswahl 2017 mehrheitlich älter als 56 Jahre war, ist dies nachvollziehbar.

Mit Martin Schulz änderten sich nicht nur das öffentliche Agenda-Setting, sondern auch die Betroffenheits-Szenarien. Das Navigieren dicht am Alltagsleben spielte in der Projektionsfläche des Schulz-Hypes eine große Rolle. Schulz steuerte mit seinen Projektionen im unmittelbaren Wohn- und Lebensumfeld der Bürger. Zudem vergrößerte er seine Perspektive durch ein Eintreten für Europa als Herz- und Leidenschaftsthema, was wie ein Kontrastprogramm zum rationalen Duktus der Kanzlerin in Sachen europäischer Integration daherkam – zumindest kurzzeitig.

Das Primat der Sicherheit stand auch 2017 im Zentrum, aber mit veränderten Ausprägungen. Innere und äußere Sicherheit waren den Bürgern extrem wichtig, ohne dass diese in Panikstimmung angesichts drohender terroristischer Gewalttaten verfallen wären. Soziale Sicherheit als Absicherung des sozialen Status spielte eine viel größere Rolle als in zurückliegenden Wahlkämpfen. Der gesellschaftliche Deutungskonsens, in einer Abstiegsgesellschaft zu leben, hatte die sogenannte Mittelschicht über Ungleichheitsdiskurse erreicht.[23] Die Diskussionen über Ungerechtigkeiten und extreme Verzerrungen im Bereich von Einkommen und Vermögen prägten die öffentliche Arena. Die SPD fühlte sich deshalb berufen, einen stärker an traditionellen und neuen Gerechtigkeitsthemen orientierten Wahlkampf zu führen. Aus Sicht der SPD sollte mehr Gerechtigkeit auch zu mehr Sicherheit führen, sollten beide Themenbereiche zusammengeführt werden. Die SPD schaffte es damit in der frühen Phase des Wahlkampfs, die Agenda-2010-Thematik »abzuräumen« und eröffnete sich neue Themenkorridore für die Hauptphase des Wahlkampfs. Der Schulz-Schub korrespondierte über zwei Monate mit einer Merkel-Müdigkeit.

Neue Akzente setzte der Begriff der kulturellen Sicherheit. Hier werden Identitätsfragen mit Sicherheitsvariablen angereichert. Wer gehört zu uns? Solidarität und Zugehörigkeiten standen auf dem Prüfstand. Wieviel Heterogenität verträgt eine globalisierte Nation? Wieviel Vielfalt ist dysfunktional? Diese Thematisierungen griffen die Impulse auf, die sich im Kontext der Einwanderungsgesellschaft stellten und seit dem Sommer 2015 die Diskussion um Flüchtlinge und Asyl in Deutschland öffentlich charakterisieren.

Bürger forderten danach nicht nur ökonomische Teilhabe, sondern auch kulturelle Teilhabe als Facette kultureller Sicherheit ein. Anti-elitäre Wut von Protestwählern war weiterhin messbar, wenngleich sich die Richtung des Protestes nicht mehr eindimensional am Flüchtlingsthema entzündete. Bundespräsident Joachim Gauck sagte dazu im Juni 2016 in Bukarest: »Dazu müssen wir immer auch alle wieder lernen, Argumente an uns heranzulassen, die unserem eigenen Milieu zunächst unplausibel erscheinen können. Wir müssen wieder lernen, an die intellektuelle und moralische Tradition des argumentativen Disputs anzuknüpfen (...)«[24]. Gemeint waren Überforderungen durch zu viel Neues oder durch die Anerkennung von als zu viel empfundener Fremdheit. Die Einübung ins Fremde sollte idealerweise erstritten und ausgehandelt sein. Um kulturelle Teilhabe auch gegen bürgerliche Diskurs-Wächter durchzusetzen, bedurfte es bei den Befürwortern einer einzufordernden kulturellen Sicherheit einer Offenheit, die bei Argumenten ohne vorschnelle Stigmatisierung auskommen sollte. »Robuste Zivilität« (Garton Ash 2016) setzt nicht Streit-Grenzen, soweit der normative Gehalt des Grundgesetzes nicht verletzt wird. Protest-Wähler fühlten sich auch kulturell marginalisiert, worauf etablierte Politik zu reagieren hatte.

Die Gleichzeitigkeit von Ungleichzeitigkeiten

Der Wählermarkt zeigte sich 2017 geteilt. Die Wahlbeteiligung stieg. Die Repolitisierung der Mitte kennzeichnete die Wahl-Arena 2017. Die öffentliche Polarisierung führte zu Fragmentierungen im Parlament. Der Bundestagswahlkampf unterschied sich durch das übergeordnete

Flüchtlingsthema von dem Wahlkampf 2013: Er war themenzentrierter, polarisierter, emotionaler, lauter, lagerzentrierter. Viele Bürger wollten wieder eine Wahl haben und entschieden sich gegen die Berliner Macht-Monotonie. Anders waren die herben Verluste für die Regierungsparteien nicht zu erklären. Gleichzeitig sympathisierte man mit dem Bekannten, nicht mit dem Unbekannten. In dieser Ambivalenz blieb der Spielraum der Wahlkampagnen. Begrenzte Aggressivität, Sicherheitsbotschaften und Zukunftskompetenz bleiben die Variablen auf der Angebotsseite der Parteien.

Die Gleichzeitigkeit von Ungleichzeitigkeiten wurde zum Signum dieses multidimensionalen Wahljahres 2017. Trends und Gegentrends galten zeitgleich: Globalisierungsfurcht und Entgrenzungssorgen befeuerten eine Diskussion um Identität und Sicherheit. Gleichzeitig wuchs der Zulauf für Europabefürworter und es zeigten sich neue Fans des internationalen Freihandels. Nüchterne Weiter-So-Politiker (»keine Experimente«) konkurrierten mit leidenschaftlichen Gestaltern. Protest- und Empörungspotenziale, vor allem im Hinblick auf anti-elitäre Wut, blieben in einer Einwanderungsgesellschaft virulent. Gleichzeitig erstarkte die politische Mitte, allerdings in Form von Vielparteienparlamenten, und degradierten die klassischen Volksparteien. Globale kommunikative und politische Ereignisse bestimmten wirkungsmächtig die öffentliche Agenda, gleichzeitig blieben große Spielräume für regionale Besonderheiten und Einstellungen.

Es ist kein Zufall, dass diese Gleichzeitigkeit von Ungleichzeitigkeiten schließlich nach wochenlangem Ringen erneut in eine Große Koalition unter Kanzlerin Merkel führte. Es war zwar die zahlenmäßig kleinste GroKo aller Zeiten, doch ein erneutes Abbild der politischen Mitte. Sie vereinte erneut – nach zunächst blockierter Regierungsbildung und gescheiterten Sondierungen über eine Jamaika-Koalition (schwarz-grün-gelb) – die Mehrheit im Deutschen Bundestag. Es war nicht die Vielzahl der Parteien, die neue Probleme der Regierungsbildung aufwarf, sondern die Blockaden zwischen möglichen Bündnispartnern. Wählermarkt und Koalitionsmarkt entwickelten sich gegenläufig. Für 2017/18 kam erstmals erschwerend hinzu, dass es mit der SPD zeitweise und nach dem Jamaika-Aus auch mit der FDP offenbar zwei Parteien gab, die den Wählerauftrag nicht als Auftrag zur Regierungsbildung interpretierten.

Vielparteienparlamente, »Ausschließeritis« für Koalitionen und Verweigerung von Verantwortungsübernahme setzten den Prozess der

Regierungsbildung 2017 unter neuartigen Druck. Koalitionslotterien verflüssigten die Lagersehnsucht der Parteistrategen. Multiple Koalitionsvariablen gehören zum Kennzeichen des Koalitionsmarktes mittlerweile dazu, wie es sich auch in den Bundesländern in aller Farbenpracht abbildet. Dreizehn unterschiedliche Koalitionsformate existierten in den Ländern zum Zeitpunkt der Bundestagswahl 2017. Unter diesen Bedingungen des Koalitionsmarktes legten sich die Parteien im Wahlkampf bündnispolitisch nicht mehr fest. Koalitionspartner müssen sich seither nicht mehr nur einigen, sondern erst finden. Das veränderte auch die Rolle des Bundespräsidenten, der das Vorschlagsrecht für die Kanzlerwahl hat. Das Bundespräsidialamt musste bei den differenzierten Vorstufen der Regierungsbildung aktiv mit einbezogen werden.

Die Regierungsbildung war 2017/18 schwer und langwierig. Doch das hing nicht mit extremen Wahlergebnissen zusammen. Die AfD zog zwar in den Bundestag ein, doch über 70 Prozent der Wähler entschieden sich für die Parteien der Mitte. Die Regierungsbildung war, von außen betrachtet, alles andere als langweilig. Doch das Ergebnis schon: Die GroKo ging in Serie.

Machtwechsel-Typen in Deutschland

Sehen wir uns unter dem Gesichtspunkt der sicherheitsorientierten Wähler die unterschiedlichen Bundesregierungen als Koalitionsregierungen an. Was war aus den Parteien im Hinblick auf den Koalitionsmarkt zu erwarten bzw. wie positionierten sie sich? Damit können wir das Bild des Parteien- und Koalitionsmarktes nochmals erweitern. Welches Muster der Regierungsbildung, welche Typen von Machtwechsel lassen sich dabei erkennen?

Das politische System der Bundesrepublik Deutschland ist eine parlamentarisch-repräsentative Demokratie mit Kanzlerhegemonie. Der Handlungsverbund zwischen Regierung und Parlamentsmehrheit wird durch ein verfassungsrechtlich geschütztes starkes Kanzlersystem gekennzeichnet. Im Begriff der Kanzlerdemokratie bündeln sich zugeschriebene personale individuelle Führungsqualitäten, historische Bezugsaspekte und Vorannahmen über eine Top-down-Steuerungsperspektive. Faktisch ist unter den Bedingungen des »Verhandlungsstaats« in einer politisch-kulturell ausgerichteten Schlichtungsdemokratie statt von Hierarchie eher von Moderation und Kooperation im Steuerungsalltag einer Kanzlerdemokratie auszugehen. Wie noch zu zeigen sein wird, erscheint der Begriff aber für eine spezifische Dreier-Koalition strukturell eher ungeeignet.

Was sind die Ursachen und Hintergründe für einen Machtwechsel?[25] Die Regierungsforschung geht zunächst von hoher Stabilität als Markenzeichen aller deutschen Bundesregierungen aus. Auch die Dauer der Regierungsbildung ist im internationalen Vergleich gering. Die Regierungen amtieren im Regelfall bis zum Ende der Legislaturperiode. Nur vier der bis dato insgesamt 20 Bundestagswahlen waren vorgezogene Wahlen. Auch die Verweildauer der Bundesminister in ihrem Amt ist im Vergleich zu anderen westlichen Regierungen lang. Zudem konnte eine größere Zahl von Bundesregierungen sehr lange und verlässlich auf eine beachtliche Wählerstimmenmehrheit bauen: Bis 1990 vereinten die jeweiligen Regierungskoalitionen erheblich mehr als 50 Prozent aller Wählerstimmen auf sich. Seit dieser Zeit erodieren die ehemaligen Volksparteien jedoch und die Vielparteienparlamente fördern den Schwund von Legislativmehrheiten. Dennoch haben die deutschen Bundesregierungen (immer noch) eine hohe Lebensdauer. Diese Regierungsstabilität korrespondiert mit einer Trägheit von wahlbedingten Politikwechseln – im Sinne von programmatisch-ideologischen Richtungswechseln – in Deutschland.

Es gehört zum Mainstream der modernen Regierungsforschung in Deutschland, dass der deutsche Weg eher zwischen Reformstau und Modernisierung verläuft. Rapide Policy-Wechsel sind eher selten. Sie wären am ehesten nach Regierungswechseln zu erwarten. Dieses Argument unterstellt eine belastbare Parteiendifferenzhypothese. Danach machen die Parteien einen programmatischen Unterschied und setzen nach der Regierungsübernahme ihre inhaltlichen Alternativen durch. Doch die Policy-Unterschiede zwischen den Parteien der politischen Mitte sind im Verlauf der vergangenen Jahrzehnte eher geringer geworden. Die ehemals großen Volksparteien suchen die stärkere Anbindung an den Staat angesichts des volatilen Elektorats. Sie kämpfen weniger um die Maximierung der Wahrscheinlichkeit von Wahlerfolgen als um die Minimierung der Folgen möglicher Wahlniederlagen. Der Wettbewerb zwischen den Parteien bleibt wichtig, aber er relativiert sich im Hinblick auf einen Regierungswechsel: »Solange Parteien, wenn sie an die Macht streben, programmatisch das ausdrücken (müssen), was gesellschaftliche

Mehrheiten politisch wollen, ist eine gewisse programmatische Unterscheidbarkeit sogar zu erwarten – was nicht die Möglichkeit ausschließt, dass sich die programmatischen Positionen selber, im Einklang mit dem sich wandelnden Urteil der Öffentlichkeit, im Zeitverlauf ändern. Das sichert demokratische Responsivität auch ohne regelmäßige Machtwechsel zwischen ideologisch scharf voneinander getrennten Lagern«[26].

Insofern verwundert es nicht, dass – empirisch beobachtet – rapide Politikwechsel als Policy-Wechsel in der Regel im deutschen Regierungssystem eher ohne Regierungswechsel stattfinden. Das gilt beispielsweise für drastische Wechsel in den Bereichen der Energiepolitik nach Fukushima (2011) oder der Flüchtlings- und Migrationspolitik (2015/16). Machtwechsel als Kennzeichen der Demokratie ist nicht identisch mit Policy-Change. Drastisch zugespitzt sieht es Przeworski: »Die Demokratie ist eine politische Ordnung, in der die Bürgerinnen und Bürger ihre Regierung mittels Wahlen bestimmen und die Möglichkeit haben, sich einer Regierung zu entledigen, die ihnen nicht gefällt«.[27]

Als erste Annäherung soll ein Machtwechsel wie folgt definiert werden: als Übernahme der Regierungsverantwortung durch einen Kanzler mit einer vom Amtsvorgänger abweichenden parteipolitischen Zuordnung. Allgemein spricht man in Deutschland von Machtwechsel in Bezug auf den 1969 vollzogenen Wechsel von der ersten Großen Koalition zur sozialliberalen Koalition. Damals stellte die SPD mit Willy Brandt erstmals den Kanzler.

International wird unter Machtwechseln eine signifikante Änderung der parteipolitischen Zusammensetzung einer neuen Regierung verstanden, wobei ein Wechsel zwischen zwei von drei Parteifamilien (»Rechtsparteien«, »Linksparteien«, »Zentrumsparteien«) gemeint ist (Cameron 1985). Als Regierungswechsel könnte, abgrenzend zum Machtwechsel, der Austausch des Kanzlers bezeichnet werden, ohne dass gleichzeitig die bisherige Regierungspartei zur Opposition wird. Es ist damit eine Veränderung der personellen Zusammensetzung der Regierung, nicht der parteipolitischen Zusammensetzung – also eine Regierungsneubildung. Machtwechsel bedeuten jedoch mehr als nur Regierungswechsel. Im Folgenden sollen einige Strukturtypen[28] des Machtwechsels in der Bundesrepublik benannt werden, um Begriffsklarheit zu schaffen und um weitere Operationalisierungen vorzunehmen. Die idealisierten Strukturtypen betonen verschiedene Aspekte des Machtwechsels. Daher können die historisch beobachtbaren Fälle manchmal mehreren Typen zugewiesen werden. Die Reihenfolge ist durch die Anzahl der Wechsel bestimmt:

1. Dosierte Machtwechsel (sechsmal): Erhard – Kiesinger, Kiesinger – Brandt, Schmidt – Kohl, Schröder – Merkel I, Merkel I – Merkel II, Merkel II – Merkel III, Merkel IV – Scholz

   In der neuen Regierung verbleibt ein Koalitionspartner der Vorgängerregierung und bürgt für Kontinuität. Die Besonderheit des dosierten Machtwechsels ist seine nur moderate politisch-ideologische Veränderung. In der bundesrepublikanischen Geschichte waren dies Wechsel zwischen Mitte-rechts- und Mitte-links-Koalitionen oder von der Großen Koalition (GroKo) wieder zurück zu einer Mitte-rechts-Koalition. Die ersten drei dosierten Machtwechsel waren die Folge von Koalitionsbrüchen. Nur der Wechsel von Rot-Grün zu Schwarz-Rot (2005) wurde durch die Wähler erzwungen. Merkel ist bislang die einzige Kanzlerin, die mit unterschiedlichen Koalitionen seit 2005 regiert hat. Zum ersten Mal in der Geschichte der Bundesrepublik wechseln die Koalitionen von Wahlperiode zu Wahlperiode: GroKo I, Schwarz-Gelb, GroKo II und GroKo III. Fast wäre Merkel mit einer »Jamaika«-Koalition 2017 ein Hattrick gelungen – eine Kanzlerschaft mit drei unterschiedlichen Koalitionspartnern. Mit der Ampel-Regierung endete 2021 nach 16 Jahren die Kanzlerschaft von Angela Merkel. Doch der Wechsel erfolgte auch dosiert: Der Vizekanzler Scholz wurde als Kanzler gewählt. Die SPD bleibt in der Regierungsverantwortung und stellt den Kanzler. Die beiden Oppositionsparteien Grüne und FDP komplettieren die Ampel-Konstellation.

2. Systemimmanente Machtwechsel (viermal): Adenauer – Erhard, Erhard – Kiesinger, Brandt – Schmidt, Schmidt – Kohl

   Hierbei erfolgt der Machtwechsel ohne eine vorausgehende Bundestagswahl. Zweimal war dies ein selbsterneuernder Machtwechsel, einmal ein dosierter Machtwechsel und einmal ein Wechsel durch die erfolgreiche Anwendung eines konstruktiven Misstrauensvotums.

3. Selbsterneuernde Machtwechsel (zweimal): Adenauer – Erhard, Brandt – Schmidt

   Hier ist der Machtwechsel im Kern nur ein Regierungswechsel. Die Regierungspartei tauscht den Kanzler aus. An der parteipolitischen Zusammensetzung ändert sich nichts. Doch in der Regel hängt

am Personalwechsel auch ein machtpolitischer Umbau mit Blick auf innerparteiliche Konstellationen.
4. Komplette Machtwechsel (einmal): Kohl – Schröder
Die neue Regierungskoalition wird durch die vormaligen Oppositionsparteien gestellt. Keine Partei aus der alten Koalition bleibt im neuen Regierungsbündnis. Nur 1998 bewirkten die Wähler durch ihre Stimmabgabe den kompletten Machtwechsel. Erstmals löste ein Oppositionspolitiker bei einer Bundestagswahl den Bundeskanzler ab.

Treue Kunden, treue Wähler setzen auf stabile und bekannte Regierungsformationen. Wer als Kunde weniger wechselbereit ist, favorisiert auch Kontinuitäten beim Regieren. So erklärt sich vielleicht auch die Tendenz, zumindest einen bekannten Partner immer in der Folgeregierung möglichst noch dabei zu haben. Das scheint verlässlicher, wie ein Treue-Bonus-Paket.

Resümiert man den Parteien- und Koalitionsmarkt, dann fällt auf, dass das Angebot an Parteien überschaubar geblieben ist. Das gilt für die Parteien, die es über die Fünf-Prozent-Hürde bei den Wahlen schafften. Hingegen ist der Koalitionsmarkt unübersichtlicher geworden. Man erkennt, dass der Parteien- und Koalitionsmarkt dynamisch bleibt, aber in bestimmten erwartbaren Grenzen. Weder entstehen spontan neue Parteien, die von den Deutschen über die Fünf-Prozent-Hürde gehievt werden. Noch haben Bundesregierungen eine größere Chance, die nicht mindestens einen Koalitionspartner aus der vorangegangenen Regierung an Bord haben. Die Etablierung neuer Parteien folgte dem Wandel von neuen dominanten gesellschaftlichen Konfliktlinien.

Um abschließend wieder auf die Marktstände zu blicken: Was man als wählender Käufer gezielt ansteuert und was man bündelt, ist voraussetzungsvoll. Wenn das Angebot attraktiv und anspruchsvoll ist, greift man eher zu.[29] Wenn die Betreiber der Stände gute Gastgeber sind, fühlt man sich aufgehoben. Wenn es zudem Begegnungsräume mit Aufenthaltsqualität sind, steigt die Verweildauer der Käufer. Dennoch bleibt es ein Angebot mit überschaubarer Resonanz. Ob es ein Raum von gesellschaftlicher Allgemeinheit ist, den Demokratien brauchen, darüber kann man streiten. Aber es wäre gut, wenn er es sein könnte. Es wäre dann auch möglicherweise ein Ort der Volksparteien, mit zwanglosen Formen des demokratischen Austauschs, vielleicht auch der Selbsterziehung, der Selberermächtigung zur Demokratie, wenn wir uns dort überschneidend tummeln. Homogenität wäre dabei eher hinderlich.

Die Dominanz der bürgerlichen Mitte in den Parlamenten, der weiterhin moderate Pluralismus mit eher kleineren bipolar-extremen Ergänzungen unterscheidet den deutschen Parteienwettbewerb von vielen europäischen Nachbarstaaten. Doch die Mitte ist schon lange nicht mehr von Dominanzparteien gekennzeichnet. Es balgen sicher eher Zwanzig-Prozent-Parteien um die Mehrheitsfindung.

Die Beispiele der Bundestagswahlen 2013 und 2017 zeigten, wie wahrgenommene Krisenszenarien die Wähler bei ihrem Votum beeinflussen. In der Regel stärkt das die Etablierten, die Bekannten, die Krisenlotsen. Angela Merkel verkörperte für viele Wähler in dieser Zeit eine unaufgeregte, pragmatische und stabilisierende Antwort auf die Herausforderungen. Dieser besondere Aspekt wird auch im nachfolgenden Kapitel über Konstellationen des Führungsmarktes nochmals vertiefend aufgegriffen. Die Große Koalition als Serie war die Antwort auf den Stabilitäts-Fanatismus der Deutschen.

5. Medien- und Führungsmarkt: Doppelte Gesprächsstörungen

Der Marktbesuch erfolgt öffentlich. Er ist auch immer ein kommunikatives Ereignis. Märkte sind nicht nur Gespräche, sondern auch konstruiert durch Vorstellungswelten, durch Erwartungshaltungen, die sich wiederum durch Bilder in unseren Köpfen konstituieren. Letztlich arbeitet das Markt-Marketing vor Ort und im Vorfeld mit Instrumenten, die auf die Herstellung von werbewirksamer Öffentlichkeit zielen. Die Vielfalt an Medienangeboten ist dabei evident. Dieser ausdifferenzierte Strukturwandel von Öffentlichkeit, erlebbar beim Marktbesuch, drückt sich auch in verändertem Kommunikationsverhalten aus. Und dahinter liegen immer Prozesse von Steuerung. Man kann insofern einen Markt-Kontext erkennen, der zwischen Öffentlichkeit und Führung, zwischen Kommunikation und Entscheidung angesiedelt ist. Wähler sind Kunden und als solche kommunikativ beeinflussbar.

Politische Kommunikation ist wesentlich für die Handlungs- und Steuerungsfähigkeit einer Regierung.[1] Die Legitimation von politischen Entscheidungen erfolgt über transparente Kommunikation. Das gilt besonders für außeralltägliches Entscheiden in Krisen und Ausnahmezeiten. Die Kommunikation markiert den Resonanzraum zwischen Regierenden und Regierten. Die Responsivität steht in Abhängigkeit zu dieser wechselseitigen Kommunikationsleistung.

Medien bieten einen Raum zur politischen Auseinandersetzung und sind gleichzeitig selbst als politische Akteure zu kategorisieren. Sie stehen in einem eng verzahnten Wechselverhältnis zur Politik, werden als Machtinstrument genutzt und besitzen ihrerseits eine eigene Art der Macht. Sie nehmen sowohl Einfluss auf die politische Relevanz eines Themas (Agenda-Setting) als auch auf die anschließende Beurteilung von Politik, indem sie Inhalte kontextualisieren (Framing) und die Bewertungskriterien von

Politik mit definieren (Priming). Die Bedeutung des Verhältnisses von Medien und politischen Akteuren konstituiert das Betriebssystem für Politik und Regieren. Politischer Erfolg und Misserfolg sind eng verbunden mit den Kommunikationsleistungen eines politischen Akteures. Das ist auch außerhalb von Wahlkampfmobilisierungen relevant.

Legitimation durch Kommunikation

Demokratien legitimieren sich durch Kommunikation. Politische Kommunikation macht Politik öffentlich. Sie ist das kontinuierliche Bemühen um ein politisches Mandat. Politik ist in Demokratien immer zustimmungsabhängig, begründungsnotwendig und rechenschaftspflichtig. Alle drei Aspekte sind nur mit Kommunikation erreichbar. Die Sprache ist dabei die wichtigste Quelle der Wirksamkeit. Dolf Sternberger hat den Satz geprägt, auch Reden seien Taten.[2] Man müsste heute unter den Bedingungen der Instagramisierung der politischen Kommunikation ergänzen: Worte und Bilder sind Taten. Begriffe schaffen Realitäten. Bilder projizieren scheinbar Evidenzen auf einen Blick.

Wer die Dinge benennt – sprachlich oder visuell –, beherrscht sie auch. Politische Kommunikation ist intentional angelegt. Die Rede, die Mitteilung, das Statement, das Foto erfolgen absichtsvoll, und selbst unbedachte Äußerungen werden vom politischen Gegner machtpolitisch-verdachtsbestimmt interpretiert. Jede Äußerung ist in der Politik eine Willensbekundung. Selbst wenn etwas für bedeutungslos erklärt wird, heißt das nicht, dass es bedeutungslos ist. Sprachgewinn bedeutet kommunikativen Machtgewinn und umgekehrt gilt: Sprachverlust führt zum Machtverlust.

Dies lässt sich auf das konkrete Szenario einer Regierungserklärung übertragen, die zum Ziel hat, durch offensive Kommunikation Mehrheiten für Veränderungen zu erringen, durch Kommunikation eine neue Legitimation für Regierungshandeln zu schaffen, mit Kommunikation zu führen. An der historischen Zeitenwende-Rede von Bundeskanzler Olaf Scholz (SPD) kann das aufgezeigt werden.

Die Zeitenwende-Rede des Bundeskanzlers

»Wir werden es verteidigen«. So endete die Regierungserklärung zur »Zeitenwende« von Bundeskanzler Olaf Scholz (SPD) am Sonntag, den 27. Februar 2022, vor dem Deutschen Bundestag – drei Tage nach Beginn des russischen Angriffskrieges auf die Ukraine. Gemeint war die Verteidigung des »freien und offenen, gerechten und friedlichen Europas«. Doch anders als sonst war der Imperativ des Kanzlers keine rhetorische Routineformulierung. Allen Zuhörerinnen und Zuhörern war vielmehr klar, dass der Verteidigungsfall der Bundesrepublik Deutschland eintreten kann. Und zwar jetzt. Die Eskalation des Angriffskrieges durch den russischen Präsidenten Putin erschütterte die europäische Ordnung und veränderte die Koordinaten der deutschen Innen- und Außenpolitik vollkommen. Es war ein externer Schock für das politische System der Berliner Republik mit weitreichenden Folgen. Die Regierungserklärung, 81 Tage nach dem Start der Ampel-Bundesregierung, könnte gleichsam bereits ihr Höhepunkt gewesen sein. Selten sah man in solcher Reinform, wie sich Sprachgewinn in Machtgewinn durch eine Rede verwandelte. Die Ampel dümpelte bis dahin relativ führungslos durch die Coronaimpfdiskussionen. Mit minimalistischer Kommunikation hatte sich Scholz über Wochen unauffällig gezeigt mit geradezu aggressivem Schweigen. Dann überfiel Russland die Ukraine und überrascht fassungslos sahen wir ängstlich zu. Das 20. Jahrhundert traf auf das 21. Jahrhundert, die imperiale Idee setzte sich neben das Paradigma der Kommunikation und der Diplomatie – Panzer und Reden. Unsere jahrelange entschlossene Gleichgültigkeit gegenüber den Forderungen der Ukraine, die sich an der Krim und im Osten des Landes bereits der russischen Übermacht gegenübersah, brach auf. Aber was tun? In dieser diffusen Stimmungslage ergriff der Kanzler die Initiative und ging in die Offensive. Sprache als Medium legitimiert Macht. Sie gibt der Handlungsfähigkeit einen Ausdruck und schafft eine neue politische Lage.

Die Parlamentsrede in der Sondersitzung des Bundestags war ein Musterbeispiel für politische Führung, die Ängste der Bürger in Krisenzeiten durch transparente Kommunikation minimiert. Die Angst ist bei Sicherheitsdeutschen und den Zivilmacht-Pazifismusmeistern immer präsent.[3] Doch der Krieg schuf erstmals nach Jahrzehnten vermeintlicher Sicherheit einen neuen Angstzustand. Die Bedrohung war nicht mehr abstrakt, sie war unmittelbar. Wer schützt mich wie im Kriegsfall? Allein so eine Frage zu formulieren, war nicht nur retro, sondern galt als unzeitgemäßes Kalter-Krieg-Vokabular. Wer so öffentlich oder auch privat formulierte, isolierte sich schnell. Postmoderne war eher angesagt. Zwar spielte Sicherheit auf dem Wählermarkt immer eine dominante Rolle. Sie prägte entscheidend Wahlmotive der zurückliegenden Jahre. Doch gemeint waren stets andere Dimensionen von Sicherheit: innere, ökonomische, kulturelle, soziale, zuletzt gesundheitliche. Die äußere und sicherheitspolitische Dimension unserer Staatsräson galt als wichtig, aber ebenso als gegeben. Anstatt uns über unsere eigene Landesverteidigung auszutauschen, orientierten und beteiligten wir uns lieber an internationalen Einsätzen.

Die Coronapandemie hatte bereits fundamentale Selbstgewissheiten ins Wanken gebracht. Es ging bei der Bekämpfung des Virus existenziell um das Überleben der Bürger, was den Zielkonflikt zwischen Freiheit und Gesundheit strapazierte. Erst traf uns die Pandemie, dann der Krieg. Erst nahm uns die Politik viele Freiheitsrechte, um das Überleben zu sichern. Dann nahm uns der Krieg elementare Sicherheit. Wie verteidigt man unter diesen Bedingungen von Vielfachkrisen die Ordnung der Freiheit? Was folgt nach diesem seriellen Gewissheitsschwund?

Einiges glich im Februar 2022 – bei aller Problematik des historischen Vergleichs – dem Herbst von 1989, als bereits die Mauer gefallen war, aber unklar war, in welche Richtung sich das Weltgeschehen wendet. Damals setzte Kanzler Helmut Kohl mit seinem Zehn-Punkte-Programm vom 28. November 1989 eine Richtungsentscheidung überraschend durch. Der Plan enthielt konkrete Schritte einer deutsch-deutschen Annäherung. Auch damals herrschte eine diffuse Öffentlichkeit, die es politisch zu strukturieren galt. Im Februar 2022 hat Scholz seine Richtlinienkompetenz als Kanzler dezionistisch genutzt, bei der er die fundamentale Richtungsänderung wichtiger Koordinaten der Innen- und Außenpolitik vortrug. Seine Koalitionspartner und Parteifreunde waren von der beabsichtigten Militarisierung nur kurzfristig ins Benehmen gesetzt worden. Zu den Eingeweihten gehörten maximal zehn Verbündete.[4]

Wieso entfaltete diese Rede eine so fundamentale Wirkung? War es der Geist der neuen Wehrhaftigkeit, der beschworen wurde? Oder waren es die aufgeworfenen existenziellen und moralischen Fragen: Was ist historische Verantwortung wert? Was sind uns Frieden und Freiheit wert? Tun wir genug oder tun wir nur das, was uns zumutbar erscheint?

Die Regierungserklärung avancierte zu einem ungewöhnlichen, gemeinschaftlichen Demokratie-Erlebnis. Einige Abgeordnete erinnerten sich.»Kevin Kühnert (Generalsekretär des SPD und MdB; d. Verf.) betritt am 27. Februar 2022 den Plenarsaal mit dem Gefühl, dass er gleich Zeuge eines historischen Ereignisses wird. Er wird recht behalten, aber anders als der dachte. Anders als alle dachten. Scholz, der Zögerliche, hat eine Überraschung parat. Und die wird für die Jungen bei der SPD und den Grünen zur Bewährungsprobe.«[5] Weiter heißt es: Kühnert hat, als die Bundestagspräsidentin Bärbel Bas zunächst den ukrainischen Botschafter Melnyk begrüßt, die »Gänsehaut meines Lebens«[6] Die Parlamentarier erhoben sich zu Beginn der Sitzung klatschend zur Begrüßung des ukrainischen Botschafters; die CDU/CSU-Oppositionsfraktion erhob sich applaudierend bei den Passagen der Regierungserklärung zur konkreten langfristigen Aufrüstung und alle Bundestagsabgeordneten wiederum leisteten stehende Ovationen, nachdem der Kanzler seine Rede beendet hatte. Wellen, wie in Stadien, gingen durch das Parlament. Solche Momente sind ganz selten im deutschen Parlamentarismus. »Rally-round-the-flag-Effekte« kennen wir als Stunde der Exekutive.

In Deutschland nehmen historisch der Grad an Staatszentriertheit und Staatsvertrauen zu, wenn Krisenszenarien die öffentliche Meinung dominieren. Davon profitieren auch die Spitzenpolitiker. Krisen adeln über Nacht die Demokratie. Bürger erwarten dann die entschlossene Umsetzung des Primats der Politik, möglichst als heroische Chefsache der Krisenmanagerin oder des Krisenmanagers. Die Bürger sehnen sich in solchen Konstellationen nach einem starken Staat. Sicherheitskonservatismus ist eine politisch-kulturelle Konstante in Deutschland. Der Bundeskanzler knüpfte insofern mit seiner Regierungserklärung an Resonanzerwartungen der Bevölkerung an. Scholz buchstabierte in zugespitzter Dynamik das Neue: Aufrüstung, Zwei-Prozent-Zielmarke des Bruttoinlandsprodukts für Verteidigungsausgaben, bewaffnete Drohnen, Kampfjets mit Nuklearbewaffnung. Mit geradezu demokratischem Trotz priorisierte er die veränderten Koordinaten der deutschen Sicherheitspolitik und präsentierte den Paradigmenwechsel in krasser Kehrtwende zu den parteipolitischen Prämissen der SPD und Teilen der Grünen. Selten sah man das Parlament so zustimmend, überrascht überrumpelt. Die Journalistin Livia Gerster ist der Überraschung auf die Spur gegangen. Sie dokumentiert mit vielen Abgeordneten-Gesprächen, wie letztlich die Reaktionen im Plenum und die Brutalität der Mehrheitssuche nach dieser Rede in den Fraktionen einschlug.[7] Immerhin war der Fraktionsvorsitzende der SPD, Ralf Mützenich, als bekennender Pazifist, nicht über die

Inhalte der Rede eingeweiht gewesen und musste im Nachgang die Mehrheit überzeugen, den operativen Konsequenzen der Rede zuzustimmen. Den SPD-Parteivorsitzenden Lars Klingbeil hatte der Bundeskanzler am Sonntagmorgen telefonisch informiert: »Wusste ich (Klingbeil; d. Verf.), dass es Debatten geben wird? Ja. Widerstände? Auch. Die Hälfte unserer Faktion war neu im Parlament, die glaubten, jetzt wird die Welt verändert. Wurde sie auch, aber komplett anders. Die dachten an Digitalisierung oder Klima und landeten nach wenigen Wochen in einer Kriegssituation und mussten über 100 Milliarden Sondervermögen und Waffenlieferung entscheiden. Aber ich war mir immer sicher, dass die SPD genau weiß, was richtig ist.«[8]

Ich habe in vielen Begegnungen mit Abgeordneten immer wieder nach diesem Momentum der Zeitenwende-Rede gefragt. Keiner, der sich nicht konkret an die Gefühlslagen erinnerte. Keiner, der über diese Rede nicht anerkennend sprach. Das schloss nicht heftige Anschlussdebatten in den Reihen der Fraktionen aus. Die Rede wurde als große Rede empfunden, die Zuversicht ausstrahlte, priorisierend ordnete. Scholz stiftete Orientierung. Erklärungsversuche gewinnen in Zeiten besonderer Unübersichtlichkeit und Ratlosigkeit besonderes Gewicht. Man kann, wie es Scholz vormachte, seine Macht dadurch ausbauen.

Die Rede glänzte mit einer clever orchestrierten und rhetorisch raffinierten Fünf-Punkte-Auflistung zur Verteidigung. Insofern leistete sie in Zeiten des Gewissheitsschwundes kohärente Antworten auf wichtige Aspekte der Verteidigung. Ihr Erfolg hing mit dem Publikumsbezug zusammen. Das Geheimnis guter Reden liegt nicht nur im Timing und der Inszenierung, sondern in der Fähigkeit, an die Erwartungen und Überzeugungen der Zuhörerschaft anzuschließen.[9] Die erfolgreiche Rede überzeugt nicht zwingend ihr Publikum mit neuen Ideen, sondern fokussiert in Worten, was wir bereits denken. Das bereits Gedachte klarer, eindeutiger und konkreter zu machen, gehört zur Redekunst und zum Erfolg des Auftritts. Wir ahnten nach Kriegsbeginn, dass eine neue formative Phase für die Bundesbürger beginnt. Die Rede verwandelte unsere Ahnungen in sagbare Argumente. Scholz überzeugte uns nicht von der notwendigen Aufrüstung zur Landesverteidigung oder der notwendigen Abschreckung. Er bestätigte eher, was wir bereits dachten, nachdem die Panzer rollten. Es war ein Kipp-Punkt der deutschen Politik, ein Momentum, bei dem innerhalb weniger Minuten jahrzehntealte Gewissheiten niedergerissen wurden – ein Befreiungsschlag. Ein Ende der Zurückhaltungskultur der Sicherheitsdeutschen. Die Rede stellte in vielerlei Aspekten eine 180 Grad Wende dar.[10] Es erinnert an die Kehrtwenden, die auch von Schröder mit der Agenda 2010 sowie von Merkel beim Atomausstieg nach der Reaktorkatastrophe von Fukushima und mit der Aussetzung der Wehrpflicht unter ihrer Führung vollzogen wurden: Mit großen Kanzlerreden als Regierungserklärungen wurden diese Reformen, die auf viele Abgeordnete eher wie Revolutionen wirkten, gegen den Widerstand aus den eigenen Reihen durchgesetzt.

Scholz' Zeitenwende-Rede ist insofern ebenso auch ein eloquentes Beispiel demokratischer Führung. Und ein Beleg für Mechanismen, bei denen sich durch Sprache, Ideen und Diskurse, Wirklichkeiten verändern. Der erneuerte Diskurs transformierte die Politik. Die Institution der Regierungserklärung wirkte. Sie nutzte von den verschiedenen Spielarten des Regierens, die später noch vorgestellt werden, die Variante des Priorisierens.

Keineswegs bestand die Rede aus komplett neuen Aussagen. Vielmehr konzentrierten sich die Redenschreiber im Kanzleramt darauf, Passagen aus Grundsatzdokumenten der deutschen Außen- und Sicherheitspolitik zusammenzutragen. Darüber hinaus griffen Kontinuitäten im Sprechen über Krisen, Kriege und Aufrüstung. Der Linguist David Römer konnte nachweisen, wie der Begriff Zeitenwende von seiner Herkunft den Wirtschaftskrisendiskursen zuzurechnen ist: »Der Topos der Zeitenwende behauptet, eine Ära sei zu Ende gegangen und man befinde sich an der Schwelle zu einer neuen Zeit. Er geht von der Annahme aus, dass nichts mehr so ist, wie es vorher war. Die allgemein-abstrakte Folgerung aus dem Topos der Zeitenwende lautet, es könne nicht mehr so weitergehen wie bisher, Prozesse des Umdenkens seien notwendig, es müsse umgestaltet werden.«[11] Scholz formulierte ähnlich: »Der 24. Februar 2022 markiert eine Zeitenwende in der Geschichte unseres Kontinents (...) Wir erleben eine Zeitenwende. Und das bedeutet: Die Welt danach ist nicht mehr dieselbe wie die Welt davor.«[12] Bei einer Rhetorik-Analyse finden sich in der Scholz-Rede weiterhin spezifisch deutsche Traditionsformulierungen von Kriegs- und Aufrüstungsreden des 20. Jahrhunderts wieder. Gemeint ist zum Beispiel die Rechtfertigung der eigenen vorgeschlagenen Maßnahmen durch die Darstellung der Handlungen des Gegners (Notwendigkeits-Topos); oder: der Ausdruck der Siegesgewissheit, meist im Schlussappell enthalten; oder: der Solidaritätsappell nach innen oder nach außen zur NATO/EU. Martin Wengler schließt seine topisch-argumentative Analyse mit dem Hinweis: »Es sollte aber doch bewusst gemacht werden, dass vieles zumindest auf der sprachlich-rhetorischen Ebene in gleicher und ähnlicher Form schon dagewesen ist. Insofern kann das Aufzeigen (sprach)geschichtlicher Traditionslinien das aktuelle zeitgenössische Bewusstsein, es mit gänzlich einzigartigen und neuen ›Dingen‹ zu tun zu haben, ein wenig relativieren.«[13] Das relativiert allerdings nicht den machtpolitischen Wirkungsradius der Rede, den der Bundeskanzler für sich nutzte.

Die Rede ist insofern ein wichtiger Verweis auf zentrale Instrumente politischer Kommunikation. »Politische Kommunikation ist der zentrale Mechanismus bei der Formulierung, Aggregation, Herstellung und Durchsetzung kollektiv bindender Entscheidungen. Insofern ist politische Kommunikation nicht nur Mittel der Politik. Sie ist selbst auch Politik«.[14] Stets übernimmt sie Transformations- und Transportleistungen für politische Ideen und Programme – egal ob verbal, nonverbal, online oder offline. Politik wird im Zuge ihrer Veröffentlichung vorgestellt, zur Diskussion gestellt, eventuell infrage gestellt. Mit der Publizierung von Politik gehen eine intensivere Auseinandersetzung, eine mögliche Kontrolle sowie eine kritische Betrachtung von Politik einher. Eine zielgerichtete und strategische politische Kommunikation kann dabei eine legitimierende Wirkung entfalten. Politische Kommunikation ist somit als Quelle der Akzeptanz einer Regierung oder einer Handlung zu betrachten. Sie ist das kontinuierliche Bemühen um ein politisches Mandat: Nur aus denjenigen Anliegen, die öffentlich verkündet, zur Disposition gestellt und begründet wurden, kann Politik Handlungskompetenz ableiten. In Demokratien gilt die Formel: Legitimation entsteht nicht nur durch Verfahren, sondern auch durch Kommunikation. Deshalb bezeichnet politische Kommunikation sowohl ein wesentliches Instrument der Politik und des Regierens als auch eine permanente Anforderung an das Politikmanagement eines Akteurs. Trotz der Relevanz von Kommunikation für Politik erschöpft diese sich nicht darin. Hierauf zielen unter anderem die Unterscheidung von Darstellungs- und Entscheidungspolitik sowie die Kategorie der symbolischen Politik.

Politische Kommunikation in der Darstellungs- und Entscheidungspolitik

Mit der Intention der gesellschaftlichen Legitimation politischer Entscheidungen richtet sich die öffentliche Kommunikation von politischen Akteuren gezielt an die Öffentlichkeit oder einzelne Teilöffentlichkeiten. Diese Legitimation kann nach innen (Regieren durch Kommunikation) und nach außen (Kommunikation durch Regieren) stattfinden.

Grundsätzlich wird zwischen den Dimensionen Entscheidungs- und Darstellungspolitik unterschieden. Entscheidungspolitik beschreibt die Umsetzung von Politik. In ihrem Mittelpunkt stehen Merkmale der Entscheidung und das konkrete Entscheidungsmanagement in Problemlösungsprozessen. Es gilt sowohl informelle als auch formelle Muster der Konfliktbewältigung und der Entscheidungsfindung zu identifizieren. In der Darstellungspolitik werden hingegen die Darstellungsmerkmale des Politischen gebündelt. Es geht um Sprache, Gestik und das Gesamtspektrum von symbolischer Politik.

Politisches Handeln ist in der Mediendemokratie stetig kommunikationsabhängiger geworden. Darstellungspolitik (der Soll-Wert der Politik) ersetzt zunehmend Entscheidungspolitik (den Nenn-Wert der Politik). Eine Entwicklung, auf die vor allem Befunde der Wahlforschung deuten. Die Traditionsbindungen der Wähler an bestimmte Parteien werden zunehmend schwächer. Massenmediale, situative Echtzeit-Informationsvermittlung gewinnt hingegen an Relevanz. Letztere Entwicklung scheint sich durch den Coronaschock und die aus ihm resultierenden physischen Kommunikationseinschränkungen weiter beschleunigt zu haben.

Die Medien können die politischen Einstellungen formen und beeinflussen. Das gilt für alle langfristigen Aspekte im Hinblick auf eine Parteiidentifikation, je nachdem, wie die favorisierte Partei medial dargestellt wird. Aber das Bild der Kandidaten und die Agenda der politischen Streitfragen sind ebenso von der öffentlichen Darstellung in den Medien abhängig. Doch die Annahme von direkten und unmittelbar messbaren Einflüssen der Medien auf Wahlentscheidungen der Bürger ist unzutreffend. Medien wirken nicht direkt auf politische Einstellungen, sondern indirekt. Die soziale Logik politischer Präferenzen gilt als bewiesen: Interpersonale Einflüsse wirken nicht nur auf die Partei- und Personenpräferenzen ein, sondern sind auch entscheidend für die Bereitschaft, sich überhaupt zu beteiligen.

Interpersonale Kommunikation ist, wie bereits vorgestellt, insofern eine wesentliche Schlüsselvariable für die Ausformung politischer Einstellungen – auch beim Wahlverhalten. Was wir über Politik wissen, wissen wir durch die Medien. Das Gespräch im kleinen Kreis über das Gelesene, Gehörte, Gesehene bzw. der Austausch darüber in sozialen Netzwerken – analog wie digital – formt und festigt politische Einstellungen. Die Wähler informieren sich in den Medien über die Themen und die Personen, die sich zur Wahl stellen. Parteien-, Themen- und Kandidatenpräferenzen werden insofern durch die Medienberichterstattung wahrgenommen. Im persönlichen Austausch über politische Themen und Personen mit Familienangehörigen oder im Internet findet jedoch die Koordinierung von Meinungsbildung statt. Die meisten nehmen diese Informationen durch die Brille ihrer eigenen Werte und Kenntnisse wahr.

Medien vergrößern, verstärken und beschleunigen den Stoff der Politik, aber sie entscheiden nicht. Politik ist stets medienvermittelt. Medien sind Formatgeber (Mediatisierung der Politik), Taktgeber (Beschleunigung/»Sofortismus«), Bildgeber (Evidenz auf einen Blick) und Modellgeber[15] (ort- und strukturlose Politik unter online-Bedingungen). Ihr Einfluss auf politische Einstellungen ist zwar indirekt, aber bei wachsenden stimmungsflüchtigen Machtgrundlagen der Politik nicht zu unterschätzen. Bei zunehmend wählerischen Wählern, deutlich ansteigenden Spät-Entscheidern und extrem knappen Mehrheiten in Parlamenten nehmen solche indirekten Einflüsse auf eine komplexe Wahlentscheidung zu. Massenmedien haben Einfluss auf die Wahlentscheidung, weil sie sich auf Veränderungen, Stabilisierungen, Generierungen von Vorstellung oder Wissen beziehen, die wiederum auf Interaktionen im sozialen Umfeld zurückzuführen sind.

Die Vermittlungsleistung eines Mediums bleibt nicht ohne Wirkung auf die Botschaft selbst: »Die mediale Informationsverarbeitung prägt den Botschaften eine spezifische Medienlogik auf und beeinflusst damit notwendigerweise die durch Kommunikation begründeten Wahrnehmungen und Handlungen«.[16] Dadurch ist der Modus der Politikvermittlung als Variable neben den Inhalt der Politikvermittlung getreten.

Regierungen entscheiden – nicht die Medien. Jedoch sind Medien zum Format- und Taktgeber der Politik geworden: Neben die klassischen Massenmedien (Print, Fernsehen, Radio) sind die an Reichweitenrelevanz stetig gewinnenden Sozialen Netzwerke und Messenger-Dienste getreten, mit sich stetig verändernden Nutzungsmustern, Formaten und

Rhythmen. Hauptquelle für Informationen ist im Wahlbereich allerdings nach wie vor das Fernsehen, gefolgt von Tageszeitungen, Radio und dem Internet.[17] Erst weit dahinter rangieren Informationsquellen, die von den Parteien selbst zur Verfügung gestellt werden. Dies kann jedoch sicherlich parteibezogen variieren.[18] Doch auch diese Parteiquellen – insbesondere Plakate, Parteiprogramme etc. – haben durchaus die Chance, massenmedial eine Rolle zu spielen.

Die Wahlkampfforschung kann folgende Medienwirkungen systematisieren:

- Der Wahlkampf ist die Hochzeit der politischen Kommunikation. Der Wahlkampf dient der Information und der Mobilisierung. Beides ist mithilfe der Massenmedien erreichbar.
- Die Massenmedien bestimmen, worüber öffentlich diskutiert wird. Die Reichweite des Fernsehens ist am größten, sodass das Agenda-Setting in der Regel von der Informationsvermittlung des Fernsehens ausgeht.
- Nicht die Medien als solche wirken, sondern die jeweiligen Medieninhalte. Dabei ist immer davon auszugehen, dass die Wähler ganz unterschiedliche Medien zu Informationszwecken nutzen und kombinieren.

Politikvermittlung wird getrieben von Einschaltquoten, Klicks, Likes und Nachrichtenwerten. Politische Informationen werden zu Info- und Politainment. Ein Trend, welcher sich insbesondere durch Netzwerkplattformen und den ihnen immanenten Erfolgsmustern noch zu verstärken scheint. Die Anpassung politischer Kommunikation an mediale Regeln wird an Verhaltensmustern aber auch an den von ihnen kommunizierten Politikinhalten deutlich. Komplexe Inhalte werden auf 280 Zeichen heruntergebrochen, Sprache wird verbildlicht und instagramisiert, Entertainment rückt neben/vor Sachlichkeit – nur wenige Beispiele für die stetige Mediatisierung politischer Inhalte.

Der Medienwissenschaftlicher Winfried Schulz verweist dabei auf die doppelte Bedeutung des Begriffs Mediatisierung:[19] Unter dem Terminus wird zum einen die Vermittlung einer Botschaft durch und mithilfe eines Mediums verstanden. Die effiziente Vermittlung einer politischen Aussage muss, bedingt durch die dominante Medienstruktur und das Mediennutzungsverhalten der Bürger, in erheblichem Maße auf Kriterien wie Nachrichtenwert, Social-Media- oder Fernsehtauglichkeit achten, um Gehör zu finden. Zum anderen unterstreicht Schulz die Bedeutung von Massenmedien: Massenmedien sammeln und selektieren nach medienspezifischen Aufmerksamkeitsregeln und Algorithmen politische Informationen und verbreiten diese an ein großes, prinzipiell unbegrenztes Publikum; mediale Information ist oft die ausschließliche Informations- und Handlungsbasis für Bürger und politische Eliten und zugleich Voraussetzung für das Entstehen einer politischen Öffentlichkeit; insbesondere klassische Medien (Print und Rundfunk) entscheiden darüber hinaus nach ihren eigenen Relevanzgesichtspunkten über den Zugang politischer Akteure zur Öffentlichkeit und bestimmen auf diese Weise zum Teil deren Handlungs- und Einflussmöglichkeiten; sie kontextualisieren und bewerten zudem in ihrer eigenen medienspezifischen Weise das politische Geschehen – neben Akteuren, Ereignissen und Themen auch politische Ansprüche, Unterstützung und Entscheidungen. Die Wirkungsweisen klassischer Medien geraten in Zeiten direkter, ungefilterter Online-Kommunikationsformate jedoch verstärkt unter Druck. Eine Entwicklung, deren Folgen auch die Kommunikation politischer Akteure nachhaltig und verstärkt beeinflusst. Es bleibt festzuhalten: Die Mediennutzung hat sich von offline zu online und in Teilen auch zu den sozialen Medien verschoben. Aber diese Verschiebung der Informationskanäle geht bislang kaum mit einer Verschiebung der Informationsquellen einher. Das hängt damit zusammen, dass die meisten Mediennutzer immer noch weitgehend etablierte Nachrichtenmedien – online wie offline – bevorzugen.[20]

Der Gegenstand der politischen Kommunikation hat sich gerade in den vergangenen Jahren erheblich ausdifferenziert – neue Akteure politischer Kommunikation, neue Formen und Kommunikationswege sind in das Blickfeld der Politikwissenschaft gelangt. Besondere Aufmerksamkeit haben Fragen nach den Anforderungen an Kommunikation im Kontext sich wandelnder Informations- und Kommunikationstechnologien erhalten. Gerade in der politischen Kommunikation von Parteien als Akteuren der politischen Willensbildung ist die Innen- und Außenkommunikation in den vergangenen Jahren komplexer geworden. Parteien folgen dabei eigenen »Organisationsrationalitäten und Kommunikationslogiken«.[21] Beteiligung und innerparteiliche Mitbestimmung wurden vor allem in den vergangenen Legislaturperioden zu zentralen kommunikativen Mobilisierungsinstrumenten in Wahlkämpfen, der inhaltlichen Arbeit und bei der Suche nach Führungspersonal. Alle Parteien haben mittlerweile mehr oder minder kollaborative Mitwirkungsmöglichkeiten sowohl für Mitglieder als auch für Nicht-Mitglieder geöffnet. Die diesen Mitgliederbeteiligungsformaten zugrunde liegenden Intentionen, die erzielten Reichweiten und die aus ihnen resultierenden Konsequenzen variieren zwischen den Parteien jedoch teilweise erheblich.

Auch das Parlament ist als Schlüsselinstitution politischer Kommunikation zu betrachten. Tatsächlich ist diese Schlüsselrolle aber durch die Medienpräsenz der Exekutive ins Hintertreffen geraten. Das Parlament ist gleichwohl ein prädestinierter Ort für die öffentliche Kommunikation mit verschiedenen Handlungslogiken, je nachdem, welcher Bereich – ob vertrauliche Sitzungen oder öffentliche Debatten – zum Objekt politischer Kommunikation wird. Auch Parlamentarier selbst sind unterschiedliche Kommunikationstypen, wobei das Spektrum von Nutzern innovativer Medientechnologien bis hin zu Nutzern von eher traditionellen Kommunikationskanälen reicht.

Auch für die Exekutive hat politische Kommunikation zentrale Funktionen. Für sie ist politische Kommunikation ein Hauptbestandteil des Machterwerbs, Machterhalts und Machtverlustes. »[S]ach- und machtpolitische Konstellationen, spezifische institutionelle Arrangements und die Einbindung in die Kontingenz politisch-historischer Entscheidungen [führen] zu ganz unterschiedlichen Informationspraktiken und Kommunikationsweisen«[22] unterschiedlicher Regierungschefs.

Politikmanagement und Kommunikation

Politikmanagement verbindet die Steuerbarkeit des politischen Systems mit der Steuerungsfähigkeit politischer Spitzenakteure. Macht- und Sachfragen sind dabei stets miteinander verwoben. Die Steuerungsfähigkeit eines politischen Akteurs hängt dabei maßgeblich von seinem kommunikativen Geschick ab. Erfolg und Misserfolg in den politischen Arenen sind eng verknüpft mit Vermittlungs- und Darstellungsleistungen. Dies ist nicht zuletzt ein Grund für ein zunehmend professionalisiertes Kommunikationsverhalten politischer Akteure.

Die Kommunikationsvoraussetzungen politischer Akteure in einer darstellungspolitisch getriebenen Wirklichkeit unterscheiden sich jedoch in Bezug auf mehrere Faktorenbündel, etwa auf Normen und Regeln,

Institutionalisierungsgrad, Ressourcen oder Akteurskonstellationen. Sie bilden, gemeinsam mit den durch das politische System determinierten Restriktionen, die Handlungskorridore der Kommunikation; sie beeinflussen das Politikmanagement eines Akteurs im Ringen um ein politisches Mandat. Im Kapitel über den Entscheidungsmarkt ist uns das bereits begegnet. Restriktive Gestaltungsspielräume stellen politische Kommunikatoren im Kontext sich beschleunigender Veränderungsprozesse und wachsender Komplexität in Medien und Politik dabei vor große Herausforderungen. Insbesondere der Resonanzverlust zwischen Bürgern und Politik wird als zunehmend problematisch wahrgenommen. Denn wer gestalten möchte, benötigt Wahrnehmung. Doch diese wird der etablierten Politik zunehmend verwehrt.

Das knapper werdende Gut der Aufmerksamkeit führt gleichzeitig jedoch auch zu einer Revitalisierung des politischen Wettbewerbs um Resonanz und Wirkung – trotz zahlreicher Restriktionen. Optimierungspotenziale werden gesucht, diskutiert und umgesetzt. Ein besonderer Innovationstreiber schien hier zuletzt die Coronapandemie zu sein. Insbesondere Wissen aus Kommunikationssphären anderer gesellschaftlicher Teilbereiche, beispielsweise der Wirtschaftskommunikation oder der Werbung, werden für die Politik verstärkt nutzbar gemacht, um den wachsenden Resonanzstörungen entgegenzuwirken.

Auf der Suche nach neuen Formaten, die den beschriebenen Anforderungen gerecht werden, begeben sich deshalb alle politischen Akteure auf digitales Terrain. Politische Akteure kommunizieren immer öfter direkt und teilweise in Echtzeit – und auf Augenhöhe – über WhatsApp, Facebook, Twitter bzw. X oder Instagram. Das digitale Upgrade soll neues Vertrauen in der Öffentlichkeit schaffen und bis dato unerreichte Zielgruppen ansprechen. Ihre Kanäle werden zu permanent abrufbaren digitalen Plakatwänden und schaffen neue Foren in der politischen Beteiligungs- und Kommunikationsarchitektur. Der Vorteil ist: Social-Media-Anwendungen versprechen eine hohe Reichweite und erfüllen gleichzeitig viele Anforderungen der sich wandelnden Kommunikationsrealität: Sie sind teilweise dialogisch veranlagt, persönlich, wenig hierarchisch, ungefiltert und bieten die Möglichkeit privater sowie öffentlicher Kommunikation.[23] In der Konsequenz bedeutet dies für die Politik: Wenn sie relevant bleiben möchte, muss sie nicht nur Bedürfnisse der digitalen Gemeinschaften verstehen, sondern auch plattformübergreifend agieren, idealerweise dort Geschichten erzählen können.

Mit der zunehmenden Nutzung von Onlinekommunikationsangeboten sind jedoch auch Risiken verbunden: Fehleinschätzungen von Diskursen und Entwicklungen durch selbstreferenzielle Netzwerke, Manipulationen durch Hacker, Authentizitätsverluste durch die Verwendung falscher Kommunikationslogiken, wachsende Komplexität und steigende Kosten durch die sich zunehmend und in hoher Geschwindigkeit ausdifferenzierende Medienlandschaft.

Die neuen Echtzeit-Kommunikationsformate in der Darstellungspolitik bleiben zudem nicht ohne Konsequenz für ihr Pendant: die Entscheidungspolitik. Sie dynamisieren das legislative und exekutive Politikmanagement. Es ist eine Entwicklung, die der ihrem Wesen nach behäbigen repräsentativen Demokratie widerstrebt. Schließlich ist sie auf ausgiebige und intensive Beratungen angewiesen, um tragfähige Mehrheiten für den besten Kompromiss zu finden. Immer häufiger werden jedoch Ad-hoc-Entscheidungen getroffen und eingefordert. Kommunikationsstress wird zu Entscheidungsstress. Die Veränderung der Kommunikationsmodi führt zu einer Veränderung der Entscheidungsmodi. Das Problem dabei: Die Beschleunigung von Entscheidungen führt zum Qualitätsverlust der Entscheidungen. Kommunikationsstress aus Angst vor Legitimations- und Machtverlust führt unmittelbar zu Legitimations- und Machtverlust durch Qualitätsverlust. Herausforderung für zukunftsfähiges Politikmanagement ist es deshalb, den skizzierten Widerspruch zu managen.

Die Dosis an Öffentlichkeit hat sich unter Bedingungen neuer digitaler Komplexität gewandelt. Wenn sich der Medienmarkt neu aufstellt, bleibt das nicht ohne Auswirkungen auf Herausforderungen des demokratischen Wählens und Regierens[24]:

- Skandalisierung und Dramatisierung haben im Digitalen einen enormen Resonanzraum gefunden und sich dadurch verstärkt.[25]
- Themenkonjunkturen beschleunigen sich. Der »Sofortismus« treibt die Politik in den Kommunikationsstress.
- Alles scheint öffentlich zu werden. Nicht-öffentliche Diskretion gerät bei politischen Verhandlungen unter Verdacht.
- Die Sich-selbst-Personalisierung einzelner Akteure in den sozialen Medien treibt die Individualisierung voran.

Man erkennt, wie sich durch Digitalisierung und soziale Medien, die sogenannten »Überall-Medien«, die Struktur von Öffentlichkeit neu formatiert.

Gestörte Resonanzbeziehungen

Die zunehmende Komplexität im Kommunikationsalltag der digital vernetzten Vielen korrespondiert mit Gesprächsstörungen zwischen Bürgern und der Politik. Diese Gesprächsstörung hat eine doppelte Wucht. Denn dahinter verbirgt sich eine Politik- und Medienverdrossenheit. Publikumsempörung und Medienempörung müssen nicht im Gleichklang verlaufen. Bürger fühlen sich nicht ausreichend von den Repräsentanten der Politik vertreten. Zugleich finden sie ihre Themen auch nicht im öffentlich-rechtlichen Rahmen und in den überregionalen Zeitungen ausreichend gewürdigt.[26] Wir haben es nicht nur mit unterschiedlichen Generationen verschiedener Öffentlichkeiten zu tun, sondern auch mit Unterschieden in der jeweiligen Dosis an Öffentlichkeit. Fehlende Responsivität verstärkt im doppelten Sinne Gegenöffentlichkeiten, sowohl in der Politik mit ihrem ausdifferenzierten Protestrepertoire, als auch in der Zuwendung an/nach sozialen Eigenmedien. So kommen zwiespältige Befunde über Befindlichkeiten der Bürger auf den politischen Märkten zustande: Wir sind privat zufrieden und öffentlich oft unzufrieden. Die eigene Lebenslage wird konstant besser bewertet als die öffentliche.

Der Soziologe Hartmut Rosa diagnostiziert die gestörte Resonanzbeziehung der Bürger zu ihrer jeweiligen Umwelt als das Übel einer modernen Gesellschaft.[27] In der Politikwissenschaft spricht man eher von einer Gesprächsstörung zwischen Bürgern und Politikern bzw. der Politik. Klassisch kann dies dem Topos der Politik- und Politikerverdrossenheit zugeordnet werden. Rosa schreibt: »Der Resonanzdraht zwischen Politik beziehungsweise Politikern und Bürgern erweist sich damit als wechselseitig blockiert: Die beiden Seiten beeinflussen, behindern und manipulieren sich gegenseitig, aber sie erreichen, bewegen oder berühren sich in aller Regel nicht: Das Repräsentationsverhältnis ist ein starres, verhärtetes und kennt kaum noch Formen der Verflüssigung.«[28] Wenn Resonanz nicht über Harmonie, Einklang oder Konsonanz herstellbar sein soll, dann verbleiben prozesshaftes Antworten und politische Berührung im übertragenen Sinne. Die Resonanzsehnsucht in der Demokratie kann – folgt man Rosa weiter – durch Anerkennung und Schutz von Differenz befriedigt werden.[29] Letztlich verläuft die Wiederherstellung oder die Erhaltung einer demokratischen Resonanzbeziehung zwischen Regierten und Regierenden über die Herstellung von Vertrauen.[30] Der Markt kann im übertragenen Sinn ein gutes Bild für einen Begegnungsraum mit Aufenthaltsqualität sein, auf dem Resonanzbeziehungen aktiv existieren. Das Erfolgsgeheimnis der digitalen Medien liegt zum Teil auch darin begründet, dass sie letztlich soziale Beziehungen mit Resonanz imitieren. Der Aufbau von Bindungen zwischen den Regierenden und den Bürgern sichert Resonanz und Vertrauen. Ohne Bindungen kann sich keine Kommunikation entfalten, die auf Resonanz aus ist. Aber auf wen verlassen sich die Bürger in der Politik? Zu wem bauen sie Vertrauen auf? Vom Personenvertrauen wird oft auf das Systemvertrauen geschlossen. Denn Vertrauen führt.[31] Aus Politikverdrossenheit wird oft Politikverachtung, wie Umfragen dokumentieren. Der Eindruck verfestigt sich in den vergangenen Jahren, dass viele Debatten in Politik und Medien sich von der Lebenswirklichkeit der Bürger entfernt haben und »am Bürger vorbei« verlaufen.[32] Es bleibt zu prüfen, ob mit dieser Resonanzstörung auch eine Verschiebung zu analysieren ist. Die politisch-mediale Mitte wäre dann nicht mehr deckungsgleich mit der gesellschaftlichen Mitte. »Am Bürger vorbei« bedeutet dann, dass die veröffentlichte Meinung nicht mehr das Meinungsspektrum der Bürger wiedergibt. Hinter der messbaren spezifischen Politik- und Medienverdrossenheit würde sich dann auch viel Potenzial für Unzufriedenheit mit den etablierten Parteien sammeln, eine Elitenkritik, die Populisten lautstark propagieren.

Die neuen Medien leben vom Verdacht. Das Verlangen nach vermeintlichen Gewissheiten nimmt zu, wenn alles global undurchschaubar und unsicher erscheint. Irgendjemand – idealerweise die etablierte Politik mit all ihren Strukturen, Formaten, ihrer besonderen Sprache und den bekannten Politikern – sollte dann Schuld haben. Empirische Fakten haben das Weltbild solcher Wähler noch nie gestört. Unter den Voraussetzungen moderner Kommunikation scheint das Zeitalter der Fakten problembeladen. Die Herrschaft der inneren Widersprüche findet sich auf dem Wählermarkt (»paradoxe Wähler«). Die Wahlforschung kennt schon lange kognitive Dissonanzen bei Wählern, die versuchen, unterschiedliche Einstellungen und Meinungen, die nicht miteinander zu vereinbaren sind, in Wahlstimmen zu übersetzen. Protestparteien eignen sich hervorragend, um solche stabilen Ambivalenzen auszuleben.

Auf Protest kann man reagieren. Er ist existenziell für die Dynamik von Demokratien. Wie rational kann man der neuen Irrationalität begegnen? Die Qualität der Öffentlichkeit ist ein Maßstab für die Qualität der Demokratie, die sich wandelt, wenn sich die Dosis und die Struktur von politischer Öffentlichkeit verändern. Interpersonale Kommunikation ist wahlentscheidend. Wenn hier nur noch kognitive Konsonanz vorherrscht, vergrößern sich die Spielräume für eine Manipulation des Wählermarktes. Viele Teilöffentlichkeiten beschleunigen die Fragmentierung der Gesellschaft. Wer nimmt welche Wirklichkeit heute wahr? Es ist kein Zufall, dass der Wert von demokratischen Kompromissen schwindet. Denn in den virtuellen Gesinnungsgemeinschaften lebt die Mehrheitsillusion: »Wir sind viele«. Faktisch wird dort die Bestätigung und nie das Argument gesucht. Wo ist der Ort, an dem sich Gemeinwohl ausdrücken kann? Wo wächst die gemeinsame Sicht auf die Politik, die eine demokratisch gefundene Mehrheitsentscheidung auch akzeptiert? Wo bleibt die Relation von Einschätzungen gewährleistet: Sind wort-, bild-, reichweitenstarke Mikromilieus der virtuellen Welt wichtig oder nur resonanzstark?

In Krisen wächst die Staatsgläubigkeit in Deutschland. Erstaunlich war, dass eine diffuse, jahrelang anhaltende Politikverdrossenheit unter den Bedingungen der Coronapolitik zunächst wie weggefegt wirkte. Nie zuvor waren die Staatsgläubigkeit so hoch und das akzeptierte Verständnis für die massiven Einschränkungen von Freiheiten so breit. Das Coronavirus hatte dem Staat nicht nur mehr Regelungsmacht im Katastrophenfall gegeben, sondern katapultierte ihn zum rhetorisch-emotionalen Krisengewinner. Historisch zeigt sich: Der Grad an Staatszentriertheit und Staatsvertrauen nimmt in Deutschland zu, wenn Krisenszenarien die öffentliche Meinung dominieren.[33] Über Nacht adelte die Krise den Staat. Umgekehrte Effekte waren allerdings ebenfalls erkennbar: Wenn vermeintliche Staatlichkeit nicht sichtbar ist, wenn die politische Infrastruktur defekt ist, dann nimmt nicht nur politische Einsamkeit zu, sondern auch der Protest gegenüber einem Staat, der nicht in der Lage ist, einem zu helfen. Wählerverhalten änderte sich dann: Politische Einsamkeit führt unmittelbar zur Wahl von Extremen und extremistischen Parteien. Die Coronapandemie hatte zudem langanhaltende soziale Nachwirkungen. Wer sich über Monate isolieren musste, wer gelernt hatte, dass Vereinzelung die Chancen, gesund zu bleiben, erhöht, der wurde Teil einer Gesellschaft, die vereinsamt. Viele hatten dann den Eindruck, dass sie politisch nicht gehört werden. »Quarantäne-Kauze« haben andere Prioritäten als Teilnahme und Teilhabe am politischen Prozess. Eigene, konstruierte Wirklichkeiten und esoterische Sphären fördern das eigene Selbstbild, das sich konfrontativ von der Außenwelt abschirmt bzw. den Staat in Gegnerschaft positioniert. So positionieren sich wortstarke Mikromilieus.

Umgang mit Nichtwissen und Wahrheitsmärkten

Die Vielfachkrisen sind auch immer epistemische Krisen. Nur mit faktenbasiertem Wissen können Auswege aus der Krise konstruiert werden. Doch das Wissen an sich ist unter Druck geraten, es wirkt verdachtsbestimmt. Überall begegnet uns ein veränderter Stellenwert des Wissens: Der Verdacht, die Pluralisierung von Wahrheiten und die Herrschaft des Irrationalen haben Konjunktur. Und diese Irrationalität im Gewande von Verschwörungsfantasien und Falschnachrichten breitet sich insbesondere über die sozialen Medien aus. Die demokratische Öffentlichkeit leidet darunter, weil Wahrheitsgehalt, Angemessenheit und Geltungsansprüche nicht mehr arbeitsteilig geprüft werden. Der Wahrheitsmarkt erscheint dereguliert.[34] Die Logik des Binären treibt das Denken in Schwarz-Weiß-Kategorien voran. Keine Kompromisse, keine Zwischentöne, keine Differenzierungen finden in dieser Dramaturgie Widerhall. Die Sehnsucht nach Eindeutigkeit lässt wenig Spielraum für Nachfragen: Resilienz geht so verloren. Falschnachrichten zerstören, wie stetiges Sickergift, das Vertrauen in seriöse Quellen. Forschungsergebnisse zeigen: »Je höher der Anteil an Falschnachrichten war, desto geringer fiel am Ende das Vertrauen in den Wahrheitsgehalt irgendeiner Nachricht aus. Woran soll man auch noch glauben, wenn so viel Unfug kursiert?«[35] Wissen muss sich insofern mit »Gegen-Wissen«[36] auseinandersetzen. Dieses besondere »Wissen« stabilisiert selbstermächtigend Verschwörungsgemeinschaften.

Die Wissensgesellschaft erscheint dennoch im Lichte einer Wissenschaftsgesellschaft. Beide Sphären, die des Wissensbedarfs und die der Leugnung, existieren nebeneinander. Selten wurde der Stellenwert von Forschung höher eingestuft als in der Hochphase des Lockdowns. Das gilt auch aktuell für Forschungen zur Militär- und Sicherheitspolitik. Politik stützte sich sichtbar auf wissenschaftliche Erkenntnisse. Doch Wissenschaft liefert weder einfache Wahrheiten noch ewig währende. Sie liefert immer nur Fakten in der Momentaufnahme, sehr selten Entscheidungen für die Politik. Demokratie kennt keine politische Entscheidungskraft und keine politische Autorität kraft Wissens. Die Angewiesenheit auf Fachwissen bedeutet nicht, dass alle zu treffenden Maßnahmen einem virologischen Imperativ zu folgen hätten. Das Coronagutachten aus Nordrhein-Westfalen zur Perspektive von möglichen Öffnungen enthielt dazu einen klugen Schlusssatz: »Jede Entscheidung hat Folgen, und zu jeder Entscheidung gibt es immer auch Alternativen.« Die informierte, durch wissenschaftliches Wissen untermauerte Entscheidung ist nie alternativlos. Denn wissenschaftliche Erkenntnisse sind grundlegend und vorläufig, sie müssen sich immer mit der Vermittlung der eigenen Grenzen auseinandersetzen. Sie sind rational, bauen auf Fakten auf und arbeiten evidenzbasiert sowie intersubjektiv überprüfbar. Die Behauptungen werden erhärtet oder widerlegt. Das gilt nicht für politische Entscheidungen, denn die staatlichen Entscheidungsstellen müssen stets abwägen zwischen konkurrierenden Interessen. Politische Entscheidungen sind aber darüber hinaus macht- und mehrheitsbasiert zu treffen. Die politische Rationalität von Entscheidern, wiedergewählt zu werden, hat mit der wissenschaftlichen Rationalität nichts gemein. Politik versteckt sich in Zeiten von dominantem Nichtwissen gern hinter Wissenschaftlern. Doch eine Expertenregierung wäre eine funktionale Entpolitisierung der Demokratie, die Politik wäre vom Parteienwettbewerb entkoppelt. Dennoch gehört Wissen zu einer eminenten, Resilienz ermöglichenden Ressource. Wir haben schon im ersten Kapitel erfahren, dass der informierte Wähler eher die Ausnahme darstellt. Die Potenziale der Manipulation der Öffentlichkeit und damit der Manipulation von Wahlen nehmen zu. Welche Wirklichkeit ist wirklich? Welche Information führt zu unserem Verständnis als Wahlbürger?

Die Freude am Irrationalen, am Rausch des Irrsinns sind im sogenannten Querdenker-Milieu weithin ausgeprägt. So entstehen Misstrauensgemeinschaften und Augenblickskoalitionen, die zur Delegitimierung der Demokratie auch durch eine schleichende Gewöhnung an den Irrsinn beitragen können. Aber es können neben den Irrationalitäten auch mediale Diskurse sein, die starke Polarisierungen in der Gesellschaft suggerieren. Das geht aus soziologischen Untersuchungen zur wahrgenommenen neuen Ungleichheit hervor. Dabei kam heraus, dass es zwar heftige politisierte Auseinandersetzungen, beispielsweise zum Thema Migration/Flüchtlinge[37], in den medialen mithin öffentlichen Diskursen gibt, dass sich diese aber keineswegs als Polarisierungen in den individuellen Einstellungen der Bürger wiederfinden. Folgt man diesen Befunden zum Profil der Deutschen, spricht das erneut eher für eine ausdifferenzierte als für eine gespaltene Gesellschaft. Steffen Mau pointiert seine Studie dazu: »Konflikte: vorhanden, Polarisierung: kaum, polarisierte Ränder: Ja.«[38] Wir haben es offenbar eher mit Polarisierungsbehauptungen zu tun.

Früh-Digitalisierung als Pluralisierung von Öffentlichkeiten

Die sozialen Medien schaffen Gegenöffentlichkeiten und eine Pluralisierung von Öffentlichkeiten. Die klassischen Medien sind keine Sortierinstanzen mehr. Die Deutungsautorität von Gatekeepern ist durch die vernetzten Vielen aufgehoben. Jeder ist Sender und Empfänger zugleich: »Ich werde geteilt, also bin ich«. So wächst die Chance, moralischen Autismus auszuprägen. Demokratien brauchen zur Qualitätssicherung den Diskurs. Die sozialen Medien fördern jedoch systematisch die Bestätigung, nicht das Argument. Und sie heizen die Selbsteskalation an. Andere Meinungen lassen sich wegwischen oder wegklicken. Man fühlt sich wohl in der eigenen Meinungsblase, die einem immer als Mehrheit vorkommt. So trotzt die eigene Zufriedenheit der öffentlichen Unzufriedenheit. »Die große Gereiztheit«[39] nimmt zu.

Demokratien brauchen aber auch den gemeinsamen Blick auf Prioritäten, nicht nur parzellierte Wirklichkeiten. Anders kann sich Gemeinwohl nicht ausprägen. Anders werden auch Mehrheitsentscheidungen auf Dauer nicht akzeptiert. Man sieht, dass die Qualität von Öffentlichkeit auch ein Maßstab für die Qualität von Demokratien sein kann. Die Hermeneuten der Wut, die Übersetzungshelfer des Zorns sind wichtiger denn je. Zwar wählen die Sicherheitsdeutschen bislang konstant unaufgeregt mittig. Dennoch muss es im Interesse der Demokratie sein, auch die Ränder im Blick zu behalten. Private Zufriedenheit und öffentliche Unzufriedenheit sind auf den politischen Märkten nichts Neues. Doch der Strukturwandel von Öffentlichkeit baut die Bühnen für diese Einstellungskonstellationen aus. Das Potenzial für hybride Wutvorräte als Protestformationen wächst. Proteste können sich niedrigerschwellig ausbreiten, um wahrgenommen zu werden. Sie sind häufig »Situationsdeutungsgemeinschaften« (Birgitta Nedelmann) – auch im organisatorischen Kontrast zu Parteien als Catch-all-Organisationen.

Was wird unter diesen Bedingungen aus dem Wunsch nach Resonanzbeziehungen? Wie übertragen sich neue Kommunikationsmuster auf Führungsmuster – zumal der Bedarf an ordnender Autorität im sicherheitskonservativen Profil der Deutschen mächtig bleibt? Wie wird die potenzielle Auswahl auf dem Markt kommuniziert und wie ist die Kundenführung über den Markt angelegt?

Zwei Kommunikations- und Führungstypen

Der Medienmarkt ist aus Sicht der Wähler vielfältig. Er erschwert den Parteien jede Form von strategischer Mobilisierung. Zumindest fordert er die Wahlkampfstrategen immer aufs Neue heraus. Die pluralen Ausprägungen des Medienmarktes fördern unterschiedliche Angebote auf dem Führungsmarkt. Gemeint sind Kommunikations- und Führungsstile von Politikern. Diese Stile zum Führen sind immer dynamisch im Zeitverlauf. Aber sie treffen auf ein Wählerreservoir in Deutschland, das in der Mehrzahl politisch-kulturell sicherheitskonservativ votiert: risikoavers, veränderungsscheu, ängstlich, status-quo-orientiert. Der Entscheidungsmarkt legt wiederum Regieren als Interdependenzmanagement fest. Wie führt man als Politiker angesichts der pluralen Wirklichkeiten, der ausdifferenzierten Öffentlichkeiten? Mit welcher Resonanz kann man aus welchem Lager rechnen?

Da gilt es zunächst, Grundsätze als Maßstäbe des Regierens in freiheitlichen Demokratien zu beachten, an denen sich Stile des politischen Führens ausrichten:

- Effektivität und Effizienz: Durch Regieren sollte sich das Leistungsprofil des politischen Systems steigern. Zeitgerechte und ressourcensparende Entscheidungen sollten zu wohlfahrtsstaatlichen Gewinnen für alle Bürger führen. Politik als praktische Nützlichkeit sollte Problemlösungen bereithalten.
- Transparenz und Verantwortung: Politische Herrschaft ist zustimmungsbedürftig und rechenschaftspflichtig. Es sollte deshalb deutlich werden, wie und an welcher Stelle die öffentliche Meinung in die politische Entscheidung inklusiv involviert wird und woran sich primär die Politikentwürfe der Akteure orientieren.
- Partizipation und Repräsentation: Die politische Entscheidung bedarf der Legitimation. Teilnahme und Teilhabe sind wichtig. Ohne das Repräsentationsprinzip existiert keine Kontrolle politischer Macht und keine Kommunikation zwischen Wählern und Gewählten. Responsivität hat Chancen, wenn die Gewählten auch die Einzelinteressen bündeln. Es gehört zur Verabredung der repräsentativ-parlamentarischen Demokratie, die Macht zu übertragen.
- Glaubwürdigkeit und Authentizität: Übertriebene Darstellungspolitik ohne Entscheidungspolitik wird von den Wählern entlarvt. Regieren

bedarf der Ausbalancierung von Programm, Person und Vermittlungsformen. Glaubwürdigkeit wird ohne Authentizität verspielt. Beides ist letztlich nicht inszenierbar.
- Machterhalt und Zukunftsfähigkeit: Der Imperativ des Machterhalts als Grundlage jeglichen Anspruchs, Politik zu gestalten, darf nicht zum Verzicht auf unbeliebte Entscheidungen und politische Führung werden. Es ist ein Abwägungsgrad, Unpopuläres mehrheitsfähig zu machen. Politische Rationalität muss zwangsläufig Optionen zur Wiederwahl mit einkalkulieren.

Was folgt aus diesen Maßstäben des Regierens auf dem Medien- und Führungsmarkt? Wie ordnet sich dies in die Welt der Wähler ein? Wenn man an einem kommunikativen Machtverständnis festhält, wie beim Kapitel über den Entscheidungsmarkt ausgeführt, dann muss eine Machtbeziehung zwischen Wählern und Gewählten erst hergestellt werden. Macht entsteht im Miteinander, im Interagieren. Politisches Leadership bedeutet deshalb nicht einfach voranschreiten, anführen, sondern immer Sammeln und Führen. Einfach vorweg laufen, das bringt wenig. Wer sich nicht zeitgleich immer umschaut, ob noch andere folgen, bleibt wenig nachgefragt. Der vermeintlich bestplatzierte Marktstand hilft wenig, wenn das Angebot nicht stimmt und der Verkäufer das Marktgeschehen ignoriert.

Unter den Bedingungen von Krisen, prinzipieller Unberechenbarkeit und neuer Unübersichtlichkeit kann politische Führung auch immer bedeuten, »ins Offene«[40] entscheiden zu müssen. Wie führt der politische Akteur im Kontext der neuen Struktur von Öffentlichkeit? Welcher Typus an Politikern hat mit welchen Führungs- und Kommunikationsstilen die Chance, Stimmungen in Stimmen zu verwandeln?

Die Fragen der personalen Führung sind in Wählerwelten wichtiger geworden. Denn Personen reduzieren Komplexität. Gerade wählerische Wählermärkte belohnen den Amtsbonus[41], die Sichtbarkeit, die Vertrauensperson. Bekanntheit schafft wiederum Vertrauen. Wer in der Lage ist, seine Position mit der höchsten Überzeugungskraft zu erklären, baut seine Macht aus. Erklärungsversuche in Zeiten der Krise, die Unübersichtlichkeit zu strukturieren, gewinnen an Macht. Personen können in der Politik Orientierungsmacht ausüben.

Andererseits hat die Mediengesellschaft die Anforderungen an die politische Führung verändert. Jede Schwäche wird unbarmherzig registriert, alle Fehler werden angeprangert, jede Popularitätsdelle wird demoskopisch ermittelt, alles erscheint hell ausgeleuchtet.[42] Führung hat heute in allen Bereichen des öffentlichen Lebens viel höhere Kommunikationsanteile als früher.

Sicherheitsdeutsche Wähler bevorzugen in der Regel bestimmte Führungstypen. Das hängt mit historischen Erfahrungen zusammen. Franz Walter differenziert anschaulich zwischen Charismatikern, Tribunen und Büroleitern.[43] Die Erfahrungen aus den Jahren der NS-Diktatur wirken in Deutschland noch nach. Das Heroische, Pathetische, markant Charismatische hat deshalb hierzulande noch immer weniger Chancen auf dem Wählermarkt als das Anticharismatische. Guy Kirsch und Mackscheidt beschreiben den Unterschied zwischen »Amtsinhaber, Staatsmann, Demagoge«. Auch hier liegt der Popularitäts- und Erfolgsweg für politische Führung beim Amtsinhaber, in besonderen Krisenphasen auch beim Staatsmann, aber sicher nicht beim Demagogen. Friedbert W. Rüb ordnet nach der Intensität des Politiktreibens und unterscheidet dabei: Dämon, Demagoge, Staatsfrau, Amtsinhaber, Hinterbänkler.[44] Gemeinsam verweisen diese Typologien auf Kontinuitäten in der Unterschiedlichkeit: Nicht jeder fühlt sich gleichermaßen vom Stil, vom Auftritt, der Sprache des Protagonisten und der Praxeologie des Führens angesprochen oder gar angezogen. Dennoch existieren in der Vielfalt durchaus Erwartungsmehrheiten gegenüber bestimmten, dann populären Führungstypen und Führungsinstrumenten.

Sicherheitsdeutsche Wähler kennzeichnet eine Sehnsucht nach bekannten Auftritten, vor allem nach langen Amtszeiten. Doch das verlangt nicht nach charismatischem Überschwang, nicht nach jungen Kennedys der Slim-Fit-Generation, nicht nach Change-Makern mit Veränderungsdrang. Im Wahlinteresse stehen in der Bundesrepublik Deutschland eher Bekanntheit und Vertrautheit. Die Anmutung von Extremisten des Normalen steigert die Wählbarkeit des Politikers in Deutschland. Hier siegt eher der Charme der Büroleiter, der verlässliche Amtsadel, der ordentliches Regieren erwartbar macht, und nicht der rebellische Egomane, der muskuläre Politik laut ankündigt, oder der forsche Typus des Alpha-Mannes. Das Post-Heroische wird oft dem Heroischen vorgezogen.

Aber wenn man näher hinsieht, kommt es auch auf den zeitgeschichtlichen Kontext an. Denn die Basta-Politik von Bundeskanzler Gerhard Schröder (SPD) hatte seine Fangemeinde nach dem langen Ende der Helmut-Kohl-Ära. Schröders Entschiedenheitsgestus brach mit den Lähmungserscheinungen der Kohlschen Reformstarre.[45] Schröder stärkte sowohl das kumpelhafte als auch das machohafte Auftreten, was in den frühen Nullerjahren populär verfing. Schröder beschrieb in seiner ersten großen Regierungserklärung von 1998 politische Führung als »modernes Chancenmanagement«. Schröder regierte, als ob jeden Tag die Wahllokale geöffnet wären: tagessensibel, wechselwählerwirksam, ein Pragmatiker des Augenblicks. Zielgruppenpopulistisch wurden Problemlösungen angestrebt, die sich auch öffentlich stark inszeniert präsentieren ließen: »Going Public«, der Übergang in eine Präsentationsdemokratie, das weitgehende Ersetzen der repräsentativen Demokratie durch eine umfragefixierte Führung, der spielerische Umgang mit Themen und Machtoptionen. Schröder Stärke lag im instinktsicheren Erkennen von Chancen, oft auch durch bewusste Regelverletzungen. Der Populismus von Schröder war hierbei nicht demagogisch, sondern zentristisch ausgerichtet als ein Instrument des modernen Regierens. Populismus diente ihm als Strategie der Mobilisierung und Konsenssicherung. Es war mehrheitssicherndes Regierungshandeln. Erst mit der »Agenda 2010« entwickelte Schröder ein langfristig-strategisches Ziel, was ihn letztlich eine dritte Amtszeit kostete.

Alle neuen Bundeskanzler sahen sich in einer verantwortlichen Kontinuität der Politik des Vorgängers. Für Angela Merkel (CDU) markierte diese Erkenntnis 2005 ihren geringen Handlungsspielraum.[46] Faktische Politikwechsel waren in unserer auf Konsens und Stabilität ausgerichteten Innenpolitik immer langfristig angelegt. Abrupter ging es, im Gegensatz zur materiellen Politik, immer im Bereich der Darstellungspolitik zu. Der Stilwechsel in der Politikgestaltung gehörte für jeden neuen Bundeskanzler essenziell mit zur Startphase einer Bundesregierung. Insofern war die von Merkel vorgestellte Inszenierung der Nichtinszenierung, ihre neue Sachlichkeit und Nüchternheit, ihr erklärungsarmer Pragmatismus in ihrer stilsicheren Abgrenzung zum posenden Schröder-Regiment ein fester Bestandteil dieses Regierungswechsels.

Statt rot-grüner Kraftmeierei erlebten wir mit dem Beginn der Großen Koalition im Jahr 2005 nunmehr Armutsästhetik. Sachlich, zurückhaltend, bescheiden – das war das Markenzeichen des Merkelismus. Eine Aura der Solidität durchströmte die Startphase, die sich in stiller Ruhe vom moralisch überhöhten Start von Rot-Grün 1998 fundamental abhob. Nicht ein Projekt wurde gestartet, sondern mühsames Patchwork. Die Nüchternheit der Bühnendarstellung blieb in Erinnerung, nicht der szenische Kraftakt. Doch der Charme der Patchwork-Politik war naturgemäß begrenzt.

Hinter dieser Merkelschen Armutsästhetik verbarg sich graduell ein protestantisches Politikverständnis der Kanzlerin, eine öffentliche Bescheidenheit. Das selbstlose Dienen zog sich leitmotivisch durch ihre Reden. Sie gab sich provozierend unpathetisch und manchmal bis zur Schmerzgrenze ernüchternd. Merkel verzichtete auf alles Gebaren der Macht und auf erweiterte heroische Gesten. Im protestantischen Duktus zählen vorwiegend Worte und Werke. Aus dem protestantischen Tugendkanon sprach zudem der Dauerappell der Kanzlerin, den wirtschaftlichen Erfolg aus Tugenden herzuleiten: Was kann ich selber tun? Dieses protestantisches Stilmuster konnte für die katholisch geprägte Kohl-CDU auf der Leitungsebene nie mehrheitsfähig werden. Insofern transportierte die Kanzlerin auch eine neue Union. Erstmals war die gesamte Führungsspitze der CDU – ab 2005 – mehrheitlich protestantisch, nicht katholisch. Das änderte nichts daran, dass das wechselseitige Fremdeln zwischen der CDU und Merkel blieb.

Unser Blickwinkel auf Merkel veränderte sich rasant. Mit jeder neuen Karrierestufe betrachteten wir die Person Angela Merkel mit modifizierter Aufmerksamkeit und unerwarteter Neugierde. Das eigene Zutun – neues Outfit, gelernte Gesten – zu dieser angeblichen Veränderungsdynamik ist zumeist minimal. Vielmehr suchten wir uns als Betrachter stets einen neuen Blickwinkel auf die gleiche unveränderte Person im Rampenlicht der Macht. Die bebilderte Wechselhaftigkeit war bei einer Person mit der Biografie Merkels geradezu vorprogrammiert. Denn wir wissen nur ausschnitthaft etwas über sie privat. Sie schaffte es, die Deutungsmacht über ihr Leben zu behalten. »Sphinxhaft« blieb die stets verdachtsbestimmte Wahrnehmung der Angela Merkel in Westdeutschland. Nicht zufällig und ebenso wenig unerwartet distanzierte sich Merkel schließlich immer mehr von ihrer CDU, als sie den Parteivorsitz 2018 abgab.

Wir haben ein Bild von erfolgreichen Naturwissenschaftlern, das wir gern auch auf Merkel projizierten: streng diszipliniert, nerdig in die Versuchsanordnung vertieft, alles im Umfeld vergessend. Gleichzeitig bleibt der Eindruck von gelernten Mechanismen der Entscheidungsfindung, die naturwissenschaftlichen Versuchsanordnungen folgen: Versuch plus Irrtum. Das funktioniert auf der einen Seite transparent und höchst funktional, aber ohne strategisches Zentrum. Auf der anderen Seite arbeitet ein solches System zielstrebig mit dem Charme unverdächtiger Harmlosigkeit, wenn es darum geht, von der einen auf die andere Minute neue Handlungskorridore auszuloten und politische Optionen blitzschnell zu nutzen. Das führte zu immer neuen Überraschungssiegen von Merkel, gerade dann, wenn ihre Gegner sie für längst geschlagen hielten. Als Meisterin des Abwartens und des politischen Timings, als Tagesintegrationsweltmeisterin bediente sie mühelos die vielfältigen Instrumente des Regierens. Doch ein inhaltlicher Kompass, ein schlüssiger Begründungszusammenhang, eine große Erzählung entstand nie, vielleicht mit Ausnahme ihrer Entscheidungen in der Flüchtlingskrise 2015. Bei diesem Thema ging sie voll ins Risiko – ob absichtsvoll oder hineingestolpert, das muss man nach Öffnung der Archive anhand der Regierungsakten herausarbeiten.

Als präsidiale Vermittlerin konnte Merkel unter den Bedingungen einer Großen Koalition selbst dann nicht kraftvoll führen, wenn sie es gewollt hätte. Ausgleichen, lavieren, taktieren, schlichten und moderieren gehörten zum Entscheidungsstil der Kanzlerin der Großen Koalition. Als personalisierter Vermittlungsausschuss verkam die ehemalige Chefsache zum Medienmythos. Stück-für-Stück-Durchwursteln und »auf Sicht fahren« entsprach dem Politikverständnis der Naturwissenschaftlerin, die dafür 2009, 2013 und 2017 wiedergewählt wurde – nicht zuletzt auch deswegen, weil die Mehrheit es ihr weiterhin zutraute, »Krisen zu können«.

Umso wichtiger wäre es zu wissen, was sie gewollt hätte, wenn sie nur gekonnt hätte. Die Kunst des Machbaren beschrieb ihren Regierungsstil. Dieser Modus des Regierens kann als Rechtfertigung ihrer Politik und auch als Selbstbeschränkung bis heute herangezogen werden, wenn die 16 Merkel-Jahre zu bilanzieren sind. Geblieben ist beim Publikum der Eindruck, dass dienendes Abarbeiten der Grundgestus von Merkels Politikmanagement war. Zum Merkelismus gehörte das Unterargumentieren. Sie ließ stets ihre Persönlichkeit hinter der Arbeit für das Land zurücktreten. Sie stellte sich den Wirklichkeiten, wie sie sie sah. Sie projizierte ihre Politik selten auf Möglichkeiten, die sie hätte sehen können. Der Wirklichkeitsgehorsam dieses Regierungsstils, der Deutschland sicher durch viele Krisen navigierte, kam durch den freiwilligen Verzicht auf eine weitere Amtszeit an einen natürlichen Endpunkt, weil ihm der Möglichkeitssinn fehlte. Empörungsverweigerung, Unaufgeregtheit, Attentismus, auch persönliche Solidität – das waren Merkels Kennzeichen.

Nach 16 Jahren stieg jedoch der Bedarf an einem neuen Auftritt, an verlässlicher Autorität. Wie vorab mehrfach skizziert, war dieser Wunsch aber nicht fundamental. Gewählt haben die Deutschen schließlich denjenigen, der das merkelhafteste Sicherheitsgefühl suggerierte. Nils Minkmar skizziert das so: »Alle (Bundeskanzler; d. Verf.) gaben sich als Biederfrau und Biedermann. Ihre Liebe, ihr Luxus und ihre Droge: die Arbeit. Deutschland eben.«[47] Olaf Scholz (SPD) zeigt sich monumental unbeirrt als Einsamkeitsgigant, den offenbar nur abwägende Vernunft leitet. Er gibt sich öffentlich emotionslos, kühl zurückhaltend, überkontrolliert, ebenso empörungsresistent wie Merkel, unaufgeregt mit wortkargem Erklärgeiz. So ist seine öffentliche Wahrnehmung beim Wähler. Ebenso verzichtet er auf die Gesten der Macht. Er bleibt Anwalt, wie er es beruflich mit einbringt, weil er keine Partei ergreift. Das oft aggressive Schweigen verstört den Medienbetrieb. Minimalistische Kommunikationsstile (»Knäckebrot-Kommunikation«) machen das Zuhören oft anstrengend. Aber bei unsicheren Wählern kommt diese Wortkargheit in Kriegszeiten sehr souverän-sicher daher. Es wirkt nicht nur überlegt, sondern ist die verbale Übersetzungsleistung des Endes unserer außen- und sicherheitspolitischen Zurückhaltungskultur. Viele Wähler schätzen die Standhaftigkeit des Bundeskanzlers als Vorsicht.

Neben Scholz präsentieren sich im öffentlichen Diskurs der drei Ampel-Parteien andere Protagonisten, die einen von Scholz gänzlich abweichenden Führungs- und Kommunikationsstil praktizieren: Robert Habeck (Bündnis90/Die Grünen), Christian Lindner (FDP) und Annalena Baerbock (Bündnis90/Die Grünen). Die Ampel-Regierung hat mit den sehr sichtbaren Bundesministern aus drei verschiedenen Parteien viele Möglichkeiten in der Öffentlichkeit, auch andere von der Wählerschaft favorisierte Kommunikations- und Führungsstile zu befriedigen. Denn, wie im anschließenden Kapitel über die Erwartungsmärkte erörtert werden soll, das Regieren zu Dritt macht nicht nur einen mathematischen Unterschied im Vergleich zu Zweier-Koalitionen. Vielmehr ist der öffentlich sichtbare, oft kontroverse Diskurs ein erhoffter Teil des Regierungshandelns.

Insofern steht mit dem Vizekanzler Robert Habeck ein Zweitkanzler zur Verfügung, der in Transformationszeiten und energiekriegsbedingten, disruptiven Politikwechseln öffentlich in der Mediendemokratie viel sichtbarer ist als es alle Vizekanzler zuvor waren. Dies ist insofern auffällig, weil er ein vollkommen anderes Kommunikations- und

Führungsverständnis als Scholz einbringt. Wenn Scholz der Dissident des Diskurses ist, dann ist Habeck der Konstrukteur von Diskursen. Habeck hätte einen immerwährenden Großstand auf unserem vorgestellten Marktplatz, nach allen Seiten offen, um auch symmetrisierende Kommunikationsformate dort auszuleben. Mit einem mitnehmenden, einladenden Zweifel kommuniziert Habeck – sehr präsent in sozialen Medien, auf Augenhöhe – erklärungsstark seine Politik. Er bezieht das Publikum inklusiv, kooperativ-empathisch mit ein, auch wenn die politischen Entscheidungen längst gefallen sind. Mit dilemmabewusster Offenheit verkörpert er geradezu politische Rationalität. Denn das Für und Wider, die innere Zerrissenheit, das abwägende Pro und Contra, die Vielzahl von Zielkonflikten werden von Habeck transparent gemacht. In Dauer-Denker-Pose werden Widersprüche umarmt. Veränderungspatriotisch bleibt Habeck immer zuversichtlich. Er übersetzt in jeder Geste den kommunikativen Machtbegriff von Hannah Arendt: in der Macht des Miteinanders, im übereinstimmenden Handeln, in der Herstellung von Einvernehmlichkeit.[48] Wie weit dieser Politikstil trägt, wenn Unpopuläres mehrheitsfähig zu halten ist, soll im folgenden Kapitel erörtert werden. Denn Habeck verließ diesen Stil, mit Absicht oder aus Erschöpfung, im Kontext des öffentlich sehr umstrittenen Gebäudeenergiegesetzes.

Hinter diesem orchestrierten Konzert unterschiedlicher Kommunikations- und Führungsmärkte der Berliner Ampel-Regierung stehen nicht nur unterschiedliche Grade an Sprachwachheit. Vielmehr erkannt man idealtypisch das politisch-kulturelle Ringen zwischen Dezision und Tatendrang auf der einen Seite sowie Reflexion und Diskurs auf der anderen.[49] Beides spielt auf dem Wählermarkt und beim Regieren eine große Rolle. Beides wird nachgefragt. Beides führt in der Summe häufig zu Uneindeutigkeiten beim Wahlergebnis, obgleich Eindeutigkeit gesucht wurde. Kümmerer und Macher: Da stehen dann Machtpoesie, Moderation von Komplexität, unentschiedenes Lavieren, fehlerhaftes Agieren und einladende Kooperation für den Kümmerertypus. Aber auch das neue Machen wird belohnt: der Habitus der Entschlossenheit, die neodirigistische Entschiedenheitsprosa, das forsche, laute, schneidige Selbstgewisse mit Ansage. Beide antagonistischen Modelle finden sich seit 2021 in der Regierung ebenso wie in der Opposition.

Insofern geht es heute in Ampelzeiten eindeutig turbulenter, lebhafter, kontroverser auf dem Marktplatz zu als zu GroKo-Zeiten. Man sieht, wie der Strukturwandel der Öffentlichkeit mit dem Medien- und Führungsmarkt verzahnt ist. Die Pluralisierung von Öffentlichkeiten, die Eruption von Gegenöffentlichkeiten suchen nach Antworten in der Politik. Die Personalisierung des Politischen hat unter diesen Bedingungen mehr Chancen zur Darstellung. Aber auch die Risiken des »Sofortismus«, der Abstrafung sind evident. In Berlin zählt jede Minute. Die digitale Moderne setzt die Politik, die Politiker, aber auch die Wähler unter dauerhaften Kommunikationsstress. Die politische Eiligkeitsgesellschaft produziert systematisch »Adhocismus« als Resonanzerwartung. Simuliert wird dadurch oft eine Politik des Unmittelbaren. Die Schlagzahl ist hoch – die Redundanz aber ebenso.

Wählerische Wähler bewegen sich im Meer der Möglichkeiten. Bisher trotzen sie mehrheitlich, trotz Gesprächsstörungen, der Kraft der Manipulationen und der Fake News. Die Wahlergebnisse bleiben bislang auffallend politisch mittig – gleichwohl wachsen rechte Ränder. Bislang widersetzen sich die Sicherheitsdeutschen an Wahltagen eindeutig mehrheitlich der autoritären Versuchung in unsicheren Zeiten. Dies gilt für den neuen Medienmarkt, aber gleichermaßen auch für den Führungsmarkt. Skeptiker könnten einwenden, dass dies stimmig für die deutsche Trägheitsdemokratie ist und bleibt: Verlässliche Langeweile bestimmt in Deutschland den Wahltag und die Wahlergebnisse. Das bezieht sich auf das erwartbare Arrangement der Mitte-Parteien ebenso wie auf den Politikertypus, der gewählt wurde. Das kommt, im Vergleich zu anderen bipolaren Gesellschaften auf dem europäischen Markt, einem qualitätssichernden demokratischen Luxus gleich: »In den Nationen, in denen das Staatsoberhaupt zugleich ein Megapromi, ein Star sein muss, stöhnen und ächzen alle über ihre Präsidenten und deren Familien. Man kann nicht behaupten, dass Olaf Scholz die Menschen durch Omnipräsenz und Allzuständigkeit nervt.«[50]

Die veränderte Kommunikation schafft neue Wirklichkeiten. Kommunikation kann ein Game-Changer sein – nicht nur in Wahlkämpfen. Märkte sind Kommunikationsräume, die sich stetig wandeln. Das nutzen Anbieter und Käufer. Aber es macht das Geschäft weder einfacher noch übersichtlicher. Die politischen Zeiten, in denen man, wie der frühere Bundeskanzler Gerhard Schröder oft intonierte, mit »Bild, BamS und Glotze« angeblich regieren konnte, sind längst überholt. Das von den Wählern favorisierte politische Personal kommt bislang unspektakulär, kaufmännisch-kühl daher. Amtsinhaber werden eher gewählt als populistische Volksbelauscher. Das gilt offenbar auch in Zeiten von wahrgenommenen Vielfachkrisen.

6. Erwartungsmarkt: Mehrheiten für Unpopuläres

Kein Marktbesucher startet ohne eine Vorstellung von dem, was ihn erwarten könnte. Warum sollte er auf einen Markt gehen, wenn er nicht relativ sicher wäre, dort bestimmte Produkte und Waren zu erhalten? Und doch starten manche allein wegen des Erlebniswertes eines Wochenmarktes, ohne Vorsatz, überhaupt etwas zu kaufen. Anregen lassen, andere treffen. Die Vorbeifahrt an anderen Geschäften und Anbietern hindert sie nicht, an der Projektion festzuhalten, ihre Wünsche auf dem Markt zu erfüllen. Ihre Erwartung ist wichtig, sonst würden sie nicht hinfahren. Darin drückt sich auch ein gewisses Vertrauen, eine Vertrautheit, eine routinierte Praktik aus. Kunden entscheiden sich zudem für bestimmte Produkte, weil sie mit dem Kauf dringende Aufgaben – die Erwartung in das Produkt (die Problemlösungskompetenz) -- erledigt sehen möchten. Die Aufgabe ist der Grund dafür, dass die Kunden überhaupt eine bestimmte Lösung suchen. Man kann weitergehen: Wenn diese Erwartung treibend ist, dann sollten weniger die verkauften Produkte im Zentrum stehen als vielmehr die Ideen, was den Kunden noch antreiben könnte.[1] Das lässt sich unmittelbar erneut auf Wählen und Regieren übertragen.

Wahlen sind ein verlässlicher Gradmesser des Vertrauens. Man kann das nicht nur daran ablesen, wie viele sich beteiligen oder wie konstant und robust die politische Mitte parteipolitisch gewählt wird. Im Potenzial des Vertrauens steckt viel Zukunft. Denn Wähler votieren für die- oder denjenigen, die am geeignetsten erscheinen, die Probleme der Zukunft zu lösen. Der Anmutung von Problemlösungskompetenz bei Parteien oder den Kandidaten gilt der Wahlakt. Wähler belohnen auf dem Markt der Angebote. Ganz ähnlich wie beim Aktienmarkt, wird auf dem Wählermarkt Zukunft gehandelt. Wähler belohnen insofern mehrheitlich Optimismus in der Sprache der Zuversicht.[2] Jede Wahlstimme transportiert ein Zukunftsgefühl. Das ist auch ein wichtiges Kennzeichen freiheitlicher Demokratien, in denen systemisch die Zukunft offen ist. Demokratien sind organisierte Lernprozesse. Zukunft ist in Demokratien nie etwas, das einfach auf einen zukommt, sondern sie kann aktiv gestaltet, hergestellt, gewonnen werden. Das steckt in dem schon vorgestellten kommunikativen Machtbegriff von Hannah Arendt: Man ist nur frei, solange man handelt. Für die Freiheit zu planen, motiviert die Kraft des positiven Denkens, des realistischen Optimismus. Ob daraus automatisch ein Comeback der Zuversicht wird, ist nicht planbar. Aber auf dem Wählermarkt reüssieren diejenigen Parteien, die Auswege aus den Problemlagen des Alltags anbieten, die ein Erwartungsmanagement profilieren, dass zu ihnen stimmig passt. Rückwärtsgewandt gilt das für die AfD, vorwärtsgewandt für alle anderen Parteien.

Gerade in Zeiten von Vielfachkrisen, in denen die Alltagswirklichkeit beschwerlich erscheint, wächst der Bedarf an Hoffnungen auf die Zukunft. Wir haben schon gesehen, dass keineswegs diejenigen gewählt werden, die das meiste versprechen, sondern eher diejenigen, die mit Kompetenzvermutung zunächst einmal das sichern, was jeder erreicht hat. Dann kann auf diesem Fundament die Zukunftssicherung Schritt für Schritt beginnen. Weder Pathos noch Emotionen sind dabei in Deutschland die Garanten für eine erfolgreiche Zukunftsmobilisierung.[3] Es bleibt zu prüfen, ob es mit einer positiven Zukunftserwartung, einem »Zukunftsnarrativ«[4], auch einhergehen kann, klimapolitisch Unpopuläres mehrheitsfähig zu machen. Hilft die positive Vision eher die Zumutungen des Regierens zu ertragen?

Erwartungen werden für den Wahlakt wichtiger als Ereignisse. Die öffentliche und private Stimmungsverfinsterung war durch die Coronapandemie und durch den Krieg in der Ukraine bedingt. Kurzfristige Aussichten auf Besserung schienen düster. Die Dynamik der Inflation und einer möglichen Rezession belasteten viele Bürger existenziell. Diese Ereignisse haben ganz offensichtlich die Erwartungen eingetrübt. Aufbesserungen können nur in der Zukunft liegen. Apokalyptisch zugespitzt kann man fragen: »Was, wenn sich nicht etwa Energie oder Wasser, sondern wenn sich Hoffnung als die eigentliche kritische Ressource unserer Lebensform erwiese?«[5] Nur wenig kann offene Gesellschaften mehr bedrohen als die zunehmende Verdunkelung des eigenen Zukunftshorizonts. Dahinter steckt auch die Grundidee des Liberalismus, in der Ausprägung einer freiheitlichen Demokratie. Sie lebt vom Fortschrittsgedanken und damit von der Zukunft, von der man meint, sie immer auf seiner Seite zu haben.

Umso wichtiger wird das politische Erwartungsmanagement. Die mobilisierende Kraft von Zukunftserzählungen stemmt sich gegen den wachsenden Markt von Dystopien. Zukunftsängstliche Empörungsbewegungen, wie die der AfD, arbeiten gezielt mit der Angst vor Veränderung und der nostalgischen Verklärung einer angeblichen Vorzeit, um Wählern die kommenden Zumutungen der Zukunft vom Hals zu halten. Die Coronakrise veränderte grundsätzlich unser Verhältnis zur Zukunft. Sie prägte Kohortenerfahrungen für zukünftige Generationen. Und das Virus machte zeitgleich gefühlt viele älter. Risikogruppen wurden häufig mit Altersgruppen gleichgesetzt. Insofern galt auch hier: Nur Erwartungen gegenüber einer aktiven Coronapolitik (von der gerechten Verteilung eines Impfstoffs bis hin zur Stabilisierung von Vorsorge) wurden immer wichtiger.

Man weiß aus der Wahlkampfforschung, dass nicht nur begrenzte Aggressivität und Unterscheidbarkeit Wahlkämpfe ausmachen, sondern vor allem Sicherheitsbotschaften und Zukunftskompetenz. Wähler entscheiden strategisch vorausschauend und weniger evaluationsgetrieben zurückschauend. Sie belohnen den Optimismus der Krisenlotsen. Wahlen sind keine Erntedankfeste, sondern transportieren konkrete Zukunftserwartungen. Sie verhelfen der Handlungszuversicht zur demokratischen Mehrheit. Eine Erwartungsstabilität der Bürger hängt dabei nicht nur von den Politikern und ihrem jeweiligen Führungsstil ab, sondern entscheidend auch von einer handlungsleitenden Sprache der Politik.

Wähler erinnern sich durchaus an den Erfahrungsraum des Regierens in der zurückliegenden Legislaturperiode. Diese Erfahrungen überlagern sich. »Mehr noch, neue Hoffnungen oder Enttäuschungen, neue Erwartungen schießen rückwirkend in sie ein. Also auch Erfahrungen ändern sich, obwohl sie als einmal gemachte immer dieselben sind.«[6] Reinhart Koselleck hat dies vermessen mit der Semantik zwischen Erfahrungsraum und Erwartungshorizont, die sich imprägniert überlagern. Erwartung ist danach ohne Erfahrung nicht zu haben. Die Erwartung der Wähler an die Politik wird immer geprägt sein von den Vorerfahrungen mit der Politik und den Politikern. Aber wie dominant? Mit Koselleck könnte man antworten: »Die Diagnose geht voraus, in der die Erfahrungsdaten enthalten sind. So gesehen, zieht der zur Zukunft hin offene Erfahrungsraum selber den Erwartungshorizont aus. Erfahrungen geben Prognosen frei und steuern sie.«[7] Beides konstituiert eine zeitliche Differenz, die ineinander übergeht. Ohne gehegte Erwartungen kann Vergangenheit nicht vergehen. Ohne Zukunftserwartung würden Wähler nicht wählen oder nur diejenigen Parteien mit extrem rückwärtsgewandter Programmatik. Kampagnenfähigkeit von Parteien in der politischen Mitte ist davon abhängig, wieviel Zuversicht sie in den Erwartungshorizont projizieren. Das ist viel mehr als nur Optimismus und gute Laune.

Zuversicht gründet sich eher auf Tatsachen als auf eine optimistische Haltung. Die Grundidee freiheitlicher Ordnungen hängt mit Zukunftserwartungen zusammen. Denn nur freie Menschen können mit anderen zusammen Zukunft gestalten mit Kreativität und Optionen. Felix Heidenreich konnte zudem zeigen, dass die Zukunft unserer Demokratie von dem Bild abhängt, welches Zukunftsversprechen wir uns wechselseitig anbieten.[8] Die Qualität unserer Freiheit wächst in dem Maße, wie wir an politischen Zukunftshoffnungen festhalten. Die Hoffnung wird dann eminent politisch, wenn wir uns klar machen, dass es bei der Verteilung von Zukünften auch immer um die Verteilung zwischen Jung und Alt, zwischen Zugewanderten und Angestammten, zwischen Armen und Reichen etc. geht. Heidenreich liefert damit nicht nur Gründe für Zuversicht, sondern auch für offene Gesellschaften, die auf Zukunftsbilder angewiesen sind. Auch den Markt betritt man nicht voraussetzungslos, sondern mit Vorannahmen und Erwartungen, die sich aus Erfahrungen speisen. Zuversicht treibt den Käufer an die Stände.

Demokratien mit lebendigem Parlamentarismus (»government by discussion«) und einem funktionierenden Parteienwettbewerb haben hier enormes Potenzial. Sie legitimieren sich durch Kommunikation. Sprache als Medium legitimiert, wie beschrieben, Macht. Resilienzermöglichende Strukturen bilden dabei Parlamentsdebatten. Sie sind das »Immunsystem der Republik«[9]. Umso wichtiger bleibt dabei die Forderung, das Primat des Parlaments auch in der Krise zu nutzen – durch Präsenz, mit Debatten und durch die Bindung von Notverordnungen an die Zustimmung der Landtage bzw. des Bundestags. Narrative (»Wir schaffen das«, »neue Normalität«) und Rechtfertigungen gehören zum positiven Risikowissen, das Resilienz ausmacht. Konkret konnte beispielsweise nachgewiesen werden, wie die öffentliche Fernsehansprache von Bundeskanzlerin Angela Merkel am Beginn der Coronapandemie Angst- und Depressionswerte von Bürgern deutlich zurückdrängte.[10] Der historische Auftritt war ein Musterbeispiel für politische Führung, die Ängste und Sorgen der Bürger in Krisenzeiten durch nachvollziehbare und transparente Kommunikation minimieren kann – was naturgemäß nur begrenzte Zeit anhielt. Solche Risikodiskurse machen Gesellschaften in Ausnahmezuständen widerstandsfähiger, weil sie kommunikativ Auswege bilden.

Der Erwartungsmarkt ist aber auch noch aus anderer Perspektive wichtig. Zukunft erscheint in Kriegszeiten immer unsichtbarer. Demokratien leben aber von der Hoffnung, dass es besser wird. Man hat den Eindruck, dass derzeit durch die Politik im Modus des Feuerlöschens, vor allem im Bereich der Energiesicherung, nur das Schlimmste verhindert werden soll. Unser Verhältnis zur Zukunft ändert sich auch in der digitalen Gesellschaft. Die »Überall-Medien« produzieren einen Gegenwartsstau. Man ist permanent damit beschäftigt, im Jetzt zu agieren und kommt gefühlt nie hinterher. Das Internet ist ein Angriff der Gegenwart auf alle übrigen Zeiten. Gesellschaften haben aber einen enormen Bedarf an Zukunftserwartung. Sie brauchen eine Zukunft, über die nicht schon in der Vergangenheit – aus den unterschiedlichsten Gründen – verfügt wurde.[11] Die Vorstellung, dass man nur im Jetzt agieren oder nur die Altlasten und Schulden der Vergangenheit abtragen kann, halten Bürger nur sehr schwer aus. Deshalb votieren Wähler gern für Parteien oder Politiker, die vorgeben, die Zukunft offen zu halten. Diese besondere Zukunftssensibilität findet sich mehrheitlich in der gefühlten Mitte unserer Gesellschaft. Ärmere Bürger leben notwendigerweise eher im Jetzt, um über den Tag zu kommen. Reichere Bürger leben aus der Vergangenheit, aus den Ressourcen, die sie früher erworben haben. Nur die Mitte, der heterogene Mittelstand hat ein sensibles und oft auch nervöses Verhältnis zur Zukunft. Und da schließt sich der diskursive Kreis erneut. Der Mittelstand, unabhängig von der Differenziertheit der Zusammensetzung, wählt in Deutschland die Parteien der politischen Mitte. Sie versprechen offenbar nach Meinung vieler Wähler am ehesten, die Zukunft offen zu halten und die Nervosität einzuhegen.

Wie verhält sich dieser Wunsch nach Zukunft zu der Notwendigkeit sich zu ändern? Wie passt bei Wählern die Status-quo-Orientiertheit zur Notwendigkeit von Transformationen, zum Eingeständnis von Nachhaltigkeit? Das Grundbedürfnis nach Sicherheit ist mit dem Begriff der Nachhaltigkeit verkoppelt. Wie kann die Politik und die Sprache der Zuversicht dafür auf dem Wählermarkt werben? Und wie geht die Berliner Ampel-Regierung damit um?

Der Modus des Veränderns

»Du hast dich gar nicht verändert!«[12] Wer hat so einen Satz nicht auch schon einmal gehört? Wenn er auf das Äußere zielt und ehrlich gemeint ist, kommt das als Kompliment daher – immerwährende Frische und alterslose Dynamik? Doch wenn der Satz auf das Innere zielt, beleidigt er. Man hört Stillstand heraus. Und wer würde nicht zugeben müssen, sich ständig anpassend ändern zu können, um mit Komplexitätskompetenz zu protzen? Nur moderne Spießigkeit als Distinktionskennzeichen kokettiert mit dem neobiedermeierlichen Immergleichen, dem bewusst konservativ Konstanten. Doch um auch dies in dynamischen Zeiten vermeintlich zu erhalten, bedarf es einiger Anstrengungen, die sich wiederum wie Veränderungen anfühlen.

Bei Transformationen im Sinne tiefgreifender Veränderungen nehmen wir als Bürger oft eine reaktive, manchmal aber auch eine aktive Rolle ein. Die Policy-Forschung arbeitet dabei mit den Begriffen von dosiertem Wandel und offensichtlicher Stabilität. Andere wissenschaftliche Perspektiven finden sich etwa beim Soziologen Hartmut Rosa. Er hat auf die jeder Veränderung innewohnende Motivation mit der Begrifflichkeit der Unverfügbarkeit verwiesen: »Das kulturelle Antriebsmoment jener Lebensform, die wir modern nennen, ist die Vorstellung, der Wunsch und das Begehren, Welt verfügbar zu machen. Lebendigkeit, Berührung und wirkliche Erfahrung aber entstehen aus der Begegnung mit dem Unverfügbaren. Eine Welt, die vollständig gewusst, geplant und beherrscht wäre, wäre eine tote Welt«[13]. Das Motiv der Veränderung führt offenbar zu paradoxen Effekten, die im Hinblick auf den Klimawandel, den Verlust der Biodiversität und einige andere planetare Grenzen zerstörerisch wirken, wenn wir es nicht abwenden. Der unauflösliche Widerspruch besteht darin, dass die Lebendigkeit des Antriebs nach Unverfügbarkeit systematisch jede andere Lebendigkeit im Prozess des Vollzugs zerstört.

Veränderungen haben zudem nicht nur anthropologisch-kulturelle Hintergründe. Auch systemtheoretisch erhält sich das System als moderne Gesellschaft nur im Modus der stetigen Veränderung.[14] Systeme verändern sich meist langsamer als ihre Umwelt. Die Gründe liegen zumeist darin, sich als System zu stabilisieren, um in volatilen Umwelten zu überleben. Routinen stabilisieren uns wiederum in sozialen Rollen. Veränderungsdruck halten wir in der Regel nur mit solchen retardierenden und verlangsamenden Techniken aus. Die Trägheit von Ordnungsbildungen und Handlungsoptionen ist insofern prinzipell erwartbar. Man kann es sogar noch zuspitzen: Selbst in disruptiven Momenten der Veränderung durch Schocks versuchen die Systeme – und wir als Bürger – eher das Fortsetzen von Routinen zu organisieren, als produktiv mit der Veränderung als Angebot umzugehen. Die Konsequenz ist ernüchternd. Denn wenn wir die Systeme nur dynamisch stabilisieren können – und dabei im Modus der Steigerung (mehr, höher, weiter, schneller) agieren – bedarf es ständiger Transformationen. Wir müssen uns also verändern, um zumindest das zu erhalten, was uns wichtig erscheint.

Auch die Diversitätsforschung liefert Argumente mit ähnlicher Kraft. Denn schon der Evolutionsforscher Charles Darwin wusste:»Es ist nicht die stärkste Spezies, die überlebt, auch nicht die intelligenteste, sondern diejenige, die am besten auf Veränderungen reagiert«. Vielfalt statt Monokulturen – in der Politik ebenso wie in der Gesellschaft – sichert dauerhaftes Überleben. Darin stecken gleich zwei Argumente. Die Widerstandsfähigkeit ist größer, wenn man über diverses, heterogenes Wissen verfügt. Neben dem Wissen gilt die Anpassungsleistung durch Veränderung als Garant, neue Einflüsse produktiv für das System zu generieren.

Wir erkennen, wie trügerisch die Begrüßungsformel »Du hast dich gar nicht verändert« sein kann. Moderne Realität ist ganz offensichtlich von Veränderungen als Transformation geprägt. Das hat Geschichte. »The Great Transformation«[15] – mit diesem Titel beschrieb 1944 Karl Polanyi einen paradigmatischen Wandel der Gesellschaft. Gemeint war die Ausdifferenzierung von zwei Teilsystemen, der bürgerlichen Gesellschaft und der Ökonomie. Wandel existierte, Veränderung erfolgte, Transformation geschah. Die Treiber dieses Prozesses sind von Polanyi differenziert beschrieben worden. Der politische Begriff der Transformation ist seitdem mit diesem Titel verbunden, wenngleich Transformation immer neue Bedeutungsinhalte erhielt. So fand der Begriff etwa für den Prozess der deutschen Einheit und die damit einhergehenden Umwälzungen 1989/90 Anwendung. In der vergleichenden Politikwissenschaft ordnet der Begriff der Transformation Demokratiestandards zwischen politischen Systemen. Eine Renaissance erfuhr der Begriff schießlich im Kontext des Klimawandels.[16] Im Hauptgutachten »Welt im Wandel: Gesellschaftsvertrag für eine Große Tansformation« hat der »Wissenschaftliche Beirat der Bundesregierung Globale Umweltveränderungen« 2011 eine Umprägung vorgenommen, die bis heute anhält. Danach sind Transformationen von Gesellschaft, Politik und Wirtschaft erforderlich, um die planetaren Grenzen des Klimawandels einzuhegen. Der Fokus liegt dabei auf der transformativen Wirkung, die paragdigmatisch in eine digitalisierte Nachhaltigkeitsgesellschaft führt sowie global und aktiv gestaltet. Dieses Verständnis von Transformation in einem komplexen Veränderungsprozess geht weit über den Begriff und das eher politikfeldbezogene Verständnis von Reformen hinaus.

Daran knüpfte auch die Ampel-Koalition der Bundesregierung mit dem Koalitionsvertrag »Mehr Fortschritt wagen« (2021) an. Die Vereinbarung könnte auch in Anlehnung an Willy Brandt (»Mehr Demokratie wagen«, 1969) »Mehr Transformation wagen« lauten. Denn die drei Ampel-Parteien, SPD, Grüne und FDP, beschreiben im Koalitionsvertrag in vielen Kapiteln, wie sich Deutschland transformieren soll: gesellschaftlich integrativ, nachhaltig und innovationsgetrieben. So soll der Industriestandort Deutschland in eine sozial-ökologische Marktwirtschaft transformiert werden, was keinen Bereich des gesellschaftlichen, wirtschaftlichen und politischen Lebens auslässt. Das ist ein sehr hoher Anspruch. Denn wie steuert man in Deutschland einen Wandel als Transformation? Die Bundesrepublik ist – mit Ausnahme spezifischer Phasen – eher veränderungsresistent, was, wie oben gezeigt wurde, an institutionellen, politikverflechtenden Barrieren und politisch-kulturellen Befindlichkeiten der Sicherheitsdeutschen liegt. Hier spielen sich Veränderungen eher langsam ab. Doch im »Langsam-Lade-Land« sichert dies durchaus auch den gesellschaftlichen und sozialen Frieden.

Disruptionen und externe Schocks können allerdings zu Veränderungen führen. Es ist deshalb sicher kein Zufall, dass sich die Ampel-Koalition erstmals im Zeichen der »Coronakratie« auf Bundesebene konstituierte. Das Virus hatte seit 2020 alle Bereiche unseres Lebens auf die Probe gestellt und sowohl Veränderungen erzwungen, als auch die Sehnsucht nach Kontinuität beflügelt. Das politische Denken kreist in einem demokratischen Verfassungsstaat um die Ordnung der Freiheit. Das Coronavirus setzte dieses Denken einem Stresstest aus. Der demokratische Modus des Regierens war extrem herausgefordert, ging es doch nicht nur um effiziente Mechanismen zur Problemlösung, sondern – viel existenzieller – um das Überleben der Bürger. Die Risikoentscheidungen standen nicht nur unter besonderen Unsicherheitsbedingungen, sondern waren auch strukturell als Dilemma angelegt: Freiheit oder Gesundheit? Diese Zielkonflikte alarmierten. Die »Coronakratie« ist die Antwort auf diese

Herausforderungen. Es bedarf keiner besonderen Weitsicht, dass Krisen unser politisches System weiter erschüttern werden. So erfahren wir seit Februar 2022, was es heißt, wenn in unserer europäischen Nachbarschaft Interessen mit militärischer Gewalt durchgesetzt werden. Der russische Angriffskrieg gegen die Ukraine hatte erneut disruptive Qualität.

Andere Veränderungen als Einschnitte im Policy-Wandel führten beispielsweise zur »Agenda 2010«. Diese Reform der von Kanzler Gerhard Schröder geführten rot-grünen Bundesregierung strukturierte die Arbeitswelt und den Sozialstaat neu. Gleichwohl folgte sie, ohne Kausalität, der »Ruck-Rede« des Bundespräsidenten Roman Herzog. Vieles von dem, was Herzog damals sagte, klingt heute vertraut aktuell. Die wirtschaftliche Dynamik sei verlorengegangen, es fehle »der Schwung zur Erneuerung, die Bereitschaft, Risiken einzugehen, eingefahrene Wege zu verlassen, Neues zu wagen.«[17]

Transformation im Zeichen der Zeitenwende ist insofern als reformpolitische Chiffre nicht wirklich neu. Aber die Widerstände in der Trägheitsdemokratie bleiben gravierend, was auch psychologische Ursachen haben kann. Große Vorhaben erledigen viele Bürger eher übermorgen als morgen. Man möchte im Alltag viel im Sinne von klimapolitischer Nachhaltigkeit verändern, hat aber gerade im Moment keine Zeit dafür und macht heute etwas anderes. Der Schriftsteller Ödön von Horváth formulierte hellwach: »Ich bin nämlich eigentlich ganz anders, aber ich komme nur so selten dazu.« Das bedeutet für Veränderungen: »höchste Aufgeschlossenheit bei maximaler Verhaltensstarre«[18]. Wenn sich nichts von allein verändert, was sollte dann die Politik antreiben, wenn notwendige Veränderungen anstehen? Wo sind Spielräume für Gestaltungspolitik in Krisenzeiten, ohne den Wählermarkt zu vernachlässigen? Und wie agiert eine Ampel-Bundesregierung, die als Fortschrittskoalition modernisieren will, aber mit dem Kriegsbeginn sich auf vollkommen neue, viel existentiellere Rahmenbedingungen für die Regierungspraxis einstellen musste? Denn mit dem kriegerischen Überfall Russlands auf die Ukraine wirkte die Berliner Ampel wie aus der Zeit gefallen mit einem Fortschrittsprogramm, das intensiv auf gesellschaftspolitische Modernisierung setzte. Das notwendig neue Regierungsprogramm war plötzlich von außen aufgezwungen. Die Regierungsparteien waren gezwungen, häufig das Gegenteil von dem zu tun, was sie den Wählern und dem Koalitionspartner versprochen hatten.

Das Politikmanagement der Transformation

Wie reagiert das Politikmanagement auf Transformationen – im Spannungsbogen von disruptiver Erschütterung bis hin zu inkrementeller, nuanciert langsamer Politikveränderung? Transformatives Regieren als wandelbedingtes Politikmanagement folgt hybriden Spuren, weil in unterschiedlichen Politikfeldern (von Gesundheitsvorsorge bis zur militärischen Verteidigung) unterschiedliche Arrangements erforderlich sind. Das spezifische Politikmanagement der Berliner Ampel-Koalition drückt sich in fünf verschiedenen Spielarten aus, die in der laufenden Legislaturperiode erkennbar sind. Folgende Modi sind zu beobachten:

- *Anpassen:* Beim Thema Umwelt- und Klimaschutz fehlt das Gegenüber, denn mit Erdbeben oder Erderhitzung kann man prinzipiell nicht verhandeln.[19] Mit Koalitionspartnern kann man Kompromisse erarbeiten, aber nicht mit dem Klima. Das neue Paradigma des darauf ausgerichteten adäquaten Regierungshandelns wäre Anpassen anstatt Aushandeln. Die Anpassungsleistung würde darin bestehen, Klimaschutztransformationen politisch zu implementieren. Das kann über Anreize ebenso geschehen wie über Regulierungen oder Verbote. Das sogenannte »Osterpaket« 2022 aus dem Bundeswirtschaftsministerium zur Energiewende war dafür ein gutes Beispiel.
- *Kuratieren:* Beim Thema Gesundheit und in der Coronapandemie zeigte sich eine andere Spielart von transformativem Regieren: das Kuratieren. Das Virus ist zwar prinzipiell als Verhandlungspartner auch nicht sichtbar, doch in der sozialen Interaktion kommt es potenziell zur Infektion. Wie verhandelt man in der Konsequenz lebensrettende Isolationsmaßnahmen? Da bietet sich konzeptionell nicht das Anpassen, wie beim Klimaschutz, sondern eher das kuratierte Regieren (der Bundesregierung) als mögliche Antwort an. Es verwandelt unter dem Primat der Politik rasant transparente Informationsverarbeitung in sortierte und erklärte politische Entscheidungen der Krisenlotsen. Kuratiertes Regieren kommt nicht als lenkende Anregung, wie etwa beim »Nudging«, daher. Die Varianten des Lockdowns (»alles entschleunigen, alles entkoppeln, alles dekonstruieren«) waren staatlich verordnet und kein Vorschlag. Kuratiertes Regieren hat eher mit krisenbedingter, appellativer Anordnung zu tun. Es nutzt einen Möglichkeitsraum. Das setzt Gestaltungswissen voraus (»situativ in der Lage zu sein zu ler-

nen«) und kombiniert dies mit einem Möglichkeitssinn (»mit Zuversicht zu führen und zügig zu entscheiden«). Die Spitzenpolitik avanciert so zum Hermeneuten der Resilienz. Transformatives Entscheiden im Modus des kuratierten Regierens hatte im Rahmen der Coronapandemie immer Momente von Verantwortungsdiffusion. Das konnte man unter anderem bei der Debatte um eine Impfpflicht beobachten. Für ein klares Ja oder Nein wollten die politischen Akteure in der Ampel keine Verantwortung übernehmen, sondern es blieb – aus sehr unterschiedlichen politischen Motiven – bei »dringenden Empfehlungen«. Kuratiertes Regieren gleicht »betreutem Regieren«, dem sicherheitsdeutsche Wähler fast schon obrigkeitshörig und staatszentriert oft folgen. Man fühlt sich an die Monate des »Energiekrieges« (zwischen Mai und Dezember 2022) erinnert, in denen die Regierung – plötzlich ohne russisches Gas – Sparappelle und Maßnahmen formulierte, um warme Wohnungen und warmes Wasser zu garantieren.

- *Priorisieren:* Beim Thema Krieg und Frieden zeigte sich eine radikal gewendete Dialektik in der Kombination von Moral- und Realpolitik: Reden und Rüstung, Friedfertigkeit und Abschreckung, Kooperation und Wehrhaftigkeit. Das Gegenüber ist beim Regierungshandeln nicht nur sichtbar, sondern existenziell bedrohlich. Transformatives Regieren agiert hierbei im Modus des extremen Priorisierens: Es entsteht eine Hierarchie für Sprung-Innovationen. Der Kanzler nutzte dazu die Zeitenwende-Rede seiner Regierungserklärung in der Sondersitzung des Bundestags zum Krieg in der Ukraine. Er entschied unter existenziellem Ernst den Paradigmenwechsel in der deutschen Außen- und Sicherheitspolitik: die Zeitenwende. Später buchstabierte er schriftlich die Anwendung der Richtlinienkompetenz aus, um die Interessengegensätze zum endgültigen Ausstieg aus der Atomenergie zu dokumentieren. Er markierte damit öffentlich eine hierarchische Entscheidung zwischen dem Finanzminister und dem Wirtschaftsminister. Auch die Familienministerin erhielt Post aus dem Kanzleramt mit der klaren Aufforderung, einen konsensfähigen Gesetzentwurf zur Kindergrundsicherung terminiert vorzulegen. Ebenso verfügte er mit einem Machtwort gegenüber der grünen Außenministerin Baerbock, den Asylkompromiss der Europäischen Union im September 2023 nicht mehr aufzuhalten.
- *Tauschen:* Anders als traditionelle Koalitionen mit zwei Partnern und klarem Hierarchiegefüge suchen die Ampel-Parteien bei der Spielart

des Tauschens nicht nach Schnittmengen oder kleinsten gemeinsamen Nennern als dilatorischen Formel-Kompromissen oder quantitativen Verteilungskompromissen.[20] Der Kompromiss taucht sichtbar in umfangreichen Gesetzgebungspaketen auf, in denen, wie beim sogenannten »Osterpaket« zur Energiesicherheit sichtbar wurde, für alle drei Partner und deren Wählerklientel Angebote gemacht werden. Im alltäglichen Tauschhandel der Regierung sieht man jedoch häufiger Differenzmodelle. Sie beschreiben Kompensationen, die über Tausch funktionieren, weil sie Differenz offenbar aushalten sollen. Sie sind daher stärker als der bloße Kompromiss. Sie kommen der Grundidee einer »Dynamik des Miteinanders« näher, wie es die Koalitionsvereinbarung nahelegte. Wer die Differenz aushält, überbrückt Widersprüche. Wenn das Gemeinsame weiterhin das Hauptziel ist, kann eine Entdifferenzierung über vertrauensvolle und ressortbezogene Tauschpolitiken mehr Einheit in der Differenz sichern. So kann jeder der drei Ampel-Partner auch mal öffentlichkeitswirksam punkten. Man kann den Eindruck gewinnen, dass dieses Tauschmodell bis Anfang 2023 wirkmächtig war. Danach verlor sich offenbar das wechselseitige Vertrauen der Ampel-Partner. Tausch setzt aber Vertrauen voraus, um auch Differenz auszuhalten. Die öffentlich ausgetragenen Interessenkonflikte der Ampel-Partner dienen häufig nicht mehr einer Positionierung für den Tausch, sondern mutieren zum wahrgenommenen Streit. Ein missglückter Tauschversuch bestand darin, das Wachstumschancengesetz des Finanzministers aufzuhalten, solange keine solide Finanzierung für die Kindergrundsicherung bereitgestellt wurde. Die Familienministerin Lisa Paus verweigerte in der Kabinettsitzung nach der Sommerpause 2023 die Zustimmung zum Gesetzesvorhaben des Finanzministers. Hier wurde aus Tausch ein koalitionsinterner Erpressungsversuch.
- *Kodifizieren:* Wie umarmt man Widersprüche? Die Ampel startete im Februar 2022, 81 Tage nach der Regierungsbildung, neu. Der Krieg gegen die Ukraine änderte nicht nur elementare militärische Sicherheitsfragen, sondern, wie sich schnell zeigte, auch alle Facetten unserer Energiesicherheit. Als im Frühjahr 2023 der erste Winter nach dem Kriegsausbruch und dem Ausbleiben russischen Erdgases relativ energiesicher überstanden war, trat die Ampel in eine dritte Phase des Regierens ein. Ein mehrtägiger, dreißigstündiger Verhandlungsmarathon des Koalitionsausschusses kodifizierte schließlich einen

erweiterten Koalitionsvertrag über 16 Seiten, der einen wichtigen Teilbereich der Transformation beschrieb: »Modernisierungspaket für Klimaschutz und Planungsbeschleunigung«. Die Konflikte der Koalition konnten durch einen im Verfahren hergestellten organisierten Dissens – vor allem in den Bereichen Verkehr und des geplanten Gebäudeenergiegesetzes – kodifiziert integriert werden. Der organisierte Dissens, über den am Ende abgestimmt wurde, hat eine höhere Legitimationskraft als ein Konsens, der nie verhandelt wurde. Im Grunde soll durch das Kodifizieren Einvernehmlichkeit hergestellt werden: Schriftlich erklären alle Ampelparteien ihr Einverständnis, die vorgeschlagene Entscheidung mitzutragen, gleichwohl im Bewusstsein, anderer Meinung zu sein. Die Mehrheit siegt nicht einfach über eine Minderheit, sondern die Minderheit akzeptiert im Einvernehmen die gefundene Lösung. Robert Habeck schrieb zu dieser Methode: »Es bedeutet nicht Einstimmigkeit, aber eine Übereinstimmung, die auf gegenseitigem Verstehen, auf einer Verständigungsbereitschaft beruht.«[21] Doch auch diese Spielart des Regierens hatte Grenzen. Denn die Vereinbarung, vor allem in den Passagen zum privaten Heizungsbau ab 2024, wurde bereits wenige Tage später wieder koalitionsintern problematisiert. Verheizte Chancen? Außergewöhnlich war der schriftliche Protokollvermerk des Finanzministers zum Kabinettsbeschluss zum geplanten Gebäudeenergiegesetz, in dem er die Parlamentarier aufforderte, dem von ihm im Kabinett prinzipiell zugestimmten Gesetzesentwurf nicht zu folgen. Die Bundestagsabgeordneten, gemeint war vor allem die FDP-Fraktion, sollten den Stopp für den Einbau von Gasheizungen ab 2024 abmildern. Organisiert man so Prozesse, um konstruktiv zu verhindern?

Auch auf dem Wochenmarkt kann man die Spielarten des Politikmanagements im übertragenen Sinne beim Kaufen und Verkaufen beobachten: anpassen, tauschen, priorisieren, kuratieren, kodifizieren. Aber hinter der Agenda der Transformation auf dem Wählermarkt steht viel mehr als nur eine wechselseitige Marktbefriedigung. Wie gestaltet man mehrheitsfähig Wandel im Handel? Der Modus des Veränderns im Kontext von Transformationen in Zeiten der Krisenpermanenz ist vielschichtig, wie die fünf Spielarten des transformativen Regierens zeigen.[22] Vieles deutet darauf hin, dass im klassischen Verständnis der Policy-Forschung der Policy-Typ, das jeweilige Politikfeld, den vorrangigen Typus des Politikmanagements bestimmt: Anpassen erfordert Kontextualisierung, Tauschen erfordert große Verhandlungspakete, Kuratieren erfordert Konsens, Priorisieren erfordert Durchgreifen, Kodifizieren erfordert Vertragstreue.

Die Agenten des Wandels

Unsere Kategorien der Einordnung und Bewertung der Transformation, der Veränderung und des politischen Wandels orientieren sich an theoretischen Rahmungen und empirischen Befunden zu Politikwechseln. Umfang und Geschwindigkeit des Politikwandels variieren: von inkrementell über umfassend und rasch bis hin zu rapide. Die Phasen der Transformation und das jeweilige Ausmaß sind je nach Politikfeld von institutionellen und individuellen Kriterien abhängig. Wichtig bleibt in vielen Untersuchungen zu den Bedingungsfaktoren des Gelingens, man müsse die Bürgergesellschaft beim Wandel nicht nur mitnehmen, sondern sie als »Agent des Wandels«[23] aktiv teilhaben lassen. Das ist in der Realität oft schwierig. Denn Veränderungen bedeuten zumeist Zumutungen und lösen Gegenkräfte oder Routineverhalten aus. Beides hindert einen angemessenen Umgang mit der Notwendigkeit des strukturell Neuen. Und es führt in der Regel zur ablehnenden Haltung in der Bevölkerung. Denn die Veränderung wird dort oft als etwas empfunden, das immer von oben herab passiert. Wie vermittelt Politik, dass Transformation immer zunächst beim Individuum beginnen sollte?

Die Analyse der Coronapolitik zeigt die Schwierigkeiten, angemessene Denkroutinen über Veränderungen, Wenden, Wandel und Wechsel zu nutzen. Harald Welzer sprach damals von einem »Stillstellen der Zukunft«, von »eingefrorenen Situationen« und »stillgestellten Bildern« (Welzer 2020). Das ist eine angemessene außeralltägliche Metaphorik. Folgt man danach keinen Denkroutinen, dann bieten selbst die fachlichen Ankerpunkte keine interpretatorische Stütze, um aus der beobachteten Veränderung Rückschlüsse für die Zukunft zu entwickeln. Ähnlich ist es beim Epochenbruch durch das Kriegsszenario in Europa: zunächst die Schockstarre, dann der Aufbruch des Denkmusters eines globalen Prozesses der Modernisierung. Der Glaube an den Automatismus der Modernisierung im westlich-liberalen Sinn als Muster des Fortschritts wurde durch Panzer gestoppt. Andreas Reckwitz bietet Auswege beim Projekt der Moderne eines transformierten Denkens »als ein seiner eigenen Schwächen bewusstes normatives und strategisches Projekt, im Wissen um seine Gegner«[24]. Das bedeutet, die Verunsicherung strategisch für neue Wehrhaftigkeit zu nutzen, wenn die Zäsur ein Anknüpfen an traditionelle Weltbilder aufweicht.

Was man in der Politikwissenschaft als Ankerpunkte über abrupte Politikwechsel weiß, folgt einer Logik der Angemessenheit. Es orientiert sich an vorgefundenen Routinen, Gewohnheiten und Regeln. Policy-Forscher sprechen von Pfadabhängigkeit, Historiker von Traditionslinien, Regierungsforscher von Stilen, Praktiken und Instrumenten des Politikmanagements. Doch die Multikrisen haben paradigmatische Züge. Bisherige Erklärungsmuster des Politikmanagements stoßen an ihre Grenzen. Insofern lohnt eine Erinnerung an systematische Zugänge, wie und wodurch sich Politik ändern kann.

Aus einer neoinstitutionalistischen Perspektive heraus kann man zeigen, wie Institutionen politische Entscheidungen beeinflussen und wie sich die daran handelnden Akteure verändern. Ein Rational-Choice-Zugang favorisiert dabei die kalkulierten, rational-persönlichen Entscheidungen der Akteure. Der Historische Institutionalismus sieht hingegen eher die Dominanz der Institution, die routinierte Praktiken und Regelsysteme prägt. Pfadabhängigkeiten schränken insofern die Anzahl und den Inhalt von Entscheidungen ein. Ohne Gelegenheitsfenster und externe Schocks verändert sich wenig. Der Soziologische Institutionalismus wiederum lenkt die Blickrichtung auf soziale Rollenmuster, bei dem die Akteure nach erlernten Handlungsmustern agieren und jeweils Erwartungssicherheit anstreben. Beim Diskursiven Institutionalismus steht die ursächliche Bedeutungsaufladung von Veränderungen ganz im Zeichen von Diskursen und Ideen. Mit Kommunikation sind politischer Wandel und transformative Prozesse erreichbar. Politische Institutionen verändern sich durch den Ideentransfer.

Die Bürger sind ebenso Agenten des Wandels. Politiker können als Transformationslotsen Übersetzungen leisten. Doch wenn es gelingt, Bürger schneller an den Veränderungen teilhaben zu lassen – beispielsweise durch schnellere Antragsverfahren für Bezuschussungen –, verbessern sich die Bedingungen des Gelingens. Grundsätzlich helfen aktivierende Kompetenzen dabei, inklusive Veränderungen mehr-

heitsfähig zu machen. Bürger müssen erkennen, dass sie selbst Teil des
Veränderungsprozesses sind, den sie eigenverantwortlich mit steuern.

Die Resilienz als Ressource des Wandels

Veränderungen und Wandlungen bleiben in freiheitlichen Gesellschaften notwendig, um globalisierungstauglich agieren zu können – so habe ich oben bereits argumentiert. Über Transformationsarten bekommt man ein Gespür, was sich wodurch ändern könnte. Mit dem Konzept der Resilienz als politikwissenschaftliche Kategorie erweitert man nochmals den Deutungsraum von Transformationen, wobei Resilienz als ein Mechanismus zur Widerstandsfähigkeit verstanden wird.

Konzepte der Resilienzforschung beschreiben Prozesse und Bestandteile der Widerstandsfähigkeit einer Gesellschaft zur Bewältigung und Steuerung von Komplexität. Die Resilienzforschung bemisst also die Bereitschaft, mit Veränderungen umzugehen. Den Deutschen wird politisch-kulturell nachgesagt, dass sie Weltmeister beim Thema Resilienz seien. Sie haben ganz offensichtlich die Fähigkeit, mit großen Veränderungen und Krisen gut umzugehen. Anders wären die international hohen Wohlfahrts- und Wohlstandsgewinne der prosperierenden deutschen Wettbewerbsgesellschaft kaum erklärbar. Konkret löst die Aussicht auf Veränderungen Leidenschaft aus. Aber weder die Aussicht noch die Fähigkeit zur Veränderung sind gleichzusetzen mit einer Bereitschaft, Veränderungen zügig – und idealerweise – vorausplanend anzunehmen.

Resilienz eignet sich für das Politikmanagement als Strategie des Komplexitätsmanagements. Wie bereitet man sich als Regierung auf Krisen vor, von denen man weiß, dass sie kommen werden, aber nicht weiß, wann genau sie kommen und wie sie in Erscheinung treten? Wie rüstet man sich gegen das Unwägbare und zugleich Unvermeidbare? Politikmanagement verbindet die Steuerbarkeit des politischen Systems mit der Steuerungsfähigkeit der wichtigen politischen Akteure. Regieren als eine Form des Politikmanagements nutzt Resilienz zur Krisenbewältigung. Dabei können sich die Spitzenakteure auf Ressourcen als resilienzermöglichende und resilienzbeeinflussende Größen beziehen.[25]

Der Krieg in der Ukraine zeigt einmal mehr, dass wir Vorsorge für eine Landesverteidigung hätten treffen müssen. Resilienzermöglichend wäre es beispielsweise gewesen, ein gemeinsames europäisches Raketenabwehrsystem zu besitzen. Mit nachholendem Begreifen (nach der anfänglichen Schockstarre) lernen wir täglich, was uns zur Wahrung äußerer Sicherheiten offenbar fehlt. Das gilt auch für den Bereich der Energievorsorge, bei der die vielfältigen Abhängigkeiten – gerade von russischen fossilen Energieträgern – offensichtlich sind. Im übertragenen Sinn dreht es sich aber nicht nur um Puffer, Speicher und Reserven unserer Gesellschaft, die zu füllen wären, sondern resilienzprägend um Fähigkeiten zur Vorsorge. Markus Brunnermeier schreibt: »Eine Gesellschaft als Ganzes ist resilient, wenn alle oder wenigstens die meisten Leute die Möglichkeit haben, so zu reagieren, dass sie zurückfedern können«[26]. Robustheit bedeutet, dem Schock standzuhalten, wie eine Eiche im Wind. Resilienz hingegen heißt nach dieser Sichtweise, eher nachzugeben – wie Schilfrohr im Wind, das nicht bricht. Die Eiche, um die Metapher weiter zu verwenden, verliert im Sturm Äste. Schilfrohr biegt sich, es zeigt sich reversibel, geradezu immerwährend. Transformation im Sinne von nachhaltigen Veränderungen sollten demnach eher auf das flexible »Nachgeben« setzen.

Ivan Krastev wiederum verweist auf resiliente Gemeinwesen, die sich dadurch auszeichnen, dass die Macht *in* der Gesellschaft liegt und nicht einfach in den Fähigkeiten des Staates.[27] So ergibt auch die von Finanzminister Christian Lindner geprägte Begrifflichkeit der »Freiheitsenergien« Sinn: erneuerbare Energien als Ressource demokratischer Resilienz im Eigentum der Bürger, der Kommunen. Transformation in einer resilienten Gesellschaft arbeitet insofern nicht nur mit vorsorgender Entschlossenheit und Weitsicht, sondern ebenso mit den individuellen Fähigkeiten der Bürger, sich auf den Wandel einzulassen. Transformatives Regieren erfolgt resilienzorientiert in der Spielart des Anpassens. Aber reicht das, um Unpopuläres damit auch mehrheitsfähig zu machen, um mit Zumutungen zu regieren?

»Lost in Transformation«

Die meisten Bürger sehnen sich nach einem funktionierenden Staat. Die Alltagserfahrung macht deutlich: Das ist ein langer Weg. Die Modernisierungsthemen hat die Ampel-Koalition alle im Koalitionsvertrag aufgelistet. Hinzu kam das Vorhaben, transformativ eine digitale Nachhaltigkeitsgesellschaft zu formen. Zuerst sah sich die Ampel über Monate noch mit dem Coronavirus konfrontiert (erste Phase). Dann ereignete sich der Überfall Russlands auf die Ukraine (zweite Phase ab Februar 2022). In der Folge zeigten sich Vielfachkrisen: äußere Sicherheitslage, Energiemangellage (besonders Gas), Inflation, steigende Schulden, Geflüchtete und Migration sowie immerwährend Klimaschutz. Die Regierung wurde immer wieder gezwungen zu reagieren, um das Schlimmste zu verhindern.

In einer dritten Phase – ab Frühjahr 2023 – tastete sich die Ampel-Koalition zur zukunftsgerichteten Gestaltungspolitik proaktiv statt reaktiv vor. Vehement entfaltete sich unmittelbar die große Kontroverse über die notwendige Transformation im Bereich des privaten und des öffentlichen Heizens als zentralem Beitrag zum Klimaschutz. Über ein Jahr hinweg gelang es der Ampel-Regierung, solidarisch eine gesellschaftliche Mehrheit für Veränderungen unter Krisendruck zu gewinnen. Die allermeisten Deutschen sparten Gas und unterstützten aktiv alles, was durch den Kriegsbeginn auch an Hilfeleistungen für die Ukraine notwendig wurde. Ebenso wie in Coronazeiten rettete die Solidarität Menschenleben und zeigte, dass es für Veränderungen klare Mehrheiten geben kann. Die Zufriedenheit mit der Regierung war hoch. Gemeinsam war es gelungen, Putin zu trotzen und den Winter ohne Frieren zu überstehen.

Das brach in sich zusammen, als die unmittelbar wahrgenommene Bedrohungslage durch den Krieg in der Öffentlichkeit nachließ bzw. sich die deutsche Bevölkerung an die Bedrohung gewöhnt hatte. Der Krieg wurde schleichend zur Routine. Der Alltag kehrte zurück und offenbarte erneut, was hierzulande alles nicht funktioniert. In so einer Lage gesellschaftliche und politische Mehrheiten für Veränderungen zu organisieren, ist die Königsdisziplin der Politik. Und im Sommer 2023 verdichtete sich der nicht überraschende Eindruck, dass die Mehrheit der Deutschen sich von den Regierungsplänen zum Klimaschutz deutlich überfordert fühlte. Pointiert überschrieb Renate Köcher deshalb ihren Beitrag mit »Lost in Transition«, dabei auf einen Filmklassiker anspielend, der von Überforderungen in einer fremden Lebenswelt (Japan) handelt.[28] Köcher endet mit dem Satz: »Die Akzeptanz von Transformationsprozessen leidet, wenn sie in erster Linie mit Einschränkungen und Verzicht assoziiert werden und kaum mit Chancen.« Ergänzend spielt der Nutzen eine sehr große Rolle, der im Wahlalltag für die Bürger ersichtlich sein muss.

Sehen wir uns das nochmals näher an. Das inhaltliche Potenzial des Koalitionsvertrags und der veränderungspatriotische Duktus blieben auch mit Kriegsbeginn 2022 relevant, aber in einer neuen Gewichtung. Vizekanzler Robert Habeck sprach zu Recht von der »Provokation der Freiheit« durch den Kriegsbeginn. Sicherheit sollte zukünftig keineswegs vor Klimaschutz gehen. Doch die Transformationswirklichkeit war durch den Realitätsschock noch komplexer geworden. Noch klarer als zuvor wurde sichtbar, wie auch Infrastruktur auf vielfältige Weise Freiheit sichern kann. Auf Investitionen und Innovationen im Bereich der Infrastruktur zielten nahezu alle Vorhaben der Ampel-Koalition ab, was durch die Kriegslage nochmals dramatisiert hervortrat.

Bedingungslose Daseinsvorsorge steht dabei weiterhin an erster Stelle. Was bislang eher diskursiv als Resilienzvorsorge im Bereich von Gesundheit angesiedelt war, dehnte sich in alle Bereiche der Sicherheit aus, insbesondere in die Energiesicherheit. Die langfristige Unabhängigkeit von fossiler Energie besitzt jetzt nicht nur eine klimapolitische, sondern eine sicherheitspolitische Dringlichkeit, möchte man sich langfristig von russischen Lieferungen befreien.

Infrastruktur sichert aber auch Freiheit im Sinne von Demokratievorsorge. Wer sich besonders um politische Verlassenheit im ländlichen Raum kümmert, wird auf Resonanz stoßen und Vorsorge gegen politischen Extremismus betreiben. Die Untersuchungen dazu sind eindeutig.[29] Wie sichtbar ist der Staat für Bürger, wenn kein Bus mehr fährt, öffentliche Einrichtungen geschlossen sind, digitale Kommunikation nicht möglich erscheint und Polizeistationen oder Krankenhäuser weit entfernt sind? Wer hier investiert, gewinnt die Mitte-Wählerschaft verlässlich zurück. Wehrhaftigkeit bedarf einer Gesellschaft, die gemeinwohlorientiert agiert.

Auch der Schutz einer intakten Öffentlichkeit als Struktur gehört zur Demokratievorsorge und zum Programm einer neu auszurichtenden infrastrukturellen Transformation. Es sei nochmals daran erinnert: Die Qualität von Öffentlichkeit ist ein Garant der Qualität von Demokratie. Das setzt den aktiven Kampf gegen Desinformationsmedien sowie Wirklichkeitsleugner voraus. Bundespräsident Frank-Walter Steinmeier erinnerte in einer Rede am 10. März 2022 im Kontext der vollständigen Abschaffung der Pressefreiheit in Russland daran: »Alles kann passieren, wenn Menschen keinen Zugang zu Informationen (...) haben«.[30] Wir brauchen belastbare Strukturen für politische Öffentlichkeit, um die demokratienotwendigen Selbstverständigungsdiskurse zu führen. Medienpolitische Infrastruktur sichert somit auch Freiheit.

Der Kriegsbeginn markierte insofern nicht nur einen Gewissheitsschwund in der deutschen Politik, sondern durchaus auch einen Neuanfang durch Wandel. Die Regierungserklärung von Bundeskanzler Scholz intonierte das Wagnis des Beginnens. Es war der strategische Moment, der eine Kanzlerschaft ins Geschichtsbuch bringen kann. Der Krieg und seine energie-, wirtschafts-, finanz- und sozialpolitischen Konsequenzen sind die zentrale Bewährungsprobe der Ampel-Koalition. Wie können die Zumutungen, die uns erreichen, zugleich sozialverträglich und freiheitlich verlaufen? Und wie können die sich zahlreich andeutenden Transformationen so vollzogen werden, dass alle Bürger auch wirklich mitgenommen werden? Im Verlauf des Jahres 2023 kam eine weitere Frage hinzu: Sieht sich die Ampel überhaupt noch in der Lage – im Gegeneinander von Grün und Gelb – Gesetze zu verabschieden? Ist eine versöhnte Verschiedenheit dieser beider Lager noch denkbar?[31]

Der Erwartungsmarkt ist insofern genauso komplex wie die anderen hier vorgestellten Märkte. Wer sich gegenüber der Bevölkerung nicht die Mühe macht, transparent zu erklären, warum Veränderungen auch Besserungen bringen, wird seine Mehrheit verlieren. Der über Monate geführte innenpolitische Großkonflikt zum Gebäudeenergiegesetz, bei dem zuletzt auch noch das Bundesverfassungsgericht Parlamentsrechte stärken musste, wirkte wie ein Stück aus dem Spielplan der Aufregungsdemokratie. Die Lust auf Veränderung, die den sozialen und gesellschaftlichen Frieden in Deutschland auf hohem Niveau erhält, können sozialdemokratische, liberale und grüne Narrative in der Ampel-Regierung durchaus forcieren, gerade unter neuen sicherheitspolitischen Bedingungen. Aber komplett anders verpackt, als wir es ab Frühjahr 2023 erlebten. Politische Führung kann vermeintlich Unpopuläres mehrheitsfähig machen, wenn es dem Ziel dient, langfristig für alle den Wohlstand zu mehren. Dabei gilt: Die Wahrscheinlichkeit von disruptiven Änderungen ist geringer als das Fortsetzen von Routinen. Da liegen die Gefahren, Zukunftsfähigkeit zu verlieren. Aber was wird dann aus den Wählern, die gern mit der Wahl die Zukunft offenhalten möchten?

Große Verteilungskonflikte stecken hinter großen Transformationen. Nicht die politischen Farben im Parteienwettbewerb sind dabei zentral, sondern der gemeinsame Wille zum Verändern. Resilienzermöglichende Aspekte stecken nicht in der ideologischen Ausrichtung der Parteien, sondern in ihrem kommunikativen Interaktionspotenzial. Ob man die Veränderungen dann Fortschritt, Modernisierung, Reform oder Transformation nennt, ist nicht so entscheidend wie der offen kommunizierte Fahrplan. Die Berliner Ampel als Lerngemeinschaft wollte mit einem ökologischen Transformationsnarrativ als wichtigem Politiktreiber Innovationen voranbringen. Das hat die rot-gelb-grüne Bundesregierung bis zur Halbzeit der Legislaturperiode durchaus in einigen Bereichen unter Beweis gestellt. Allerdings hat sie dabei die Unterstützung der Bevölkerung anscheinend verloren, wie die niedrigen Umfragewerte zur Zufriedenheit mit der Regierungsarbeit ab Frühjahr 2023 durchgehend offenlegen.

Die Schlussfolgerungen für uns als Wähler sind ambivalent. Denn das erlebte Regieren der Ampel-Koalition wirkt aufdringlich unfertig und höchst uneinig. Man sieht Varianten von »Good Governance« zeitgleich neben koalitionsinternen Kämpfen als »Guerilla Governance«. Die Meister des Diffusen und des Nicht-Zuständigen stehen neben denjenigen Ministern, die ihre tagtägliche Abwägung von Gütern minütlich offenlegen. Das ist anstrengend und passt nicht in die Muster des Politikmanagements einer Kanzlerdemokratie. Vieles deutet darauf hin, dass sich das politische System von der Kanzlerdemokratie in Form der aktuellen Dreier-Koalition in eine Perspektive des multizentristischen, kollaborativen Regierens weiterentwickelt, getrieben durch den Ressourcenfluch des Transformationsdrucks. Es ist zu früh, um zu beurteilen, ob dies an den Akteuren, der Dreier-Konstellation oder an der Transformationsaufgabe liegt. Faktisch gab es auf Bundesebene seit 1949 bislang keine drei bundespolitisch aufgestellten Parteien, die eine Kanzlermehrheit organisierten. Die Kanzlerpartei SPD ist zudem strukturell gegenüber Bündnis 90/Die Grünen und FDP permanent in der Minderheit. Die Kanzlerpartei war historisch in allen Konstellationen bis Merkel immer klarer Mehrheitsführer in der Regierungskoalition. Scholz muss angesichts dieser Mehrheitsverhältnisse im Kabinett strukturell mehr moderieren als führen. Außerdem hat Scholz das geringste Mandat an Wählerstimmen inne (mit knapp 25 Prozent für die SPD), mit dem jemals ein Bundeskanzler von den Wählern ausgestattet wurde. Auch das relativiert die traditionelle Stärke der Kanzlerdemokratie.

Die vorgestellte Analyse der verschiedenen Marktkonstellationen und des dazugehörigen Politikmanagements legt nahe, wie Regulierungen politisch-kulturell aussehen könnten, um auch Unpopuläres zu wagen. Folgt man der Pfadabhängigkeit, die Veränderungen möglich macht, werden Bedingungen sichtbar: Die Transformation sollte demnach kommunikativ inklusiv, politisch partizipativ und stets sozial solidarisch ausgerichtet sein. Konkret könnte das bedeuten: transparent kommunizieren mit anschaulichen Narrativen, befristet Zumutungen aussprechen sowie sichtbar zusichern, dass alles sozial ausgewogen, fair, gerecht sowie teilhabend daherkommt und mit der wichtigen Botschaft versehen ist: »Danach wird es für alle besser!«.

Doch das bleibt im Parteienwettbewerb oft Theorie, denn jede Partei versucht im Regierungshandeln nicht den eigenen Vorteil zu verlieren, um bei der kommenden Wahl vor dem Wähler zu punkten. Da liegt es nahe, das Unpopuläre aufzuschieben oder es den Mitregierenden aufzubürden. Die Fliehkräfte werden auch innerhalb der Ampel existent bleiben.

Wer aus einer Wachstumsgesellschaft eine klimaneutrale Nachhaltigkeitsgesellschaft formen möchte, braucht zudem auch neue Modelle der demokratischen Willensbildung. Neue »Wir-heit« entsteht nicht automatisch, zumal wenn sich durch Knappheit Verteilungsfragen zuspitzen. Nur Bürgerräte reichen als Innovationstreiber nicht aus. Weniger Basisdemokratie setzt das grüne Milieu unter Druck. Doch Trassenbau lässt nichts anderes zu, wenn Strom knapp wird. Die FDP wird die Neubestimmung des Freiheitsbegriffs als Freiheit der Vielen einbringen müssen, während die SPD die soziale Gerechtigkeit nicht allein durch Umverteilen einlösen kann.

Die Versuche der Ampel-Regierung, auf den Wählermärkten für Transformation zu begeistern, waren bislang noch nicht sonderlich erfolgreich. In dem Maße, in dem die Klimakrise im privaten Heizungskeller ankam, zeigten sich die Optionen von staatlicher Regulierung im paternalistischen Gewand erneut in Reinform: Zumutungen vereinbaren? Finanzielle »Entlasteritis« für alle organisieren? Verbote durchsetzen? Vorschriften machen? Auf technische Innovationen setzen? Marktanreize zum Umdenken machen? Oder Angst-Management forcieren? Die Transformationsforschung zur Nachhaltigkeit kann präzise Erfolgsfaktoren für den gesellschaftlichen Wandel benennen.[32] Unterstützend, stimulierend, zielführend, gestaltend? Am Anfang steht sehr oft, die Widerstände lieben zu lernen. Und das Eingeständnis, dass das Primat der Politik gilt. Hilft die Idee des Gesetzes, dass es tatsächlich besser wird? Ist erkennbar, dass auch ärmere Bürger nicht vergessen wurden? Bin ich überzeugt davon, dass ich selbst nicht allzu viel leiden muss? Das sind die Fragen aus der Verhaltensökonomie, die die Politik zu beantworten hat, wenn Transformation gelingen soll.

Es bedarf eines regulierenden Staates. Die Ampel-Parteien versuchen dabei in der politischen Mitte, stellvertretend für die Wähler, den schwierigen Ausgleich von Interessen hinzubekommen, zumal für Problemlagen, für die keine Routinehandlungen existieren. Der »ampelig« angelegte Veränderungspatriotismus als Modernisierungsstrategie ist höchst ambitioniert, wenn die »Große Transformation« als Muster dient. Die militärische Bewährungsprobe führte bereits zum Politikparadoxon im Parteienwettbewerb. Im Transformationsschub der eindringenden Realpolitik in Kriegszeiten verabschiedeten sich die SPD von einer kooperationsgeprägten Ostpolitik, die Grünen von einer anti-fossilen Gesinnung und die FDP von marktlicher Finanzpolitik, in der bislang keine planwirtschaftlichen Elemente vorgesehen waren. Es bleibt abzuwarten, was die Nachhaltigkeitsgesellschaft im Windschatten der transformativen Dynamik voranbringt. Nur Offenheit für Veränderung verhindert Stillstand. Es wäre fatal, würde unser politisches System in ein paar Jahren mit dem Satz konfrontiert: »Es hat sich gar nicht verändert!«.

Können Erwartungshaltungen das angesichts der Ereignisse ausreichend verhindern? Welcher der drei Ampel-Partner am Ende auf dem Wählermarkt profitiert, ist schwer vorhersehbar. Sollten die Grünen in der Wahrnehmung der Wähler wieder zu einer »Verbotspartei« werden, ist absehbar, dass damit keine neuen, breiteren Wählerschichten zu erschließen sind. Ob die Linie der Süd-Grünen – vorwiegend in Baden-Württemberg (»clever machen«) – oder der Nord-Grünen (»moralisierend verbieten«) obsiegt, ist unentschieden. In der Mitte der Legislaturperiode ist von einstiger hegemonialer Deutungsmacht nicht viel übriggeblieben. Die Grünen sind anders als noch bei der Bundestagswahl 2021 nicht mehr bündnisfähig über ihr Milieu hinaus – im Zentrum des Parteiensystems. Sie stehen vielmehr am Rand und sind vielfach sogar verhasst.

Sollte die FDP sich als einziger Anwalt der veränderungsresistenten Bürger beim Klimaschutz zeigen, hätte sie vermutlich stabile Aussichten. Doch das Image des Verhinderers in der Ampel verfestigt sich. Die FDP kommt als Blockadepartei daher.

Die krisenbedingt gewachsene Renaissance der Staatsautorität spielt grundsätzlich der Sozialdemokratie in die Hände, wenn sie ihre Agenda sichtbar machen könnte. Die Erfahrungsräume der fossilen Welt sind mit dem Erwartungshorizont der nachhaltigen Lebensformen abzugleichen. Hier verbirgt sich viel Potenzial für Verteilungsungerechtigkeiten.[33] Denn geringe Klimaschutzmaßnahmen schonen die ältere Generation vor gravierenden Veränderungen, während die jüngere Generation leidet. Ihre Autonomie ist ebenso gefährdet wie die freiheitliche Lebensqualität, wie das Karlsruher Urteil zum Klimaschutzgesetz 2021 unterstrich. Es wirkt wie ein Rechtsanspruch auf die Zukunft für die jüngere Generation. Die Herausforderungen des Regierens werden nicht geringer. Umso problematischer zeigt sich die Halbzeitbilanz der Ampel: Sie wirkt nach den Landtagwahlen in Hessen und Bayern vom Oktober 2023 als Verlierer-Koalition. Midterm-Tiefs sind auch ein Muster auf dem Wählermarkt. Aber die Abstrafung fiel im Herbst 2023 extrem aus.

Auch der Erwartungsmarkt ist – um es zu bilanzieren – in Bewegung. Er lebt gerade in Polykrisen aus Zuversicht, was eine Sichtweise und eine Zielperspektive immer gleichermaßen bedeutet. Die Krisen fördern Projektionen, weil die Sehnsucht nach Auswegen und Besserem lockt. Unter der Bedingung der Umwelt- und Klimakrise soll die Transformation in eine Nachhaltigkeitsgesellschaft angegangen werden. Auf den Marktständen sollen dabei durchaus auch Waren angeboten werden, die einer Zumutung gleichkommen. Man braucht, um diese Waren zu erwerben, viel guten Zuspruch des Verkäufers und eine hohe Kommunikations- und Erklärdichte, um diese Produkte einzukaufen. Man wird es je eher tun, je mehr sich auch andere Käufer an diesem Stand finden. Idealerweise haben diese Produkte keinen Makel, sondern sie sind als Angebot sogar befristet billiger. Mit der Aussicht, dass das vermeintlich aktuell Unpopuläre in eine enkelfähige, nachhaltige Gesellschaft führt, könnte eine Kaufabsicht zumindest in Erwägung gezogen werden. Vielleicht besteht sogar eine Aussicht auf Belohnung, wie es die Psychologie mit »Belohnungsaufschub« beschreibt. Anreize und kostengünstige Angebote haben auf dem Wählermarkt mehr Aussicht auf Erfolg als Verzichtsappelle. Klimaneutrale Wirtschaftsmodelle sind nur mit den Bürgern, nicht gegen die Bürger erreichbar. Die Risiken auf dem Weg sollten alle gleichermaßen tragen. Insofern könnte Aufbruchstimmung auch dadurch ausgelöst werden, nicht nur gesellschaftliche Bündnisse für die Zukunft programmatisch zu formen, sondern auch mit einer offensiv angebotenen Partizipation konkrete Mitgestaltungsmöglichkeiten zu bieten – für alle zentralen Player.

Zukunft gewinnt damit an Resonanz. Und: Die Erzählung der Zukunft hat Auswirkungen auf die Qualitätssicherung der freiheitlichen Demokratie. Eine durch Transformation stabilisierte, zukunftsfest lebenswerte Wohlstandsgesellschaft sichert die Freiheit aller. Das setzt einen ökosozialen Blick voraus, um auch die Chancen zu mehren, die »gefühlte Mitte« der Gesellschaft erreichen zu können. Wähler wählen einen starken postfossilen Staat, wenn er über die Parteien Zukunftschancen offenbart. Bei deutschen Wählern sollte es auch »ordentlich« übersichtlich daherkommen, mit einer nachvollziehbaren Politiksteuerung, die keinem Day-Trading auf dem hektischen Börsenparkett gleicht. Das eher Biedere hält das Land zusammen, gerade in veränderungsmüden Zeiten. Auch Gewohnheitsstörungen sollten möglichst kaufmännisch dosiert erfolgen. Wie sich Wandel in Deutschland solidarisch gestalten lässt, konnte man in der Coronapandemie beobachten. Freiwillig lebten wir über viele Monate die Distanzdemokratie mit Masken und Abstand. Ebenso freiwillig und solidarisch haben die Deutschen nach Beginn des Angriffskrieges auf die Ukraine privat Energie gespart. Fast ein Drittel weniger Energie verbrauchten die privaten Haushalte, um private Vorsorge zu treffen und finanzielle Überforderungen zu vermeiden. Dahinter verbargen sich konkrete Erwartungen, die wichtiger waren als die Ereignisse.

7. Markteinkäufe: Pragmatische Sicherheitsdeutsche

Wie entscheiden die Deutschen? Wählerwelten konnten auf unterschiedlichen Märkten profiliert werden. Was treibt die Wähler in Deutschland an? Was motiviert sie wen oder was zu wählen? Was bewirken Bürger mit ihrer Stimmabgabe? Wie bilden sich Koalitionen und Regierungen? Und bei all dem: Wie stellen sich die politischen Akteure darauf ein? Was markiert den Stoff des Politischen?

Die Orientierung der Wähler und der politischen Akteure vollzieht sich auf unterschiedlichen Dimensionen: kognitiv (ob die Wähler, die Welt, in der sie leben und handeln, verstehen), emotional (ob sie das Gefühl der Sicherheit und Geborgenheit haben), politisch (ob sie den Eindruck haben, dass es fair, gerecht, demokratisch zugeht) und partizipativ (ob sie sich einbringen und teilhaben können)[1]. Idealerweise kann der analytische Blick diese Dimensionen verbinden, wenn man das heuristische Modell des Wochenmarktes zugrunde legt. Dort leben die Wählerwelten. Dort kann aus Kunden-Kontakt auch Kunden-Liebe werden. Dort finden sich Räume der Überschneidung für vielfältige Gespräche. Und dort fehlen auch viele, die sich nicht vertreten fühlen.

Das folgende Schaubild dokumentiert die Orientierung der Wähler, die verschiedenen Dimensionen des Marktes und zentrale Fragestellungen aus Sicht der Wähler:

Dimensionen des Wählermarkes

Abbildung 2: Integrative Position professioneller Politik auf dem Wählermarkt
Quelle: eigene Darstellung, entwickelt durch Maximilian Schiffers

Die pragmatischen Deutschen als wählerische Wähler sind – abweichend von vielen anderen europäischen Ländern – deutlich sicherheitsorientierter und abwägend stabilitätsorientierter. Dieser Befund zog sich in diesem Buch wie ein roter Faden durch die Charakterisierung unterschiedlicher Märkte:

- Wählermarkt: Wählerische Wähler prägen die Dynamik der Unverbindlichkeit. Die Typologie der Wähler entlarvt Muster beim Wahlverhalten.
- Entscheidungsmarkt: Die Unberechenbarkeit bleibt als Prinzip des Regierens und überführt Politik in den Modus des Nachbesserns.
- Parteien- und Koalitionsmarkt: Auf dem bunten Parteien- und Koalitionsmarkt dominiert die moderate politische Mittigkeit als Sehnsuchtsort. Ergebnisse der Bundestagswahlen legen das nahe.
- Medien- und Führungsmarkt: Die doppelte Gesprächsstörung schafft neue Wirklichkeiten der politischen Kommunikation und öffnet den Spielraum für un-inszenierte Amtsinhaber.
- Erwartungsmarkt: Erwartungen werden wichtiger als Ereignisse. Zukunft gewinnt an Resonanz. Wähler folgen einer inklusiv angelegten Transformation. So kann vermeintlich Unpopuläres mehrheitsfähig werden. Aber die Verbindung aus gesellschaftlichen und politischen

Mehrheiten ist für Veränderungen nur unter ganz bestimmten Möglichkeiten machbar.

Alle Kapitel dieses Buchs spiegeln unterschiedliche Befunde und Reaktionen auf die Veränderungen der Loyalitäten gegenüber den Parteien und den daraus resultierenden neuen Wettbewerbssituationen wider. Das Bild der Wochenmärkte suggeriert, dass es Wettbewerbsräume gibt, in denen aktive Lern- und Anpassungsstrategien stattfinden. Das gilt sowohl auf der individuellen Einstellungsseite der Wähler als auch in der strategischen Performance der Parteien und der Spitzenakteure. Das führt ebenso über bunte Koalitionsformate in Regierungshandeln. Das heuristische Modell der Märkte bedeutet keinesfalls die Abwesenheit des regulierenden Staates zur Ausbildung von Gemeinwohl. Ganz im Gegenteil. Denn der notwendige Wandel hin zum klimaneutralen Wohlfahrtsstaat, 2021 höchstrichterlich vom Bundesverfassungsgericht in Karlsruhe bestätigt, bedarf eines steuernden Governance-Regimes mit staatlicher Regulierung.

Bürger und Politiker müssen lernen, mit dem Risiko umzugehen, das das Zeitalter des Gewissheitsschwundes ausmacht. Zufälle, Wahrscheinlichkeiten, Pfadabhängigkeiten fordern das Regierungshandeln stresshaft heraus. Kreative Imperative statt Standardlösungen, Irritation statt eingeschliffener Denkmuster sind als Bürger anstrengend zu ertragen, als Politiker harmonisch zu orchestrieren. Politik als Feuerlöscher im experimentellen Modus des Ausprobierens ist anspruchsvoll – vor allem, weil es kein Schwarz-Weiß mehr gibt, sondern viel mehr pastellhafte Zwischentöne, punktuelle Stundensiege und situative Verluste. Das erhöht den Druck auf dem Entscheidungsmarkt, dieses Politikmanagement in eine sinnstiftende Orientierungserzählung zu überführen. Wer mit der größten Überzeugungskraft in solchen Lernlagen spricht, bindet Macht.

Daneben sieht man durchaus auch in Deutschland die Signaturen der Bedrohung, die populistischen Vereinfachungen, die immer mit der tiefen Sehnsucht nach Sicherheit spielen. Schieflagen können entstehen. Die Zeitenwende geht einher mit Schockwellen, die der russische Präsident Putin ausgelöst hat. Wohlstand und das Gefühl von Sicherheit sollen auch im Westen offenbar vernichtet werden. Es verwundert insofern nicht, dass unsere öffentlichen Diskurse häufiger von Militärischem und einem Bedarf an Wehrhaftigkeit dominiert sind. Auch die sogenannte innere Mobilisierung hat Konjunktur. Bleiben dabei Themen der Wähler auf der Strecke, etwa die soziale Ungleichheit oder die Auflösung von Gemeinschaftserfahrungen?

Parteien sind beim Niedergang historischer Bindungen nicht allein. Das ist ein gesamtgesellschaftliches Phänomen. Traditionelle Zugehörigkeiten erodieren. Die fortschreitende Schwächung der Bindungen kompensieren die Parteien und die Spitzenakteure mit neuen Mobilisierungsstrategien – online wie offline. Auch neue Themen, für welche die Parteien im Kontext gesellschaftlicher Konfliktlinien Patenschaften übernehmen, sind zu beobachten. So erklären sich nicht nur neuere Parteien, sondern auch viele soziale und agile Bewegungen. Neue Konkurrenz, veränderter Wettbewerb, ungeahnte Kommunikationsarenen verschieben die Optionen und lassen neue Allianzen entstehen. Professionelle Politik reagiert darauf möglichst integrativ, ohne Gegnerschaft entstehen zu lassen. Politische Rationalität hat immer die Wiederwahl vor Augen. Sie webt den Stoff des Politischen und sucht verlässlich nach belastbaren Mehrheiten. Und Parteien sind gerade durch ihre Vielfalt Container für diverse Bedürfnisse: Problemlösungsagenturen, Machterwerbsorganisationen, Gesinnungsgemeinschaften, Lebensstilbiotope, Ansammlungen von Rechthabern und immer auch Begegnungsort für Geselligkeit.

Pauschale Arrangements sind en vogue: langfristig geplant, risikolos mit Reiserücktrittsversicherung gebucht, im vertrauten Milieu unternommen, meist in der sicheren Geborgenheit der Gruppe. Daneben, oft ohne schroffe Übergänge, wandeln die vielen bunten Typen der Stand-by-Gesellschaft: Große Bevölkerungsteile reagieren heute in allen ihren Entscheidungen spontaner, schneller, oft beliebiger, aber immer individuell und besonders eigenverantwortlich. Vieldeutigkeit macht sich breit. Ein rascher Wechsel von Themenkonjunkturen, getrieben durch digitale Medien, und situationsspezifische Problemwahrnehmungen sind zu beobachten. Der Umgang mit Wahlen wird spielerischer. Die Orientierung an Politik erscheint punktuell, situativ, kontextabhängig, wertegtrieben, erlebnis-, nutzen- und betroffenheitsorientiert, manchmal moralisch überhöht. Insgesamt ist diese Collagegesellschaft als Ganzes geprägt von einer Gratwanderung zwischen Individualisierung und Sicherheit. Mit dem Zugewinn kreativer Lebensmöglichkeiten pochen viele auch auf einen Zugewinn an individueller Gestaltungskompetenz. Ein Identitätsmanagement wird jedem abverlangt, der eine eigenwillige Verknüpfung und Kombination verschiedener Realitäten und Rollen sucht.

Modernisierung, Krise, Transformation verspüren die meisten als doppeldeutigen Prozess: als Verlust alter Sicherheiten und sozialer Muster, denen keine neuen Eindeutigkeiten folgen. Zuletzt wurde das durch den russischen Angriffskrieg auf die Ukraine mit besonderer Prägnanz deutlich. Äußere Wehrhaftigkeit herzustellen und das Ende einer sicherheitspolitischen Zurückhaltungskultur aufzugeben, provoziert erwartbar Unsicherheit. Der Wandel strapaziert unsere Flexibilität. Es ist ein altes Thema: Eine jede, ein jeder muss sich auf dem Markt der Identitätsofferten zurechtfinden. So bleibt auch der Wählermarkt bunt – ebenso die Konsequenzen daraus im Hinblick auf bunte Regierungsformationen.

Wechselhafte Wahlentscheidungen sind zudem weniger vorhersehbar. Bürger wenden sich nicht einfach ab, wenn ihnen etwas nicht passt. Ihre Antworten auf den Wählermärkten sind kalkulierter, komplexer und heterogener zugleich. Drei Fragenbündel treiben die Wähler in Deutschland immer an: Wie kann Politik der Mit-Produzent von Sicherheit werden (und damit die Ängste nehmen)? Wo ist der Ort (der Akteur, die Partei) des Vertrauens? Wie kann Politik die Zukunft offenhalten? Die Antworten stecken in der Wahlentscheidung. Zumindest werden sie mit projiziert.

Die Deutschen agieren pragmatisch. Man hat den Eindruck: Probleme schlagen Ideologie. Die meisten ertragen die Herausforderungen nicht stoisch, aber doch geduldig, manchmal anpassend-mitmachend. Und diejenige Partei, die sich angesichts neuer Herausforderungen anpasst, erhöht ihre Wahlchancen damit. Trotz aller Bewegungen und Bewegtheiten bleiben, wie die politischen Märkte zeigten, viele Konstanten und Muster zu beobachten. Sie verdichten sich im Befund von sicherheitsdeutschen Wählern mit Stabilitätsfanatismus. Die Bürger in Deutschland wählen bislang mehrheitlich politisch moderat mittig, sind intensiv eingebunden in den Westen und lassen sich eher von aufregungsresistenten Amtsinhabern als von Populisten regieren. Dabei bleibt nicht unbeobachtet, dass Mittigkeit in der kritischen Wahrnehmung vieler Deutscher auch mittlerweile in vielen Lebensbereichen Mittelmäßigkeit bedeutet, gerade wenn bewusst wird, noch auf absehbare Zeit in einem »Langsam-Lade-Land« zu wohnen, in dem vieles nicht mehr funktioniert.

Wähler von extremen Parteien, Nicht-Wähler, digitale Protestbewegungen und autoritäre Versuchungen durch manipulative Unwahrheiten sind dennoch auch in Deutschland nicht zu unterschätzen. Gerade nach Ablauf der Hälfte der Legislaturperiode der Ampel-Regierung scheint sich der Debattenraum seit Sommer 2023 nach rechts zu verlagern. Kommt die Realität nach rechts in Rutschen? Rechtspopulistische Bewegungen sind längst um uns herum in Europa groß geworden. Zu viele Zumutungen lassen offensichtlich das Pendel umschwingen. Das bleibt bislang in Deutschland nur ein Umfragehoch, kein Wahlergebnis bei Hauptwahlen. Dennoch untergraben die autoritären Strömungen wie Sickergift die Legitimität demokratischer Prozesse. Vielfältige Gesprächsstörungen führen dazu, dass sich viele Bürger in der Demokratie nicht mehr wahrgenommen fühlen. Die Kontexte der Ungleichheit nehmen unter Krisenszenarien sicherlich nicht ab, was die Spannungen erhöht. Populisten sind immer Profiteure von gesellschaftlichen Komplexitätsüberforderungen. Umso wichtiger sind die Anstrengungen, medienmündiger zu werden und politische Bildung für politische Kompetenz zu nutzen. Politisches Engagement, über das Wählen hinaus, ist ebenso erforderlich, um die Funktionalität einer freiheitlichen Demokratie sicherzustellen. Hier bleiben insofern viele Fragezeichen, wie belastbar sich unsere Freiheit weiterhin zeigt.

Doch meine Analyse und die Beobachtungen an den Ständen des Wochenmarktes stimmen im Hinblick auf die politischen Märkte eher zuversichtlich. Bislang bleiben die Deutschen in der überwiegenden Mehrzahl den unterschiedlichen autoritären Versuchungen gegenüber relativ widerstandsfähig. Der Befund ist keine Prognose. Doch die Mehrheit setzt politisch-kulturell im strategischen Zentrum auf Stabilität und Sicherheit. Die Verteidigung einer Mitte-orientierten Gesellschaft, die von einer starken Vorstellung des sozialen Zusammenhalts und des gesellschaftlichen Friedens geprägt ist, kippt nicht so leicht ins Libertäre, ins Anarchische oder ins Autoritative. Sie kann sich aber deutlicher in Richtung Mitte-Rechts ausrichten als bislang erkennbar. Die Trägheitsdemokratie kennt zudem viele systemische Beharrungskräfte, die mit einer überdurchschnittlichen Anpassungsfähigkeit kombiniert sind. Wir haben das in den Monaten nach Kriegsbeginn gegen die Ukraine erlebt und es geschafft, von der extremen Abhängigkeit von russischen Energieressourcen hin zu einer belastbaren Energiesicherheit zu gelangen, die ohne russische fossile Ressourcen auskommt. Begleitet wurde alles durch Landtagswahlen, die das Bekannte stabilisierten. Vorausgegangen war ein Regierungshandeln, dass ganz offensichtlich in der Wahrnehmung der Wähler wieder Sorge und Schutz ins Zentrum der Aufgaben rückte. Der funktionierende Staat ist das Idealbild der Bürger, den allerdings das Realbild des reparaturbedürftigen Nachsorgestaats überlagert.

Verdachtsbestimmter Wahlkalender

Wohin eine Gesellschaft driftet, entscheidet sich meist nicht an den politischen Rändern, sondern weitgehend in der Mitte und darin, welche Tonalität diese Mitte setzt. Die Mitte trägt deshalb große Verantwortung für den Erhalt zivilisatorischer Standards und einer »robusten Zivilität« (Timothy Garton Ash), zumal wenn sie so breit aufgestellt ist wie in Deutschland. Wer insofern zu viel auf die Ränder schaut, kann auch die Mitte aus den Augen und dem Sorgehorizont verlieren. Der auch klima- und kriegsbedingte Zustrom von Geflüchteten erhöht den Verantwortungsdruck. Das gilt auch für die Versöhnungsstrategien mit Zumutungen im Bereich von Klima- und Umweltschutz. Um enkelfähige Gestaltungspolitik inklusiv, das heißt mit den Bürgern und nicht gegen die Bürger, zu entwickeln, haben auch konservative Parteien ihren Beitrag zu leisten. Thomas Biebricher prägt die These, dass die klassischen konservativen und christdemokratischen Parteien nicht nur einen notwendigen Schutz gegen die ambitionierte Rechte bilden, sondern auch für die Förderung des notwendigen gesellschaftlichen und politischen Wandels unverzichtbar sind.[2] Auch hier greift ein Politikparadoxon: CDU und CSU müssten zur Klimaschutzpartei werden, die sich von der Nähe zur fossilen Wirtschaft verabschiedet und dadurch Verantwortungsübernahme signalisiert, die Gemeinwohl sichert.

Die politische Mitte wird, aller Voraussicht nach, 2024 auf harte Proben gestellt. Der Zufall des Wahlkalenders entblößt für 2024 eine problematische Serie an Wahlen – mit der Europawahl und drei ostdeutschen Landtagswahlen (Brandenburg, Thüringen, Sachsen) und zeitgleich zahlreichen Kommunalwahlen. Segen und Fluch des Wahlkalenders: Die Wahlen im Osten und die Europawahl dramatisieren ein Gefährdungspotenzial für unsere Demokratie. Vorauseilende Skepsis. Dieses Bild wäre weniger eingetrübt, wenn sich nicht diese ungewöhnliche Ballung an besonderen Wahlen alle fünf Jahre wiederholen würde. Eine andere, demokratiepositivere Projektion erweckt hingegen der Blick auf das kommende Jahr 2025, mit einer Landtagswahl (Hamburgische Bürgerschaft) sowie der Bundestagswahl.

Bei der kommenden Europawahl 2024 können erstmals bei einem bundesweiten Wahlgang alle Bürger ab 16 Jahren mitwählen. Dennoch gehört die Europawahl zur Kategorie der sogenannten Nebenwahlen; sie hat in der Regel eine geringere Wahlbeteiligung im Vergleich zu einer

Bundestagswahl. Denkzettelvoten, die Abstrafung von Regierungsparteien, ein Midterm-Hoch kleinerer Parteien sind eher möglich als bei einer Bundestagswahl. Das galt auch für die zurückliegende Europawahl von 2019: Sie zeigte Verluste der traditionell größten Parteien der Mitte, das Scheitern der radikalen Linken, die Zunahme des rechten und rechtsextremen Populismus und Gewinne der ökologischen Parteien. Die Grünen landeten damals erstmals bei einer bundesdeutschen Wahl auf Platz 2, was der Europawahl den Namen »Klimawahl« einbrachte. Ein ähnliches Profil ist auch in Zeiten großer Umbrüche und Unsicherheiten für die Europawahl 2024 zu erwarten. Der rechtsextreme Rand des Parteienspektrums wird vermutlich profitieren.

Das könnte im Hinblick auf die AfD auch für die Landtagswahlen in Thüringen, Sachsen und Brandenburg 2024 der Fall sein. Wird die AfD in einem dieser Bundesländer zur stärksten Kraft? Die Antwort muss in den Kontext eingebettet werden[3].

Was ist *neu* am Phänomen der AfD?

Die Zustimmung zur AfD übersteigt in den seriösen Wahlumfragen seit Juni 2023 deutlich die Zustimmung zur Kanzlerpartei SPD. Wenngleich dies nur politische Stimmungsmessungen und keine Wählerstimmen sind, verändert die politische Symbolik die Wahrnehmung des Parteienwettbewerbs. Nie zuvor in der Geschichte unserer parlamentarischen Demokratie hat eine Protestpartei die regierende Kanzlerpartei in Umfragen überflügelt. Zur Wahrheit gehört aber auch, dass noch nie ein Bundeskanzler bei einer Bundestagswahl ein so geringes Mandat von den Wählern erhielt wie Olaf Scholz (SPD) mit nur 25,7 Prozent der Wählerstimmen.

Bei den Landtagswahlen in Hessen und Bayern zeigte sich zudem im Oktober 2023, dass es der AfD mittlerweile auch gelingt, nicht nur Protestwähler und Rechtspopulisten anzuziehen, sondern auch Überzeugungswähler, die daran glauben, dass die AfD konkrete Probleme löst.

Die AfD stellt seit Juni 2023 erstmals einen Landrat und einen Bürgermeister im Osten der Republik. Damit besetzt sie zum allerersten Mal kommunale Spitzenämter. Sie wird damit Teil der Exekutive und Teil der Staatsgewalt. Der Zusammenschluss aller anderen demokratischen Parteien in Thüringen (Landkreis Sonneberg) hat die Wahl eines AfD-Landrats nicht verhindern können, was an anderen Orten zuvor noch gelungen war. In Thüringen wird die AfD vom Verfassungsschutz als »erwiesen rechtsextremistisch« eingestuft. Die AfD kann in Thüringen offenbar auf eine breite Allianz an Unterstützern setzen, die auch wohlhabende Kreise umfasst. Der Verfassungsschutz hat die AfD als Gesamtpartei im Jahresbericht 2022 erstmals als »rechtsextremistischen Verdachtsfall« hochgestuft. Der Verfassungsschutz geht davon aus, dass ein Drittel der Parteimitglieder zu rechtsextremer Gewalt neigen.

Die AfD mobilisiert auch in Kreisen von Corona-Leugnern und Putin-Verstehern. Russland ist in der Wahrnehmung dieser Wähler Opfer und nicht Täter des Angriffskrieges – und mit der Gewöhnung an den Krieg relativieren sich auch vermeintliche Opfer-Täter-Fronten. Nur die AfD steht – zusammen mit dem »Bündnis Sahra Wagenknecht« – als Partei mit ihrer Programmatik eindeutig an der Seite Russlands und Putins Propagandaerzählung.

Die AfD leugnet auch die Klimakrise. Insofern sammelte sie auch 2023 viel Zustimmung im Protest gegen das Gebäudeenergiegesetz der Berliner Ampel. Das Regierungsmanagement der Ampel führte über Monate beim Thema Heizen zu einer extremen Verunsicherung in der gesamten Bevölkerung. Dies lag nicht nur am außergewöhnlich intensiven öffentlichen Diskurs mit Tendenz zum persönlich verletzenden Streit zwischen den Ampel-Parteien. Vielmehr war für die Bürgerinnen und Bürger nicht erkennbar, dass das Regieren konkrete Beiträge zur Problemlösung leistete. Zudem erreichten die Berliner Zumutungen ein besonderes Maß an privater Angst: die Entscheidung über die Art des privaten Heizens. Näher und zumutungsstärker konnte der Klimaschutz nicht kommen. Die AfD profitierte in besonderem Maße in den Umfragen und auch bei den Wahlergebnissen in Hessen und Bayern von dieser verunsicherten Grundstimmung gegen die Klimavorhaben der Berliner Ampel.

Was ist *alt* am Phänomen der AfD?

Die AfD ist passiver Profiteur der Angst und schürt Ressentiments. Sie muss nichts tun, um die unzufriedenen und überforderten Wähler der anderen Parteien aufzusammeln. Programmatik, Spitzenpersonal, Harmonie oder Zwist – das sind alles keine Kategorien für Wähler der AfD. Sie würde auch gewählt, »wenn es sie gar nicht gäbe«, als ein »Denkzettel«, damit »die anderen« etwas merken. Die AfD ist eine Defizitpartei, die immer noch wenige Überzeugungswähler hat, sondern über Misstrauensgemeinschaften enttäuschte Wähler der anderen Parteien einsammelt. Es gibt mittlerweile etwa zehn Prozent Protestwähler, die die AfD als Stammwähler anzieht, egal, was die AfD inhaltlich oder personell anbietet. Dazu gehören auch völkisch-extremistische Gruppierungen. Und dann gibt es themenbezogene Aufschichtungen auf diesen Frustsockel. Hier hat das Thema Geflüchtete eine besondere Bedeutung, völlig unabhängig davon, ob Geflüchtete vor Ort überhaupt konkret sichtbar sind. Viele Bürger beobachten bei diesem Thema einen Kontrollverlust des Staates. Wie bleibt der Staat beim Thema Migration und Asyl handlungsfähig?

Als Unmutsaufsauger profitiert die AfD von diffusen Ängsten der Entgrenzung und Entsicherung, wie sie mit der Modernisierung von Gesellschaften einhergehen. Das Unbehagen richtet sich gegen kulturelle Entfremdung. Die Unsicherheit bezieht sich auf Abstiegsängste, auf antizipierte Erosionen und nicht selbstbestimmte Veränderungszumutungen. Die AfD lockt diejenigen an, die Veränderungen in der Weise empfinden, dass sie immer »von oben, von der Politik« verordnet, aber nicht gemeinsam verhandelt werden.

Als Defizitpartei nutzt sie die Angebotslücken der anderen Parteien. Die AfD belehrt nicht und versucht auch nicht zu bekehren. Sie mobilisiert mit Fake-News und mit Themen, zu denen die anderen Parteien aus Verzagtheit oder aufgrund fehlender gemeinsamer Positionen eher schweigen. Damit profiliert sich die AfD als populistischer Volksbelauscher. Viele Bürger nehmen Verschiedenheit als Ungleichheit wahr. Wie viel Ungleichheit verträgt die Demokratie? Wie viel brauchen wir? Welche müssen wir unabänderlich hinnehmen und mit welcher dürfen wir uns niemals abfinden? Verschiedenheit muss demokratisch ausgehandelt sein. Parteien müssen sie thematisieren. Wie viel Heterogenität ist für alle am besten? Zumutungen und Veränderungsangst können zu Heimatlosigkeit in der Demokratie führen. Viele Wähler der AfD fühlen sich fremd im eigenen Land und finden in der Programmatik der Partei offenbar eine für sie angemessene Ansprache.

Die Schwäche der Parteien der politischen Mitte macht die AfD groß. Ihr Erfolg speist sich zu einem hohen Prozentsatz aus der Enttäuschung der Wähler über die anderen Parteien, aus fehlendem Vertrauen und fehlender Glaubwürdigkeit. Zudem ist es in der Mitte einer Legislaturperiode erwartbar, dass die Zustimmungswerte zur jeweiligen Regierung gering sind.

Die größte Gefahr für die Qualitätssicherung der Demokratie geht vom Sickergift der AfD aus. Langsam, aber stetig versäumen es die die Spitzenleute der AfD nicht, die Demokratie zu delegitimieren. Institutionen, Wahlergebnisse und Verfahren werden dabei infrage gestellt. Neue Wirklichkeiten werden einfach behauptet. Das größte Wählerreservoir der AfD liegt im Bereich der Nicht-Wähler. Bei allen zurückliegenden Wahlen profitierte die AfD in besonderem Maße von der Mobilisierung der Nicht-Wähler für den Wahlakt.

Die weiter anhaltenden Nachwirkungen der »Coronakratie« stärken die AfD. Die Distanzdemokratie wirkt immer noch nach. Die Krisendichte führte zu Vereinsamungen und gereizter Coronakauzigkeit. Viele Bürger sind erschöpft von Veränderungen. Unter solchen Bedingungen umfassender Transformationsangst wachsen autoritäre Versuchungen, die einfache Antworten und heile Welten versprechen. Die AfD als zukunftsängstliche Empörungsbewegung ist eine nostalgische Zeitreisepartei: Sie verspricht das gute Alte, im Nationalen, im Familiären, im übersichtlich geordneten Homogenen. Und dieses Gesamtpaket nur für Deutsche.

Was verspricht Auswege?

Die AfD hat noch immer nur wenige Überzeugungswähler. Eine Parteibindung der Wähler existiert zudem im Osten nicht. Das Wählerpotenzial ist offenbar sowohl im Westen als auch im Osten weitgehend ausgeschöpft. Das bedeutet: Anders als bei den Parteien der Mitte zeigen die Umfragen, dass die Potenziale einer Wahl der AfD mit den derzeitigen Wahlergebnissen relativ identisch sind.[4] Die AfD scheint gesamtdeutsch ausmobilisiert zu sein. Wählerische Wähler sind für die derzeitigen demokratischen Parteien deutlich mobilisierbarer als für die AfD. Jeder kann im Parteienwettbewerb selbst stark und attraktiv werden. Die Parteien der politischen Mitte sollten sich dabei zurückhalten, die Wähler zu belehren; sie sollten die AfD nicht kopieren; sie sollten vermeintlich unangenehme Themen nicht verschweigen. Sie können diejenigen, die die AfD aus Transformationsängsten wählen, aber als Mittewähler erreichbar sind, zurückgewinnen.

Die bisherigen Eindämmungsstrategien sind gescheitert. Weder hat eine Brandmauer der Ausgrenzung standgehalten noch hat die demokratische Allianz – alle gegen einen – funktioniert. Die Konturen des Neuen setzen auf demokratischen Trotz: Wie lassen sich Demokratie- und Freiheitserlebnisse schaffen, die leidenschaftlich begeistern und Solidarität auslösen? Wähler sind auch Fans des Erfolgs. Nichts begeistert mehr als die Aussicht auf einen Wahlsieg. Warum soll das neuerdings nur für die AfD gelten?

Es existiert, wie beschrieben, in den Augen vieler Bürger eine doppelte Gesprächsstörung: Viele fühlen sich weder von »der Politik« noch von »den Medien« ausreichend repräsentiert. Manche Bürger gewinnen den Eindruck, dass die politisch-mediale Mitte nicht deckungsgleich mit der politisch-gesellschaftlichen Mitte ist. Störgefühle führen dazu, dass man sich anderen Medien und der AfD zuwendet, weil dort scheinbar Resonanzbeziehungen über Themen hergestellt werden. Insofern sollten die Parteien der Mitte wieder zu guten Gastgebern, Kümmerern und Gestaltern mit Begegnungsräumen und Aufenthaltsqualität werden. Wer gute Erfahrungen mit Parteien oder Erlebnissen macht, erzählt es weiter. Die Beziehungspflege zur Lebenswelt der Bürger ist der Schlüssel für alle Mobilisierungen. Erst wenn sich diese verstanden fühlen, kann der Diskurs beginnen.

Die dann kommunizierten Lösungen für Alltagsprobleme müssen durch harte Gesprächsarbeit in der politischen Mitte verankert werden. Parteien sind auch Lebensstilbastionen. Sie wirken über ihre Protagonisten dann erfolgreich, wenn sie mit ihren Themen und ihrem Stil aktiv die Lebensnähe der Bürger suchen.

Veränderungspatriotismus kann auch anstecken. Gleichzeitig muss die Erzählung deutlich machen: Welchen Nutzen haben die Wähler, welchen Zukunftsnutzen haben sie von der vorgeschlagenen Problemlösung? Das kann ein egoistischer Nutzen sein, ein besserer ÖPNV, grünere Städte. Es kann aber auch ein altruistischer Nutzen sein, ein enkelfähiger Nutzen. Mit einer zuversichtlichen Zukunftserzählung ist es möglich, zunächst Unpopuläres mehrheitsfähig zu machen. Zumutungsmut ist notwendig. Man hält das aus, wenn die Zumutungen effektiv kommuniziert werden, wenn alle Maßnahmen transparent und fair auch alle treffen. Die Wende zum Weniger kann mehrheitsfähig werden, wenn der Rettung eine Richtung gegeben wird. Nicht die Zumutungen führten zu Habecks schlechten Umfragewerten, sondern das Fehlen einer zuversichtlichen Zukunftsperspektive, die er noch im Krisenwinter 2022/23 perfekt vermittelte.

Die Mitte hat eine große Verantwortung für den Erhalt des sozialen und gesellschaftlichen Friedens auf hohem Freiheitsniveau. Die Parteien der Mitte haben es selbst in der Hand, wie sich das politische Klima verändert. In der politischen Mitte sind auch weiterhin die demokratischen Werte mehrheitlich verankert, gleichwohl sinkt das Vertrauen in die Demokratie und die Veränderungsfähigkeit Deutschlands. Die »Mitte-Studie« der Friedrich-Ebert-Stiftung ermittelt alle zwei Jahre die demokratische Orientierung der Bürger in Deutschland. Die Daten von 2023 lassen aufhorchen: Sprunghaft stieg demnach erstmals ein repräsentativ vermessenes »manifest rechtsextremes« Weltbild in Deutschland an.[5] Die Mitte-Studie interessiert sich gezielt für eine »politisch an der Demokratie orientierte Mitte, (...) die vielleicht in Krisenzeiten besonders beharrlich um ihren Status, ihre Position bemüht ist.«[6] Der Tenor lautet: »distanzierte Mitte«, die sich offenbar für rechtsextreme Positionen offener zeigt als früher, die anfälliger ist, demokratiegefährdende Einstellungen zu übernehmen. Bei den Landtagswahlen in Hessen und Bayern im Oktober 2023 verfestigten sich verschiedene Trends: Wir sehen den Triumph der Sesshaftigkeit – die Wiederwahl der Amtsinhaber und ihrer jeweiligen Koalitionen. Beide Siegerparteien, CDU in Hessen und CSU in Bayern, erreichten mehr als 30 Prozent auf dem Wählermarkt, was im europäischen Vergleich für Volksparteien außergewöhnlich hoch ist. Über 80 Prozent der Wähler in beiden Bundesländern wählten nicht extrem. Gleichzeitig verstärkten sich die AfD-Anteile, die die AfD in Hessen sogar zum Oppositionsführer machten. Linksliberalismus, linke Mehrheiten sind offenbar auf absehbare Zeit in Deutschland dahin. Mitte-rechts und rechte Mehrheiten sind in der Bundesrepublik jetzt dominant. Allerdings sind es defekte Mehrheiten, denn die AfD findet keinen Koalitionspartner. In Hessen und Bayern können Zweier-Koalitionen mit klarer Mehrheit ihre Regierungsarbeit fortsetzen. Das sind beruhigende Stabilitätsnachrichten, die leicht untergehen, da der Aufwuchs der AfD medial einen großen Bedeutungsraum einnahm. In der wissenschaftlichen Einordnung der rechten Einstellungen zeigen sich zudem uneinheitliche Bewertungen.[7] Angezweifelt wird an der Studie zur »distanzierten Mitte« vor allem, dass die rechten oder rechtsextremen Einstellungen nicht zugenommen haben sollen. Verstärkt haben sich hingegen die Bindekräfte der AfD in diesen Milieus und vor allem eine auch habituelle Normalisierung im traditionellen Mittemilieu, durchaus auch die AfD zu wählen.

Um die »Distanz« zu verringern, um Unzufriedenheit und Überforderung zu begegnen, braucht die Politik vorzeigbare Ergebnisse. Zum Erfolg der Parteien der Mitte gehört die Problemlösung. Der sogenannte »Outcome« zählt. Wenn die Regierungsparteien sichtbar und ideenreich Alltagsprobleme der Bürger lösen, stärken solche Gesetze das Vertrauen in demokratische Prozesse. Eine Koalition der Empörten wird zur Restgröße. Macherparteien werden gewählt. Panikstimmung und mieses Karma nützen nur der AfD als Nein-Sager-Partei. Die Demokratie muss dem Verbitterungsmilieu gelassen und selbstbewusst begegnen. Wählerbeschimpfungen steigern den Trotz, die AfD zu wählen. Bei Hauptwahlen (Landtags- und Bundestagswahlen) existieren an der Wahlurne andere Muster als bei Nebenwahlen. Verlässlich haben die Deutschen bislang, selbst in großen Krisenmomenten, die politische Mitte gestärkt und die Ränder links wie rechts marginalisiert. Warum sollte dieser deutsche Sonderweg jetzt enden – zumal in einer lernenden Demokratie, die Protest braucht, um sich immer wieder neu zu justieren?

Ein Ausweg ganz anderer Art wird vermutlich die Gründung der neuen »Sahra-Wagenknecht-Partei« sein. Ein neuer Stand auf dem Wochenmarkt. Sie hätte vor allem im Osten viel Potenzial. So eine Annahme bezieht sich auf eine angenommene plakative Startphase einer weiteren Protest- und Provokationspartei. Welche innerparteiliche Stabilität so eine Partei auf Dauer hat, ist nicht vorhersagbar. Aber die Themenbündel – klar fokussiert um das personalisierte Zentrum, Sahra Wagenknecht – kann auf Resonanz stoßen.[8] Ökonomisch links anzutreten, bedeutet die Schutzfunktion des Staates für die kleinen Leute ins Zentrum zu rücken: Unten gegen die Elite. Gesellschaftspolitisch rechts-konservativ zieht so eine Partei in den aktiven Kulturkampf gegen unterstellte Klimahysterie und wokes Leben. Vielleicht passt die Kategorie »linksautoritär«: Umverteilungsversprechen und Migrationsskepsis, eine links-rechts-Kombination. Sie profiliert sich extrem migrationskritisch, pazifistisch mit pro-russischer Haltung. Sie ist inhaltlich näher an Moskau und weiter weg von Washington. Eine solche Partei hat Chancen, Wählerwanderungen weg von der AfD zu organisieren. Regierungsbildungen werden aber vermutlich noch schwieriger werden. Auch eine »Sahra-Wagenknecht-Partei« folgt wiederum historischen Mustern auf Wählermärkten. Die Abspaltungen und Zerfallsgeschichten der Linken sind legendär. Was

Oskar Lafontaine mit der SPD machte, setzt seine heutige Frau, Sahra Wagenknecht, jetzt mit der Linken und der AfD fort. Auch diese familienpolitische Konstellation folgt offenbar einer Musterhandlung. Die Besonderheit der Parteigründung liegt eher in der personalpolitischen Zuspitzung. Denn bislang entstanden Parteien in Deutschland um einen gesellschaftspolitischen Konflikt herum, weniger als Star-Kult. Im Hinblick auf mögliche Bündnisse zeigt sich die Rechte als defekte Rechte. Bündnisse sind sowohl mit der Wagenknecht-Partei als auch mit der AfD schwer vorstellbar. Aber die Gefahren von AfD und einer Wagenknecht-Partei liegen weniger im Bereich von Regierungsblockaden als vielmehr im aktiven Fischen im mittigen – und eben nicht nur rechten – Wählerreservoirs.

Der Wählermarkt in Ostdeutschland funktioniert anders als im Westen. Bei jeder Wahl seit 1990 wiederholt sich das. Im Osten existieren keine gewachsenen Bindungen an Parteien, die wir im Vergleich zu Wahlen im Westen messen können. Der Wählermarkt im Osten ist insofern noch unkalkulierbarer als im Westen. Die wählerischsten Wähler finden sich deshalb im Osten. Insofern greifen unsere Erklärungsmuster der Wahlforschung nicht wirklich, die zumindest in großen Teilen immer davon ausgehen, dass individuelle Wahlentscheidungen in hohem Maße durch die soziale Herkunft und Parteiidentifikationen zu erklären sind.

Wo wenige Vorfestlegungen existieren, kann ein Tagesplebiszit entscheiden. Wo Unberechenbarkeit von politischen Ereignissen mittlerweile den Alltag bestimmt, kann sich das Blatt für einzelne Parteien spontan wenden. Wo belastbar neues Vertrauen zum Wähler aufgebaut wird, existieren Chancen, eine nutzenorientierte Parteibindung bis zum Wahltag wachsen zu lassen. Das spricht dafür, dass im Parteienwettbewerb im Osten durchaus auch Chancen für die Parteien der Mitte bestehen. Aber werden sie genutzt? Man hat eher den Eindruck, dass das Terrain zur Mehrheitsbildung im Osten durch die Mitteparteien vorauseilend bereits verlorengegeben wird. Das verstärkt sich auch durch die öffentliche Wahrnehmung: »Die Ossiphobie geht um.«[9] Für die westdeutsche Öffentlichkeit ist der Osten konstant nicht nur anders, sondern demokratiepolitisch fast verloren. Gegenseitige Erfahrungsdistanz spricht daraus. Fast schon ein Einvernehmen über wechselseitiges Desinteresse kann man daraus interpretieren.

Mit der zahlenmäßigen Realität der AfD-Erfolge hat dies jedoch nur zum Teil zu tun. Denn die AfD wird viel intensiver im Westen als im Osten gewählt. Die AfD ist schon länger gesamtdeutsch. Bei der Bundestagswahl 2021 wählten in absoluten Stimmen gerechnet rund 1,7 Millionen im Osten und 3,1 Millionen im Westen die AfD. 800.000 Stimmen bei der Landtagswahl 2016 in Baden-Württemberg. Prozentual (relative Stimmenanteil) sieht das, angesichts unterschiedlicher Bevölkerungsdichte, anders aus: 18,9 Prozent im Osten und 8,2 Prozent im Westen. Die zahlenmäßigen Hauptwähler finden sich in Bayern (Landtagswahl 2023 mit knapp 2 Mio. Gesamtstimmen für die AfD), gefolgt von Hessen (Landtagswahl 2023 mit circa 520.000 Landesstimmen und 490.000 Wahlkreisstimmen), Sachsen (Landtagswahl 2019 mit rund 600.000 Stimmen) sowie Baden-Württemberg (Landtagswahl 2021 mit rund 500.000 Stimmen). Die AfD ist im Westen entstanden. Wer die AfD in den ostdeutschen Bundesländern aus Protest wählt, hat in der Regel nicht das Gefühl, gegenüber dem Westen zu kurz gekommen zu sein. Eher ist es Ausdruck eines Noch-immer-nicht-dazu-zugehörens. Das gilt zumindest für die Motive einer überwiegenden Zahl von Wählern.

Die Linke als regionale Volkspartei des Ostens hat ihre spezifischen Bindungswirkungen längst verloren. So trübt sich der Blick auf den Wählermarkt im Osten. Wie kann es sein, dass dort die AfD so triumphiert, wenngleich sie, nachgewiesenermaßen, ideologisch immer rechtsradikaler geworden ist? In der Gesamteinordnung der Ergebnisse und der Argumentation der von mir vorgestellten Marktkonstellationen könnte einem AfD-Sieg in einem ostdeutschen Bundesland eine hohe Symbolik und eine besondere Erwartungsprojektion zukommen. Aber die Verhältnismäßigkeit muss immer mit bedacht werden: In Nordrhein-Westfalen leben mehr Wahlberechtigte als in allen ostdeutschen Bundesländern zusammen. Die pragmatischen, mittezentrierten Deutschen bleiben dominant in der Mehrheit. Diese Mehrheit muss damit umgehen können, Radikalität zu ertragen. Um das Marktbild zu bemühen: Wenn der eigene Markt in jeder Hinsicht attraktiv ist, verkümmern andere Verkaufsarenen. Ob andere Märkte ausgrenzend ihre Startchance nutzen, hängt vom Angebot und vom Marktgeschehen des etablierten Marktes ab. Lernende Demokratien haben immer die Chance, aus den Fehlern zu lernen und neue Resonanzerwartungen zu befriedigen. Dazu gehört auch das Eingeständnis, dass zu viel Nähe und zu viel Resonanz manchmal als Zumutung empfunden werden kann, während mehr Distanz auch befriedende Wirkung haben kann. Einfache Antworten auf die Herausforderungen der Radikalität gibt es nicht. Das Versprechen der Märkte ist komplex.

Was ist aber mit dem Stand auf dem Wochenmarkt, den die Konservativen aufbauen und bestücken? Wieso gelingt es der CDU/CSU nicht, den Protest und die Unzufriedenheit vieler Bürger mit der Berliner Ampel-Regierung in deutlich mehr Stimmen umzuwandeln? Wäre die Berliner Opposition nicht der geborene Profiteur des Unmuts, des Frusts auf den Staat? Konservative wirken in Deutschland in den Vielfachkrisen heimatlos. Das kann am Personal liegen oder am wahrgenommenen wenig lösungsorientierten Auftritt. Dahinter verbirgt sich aber ein größeres Problem: Wie begeistert und bindet die Opposition das moderne konservativ-liberale Bürgertum? Auf einen möglichen aktiven Bezugspunkt hat in der Debatte Thomas Biebricher verwiesen. Ich habe mit dem Argument bereits gearbeitet: der Versöhnung der Konservativen mit der Transformation. Die Sicherheitsdeutschen würden echten Konservatismus schätzen, der (wie es der hessische Ministerpräsident Boris Rhein zuspitzte) »Stil, Stabilität und sanfte Erneuerung« unterstützt. Das Bewahrende, frei von Lebensängsten, anzubieten, ist ein traditioneller konservativer Bezugspunkt. Armin Nassehi beschreibt es folgendermaßen: »Die Anerkennung von Trägheitsmomenten, die Anerkenntnis von Kontinuitätsbedürfnissen, die Abwehr von zu großem Veränderungsdruck, vielleicht auch, um Dauerreflexion und die Notwendigkeit von Begründungen latent zu halten. Das konservative Bezugsproblem verweist darauf, dass die Leute nicht alles reflektiert haben wollen, sondern eine gewisse Kontinuität brauchen. Die Mehrheit will ihr tägliches Leben so führen, wie sie es gewohnt ist.«[10] Diese Wähler könnte die Union potenziell binden und ihnen kalkuliert (»sanfte Erneuerung«) durchaus Veränderungen zumuten. Früher konnten Mitte-rechts-Parteien offensiver in den Milieus vermitteln, die unzufrieden waren mit dem sozialen oder zu schnellen Wandel. Die Milieus also, die sich von zu viel Heterogenität oder Pluralität überfordert fühlten. Die Union hätte als Partei traditionell diese wichtige Moderationsrolle im Parteienwettbewerb. Früher hatte sie mehr Attraktivität auf souveräne Konservative.

Somit liegen Auswege im Umgang mit neuen Rechten auch in der Verantwortung des modernen Bürgertums. Die überzeugten Rechtsextremen sind schwer zurückzugewinnen. Aber die orientierungssuchenden Unzufriedenen, die sich auch bei der AfD sammeln, kann die Mitte mobilisieren. Sie muss sich selbst fragen, wie sie integrationsfähiger wird, wie empathiefähiger? Wie wird man guter Gastgeber? Wie kann man diese Käufer an den Wochenmarktstand zurückholen? Mit welcher Aufenthaltsqualität muss der Begegnungsort ausgestattet sein, damit dies gelingt?

Es liegt nahe, deshalb nochmals den Blick auf die Gesprächsstörungen zu legen. Die Dynamik der AfD ist schwer einzuschätzen. Aber viele Wähler finden sich auch dort, weil dort offenbar alles ausgesprochen wird, was sie selbst bedrückt und weil sie gleichermaßen auch alles verstehen, was dort propagiert wird. Diese Erfolgsformel von Populisten muss man nicht imitieren, aber strukturell verstehen. Wer keine Resonanz zu den Wählern aufbaut, kann weder auf Vertrauen noch auf Mobilisierbarkeit hoffen. Wie kann man den Entfremdungsprozess zur pragmatischen, oft adaptiven Mitte stoppen? Eine verbale Bedeutungsvermittlung setzt immer voraus: Aufmerksamkeit, Verständnis, Akzeptanz.[11] Auch notwendige Kohärenzgefühle zur eigenen Lebensorientierung und zum inhaltlichen Angebot der Parteien setzen voraus: den Eindruck von Machbarkeit, Verstehbarkeit der Situation und der Sinnhaftigkeit des Vorgeschlagenen. Wer so spricht, kann Bürger kommunikativ erreichen und wieder Vertrauen aufbauen. Daraus erwächst die Verantwortung, alle Themen, die den Bürgern Sorgen machen, anzusprechen. Und dies in einer Sprache, die auch alle verstehen. Nicht einfache oder verführerische Botschaften sind gemeint, sondern eine »erhellende Vereinfachung« (Joachim Gauck). Mit »robuster Zivilität« muss dann an den Problemen argumentativ und handelnd gearbeitet werden. Mit wichtiger Kommunikationsmacht – wieder gehört zu werden – sind Gesprächsstörungen überwindbar, als Schlüssel zum Erhalt einer stabilen, demokratischen Mitte. Es gibt viele Auswege, um den Durchmarsch von Demokratieverächtern zu verhindern.

Soziale Infrastruktur und Zumutungsmut

Die Deutschen sind durchaus Weltmeister in Resilienz im Sinne einer Veränderungsfähigkeit. Wir sind veränderungsfähig, aber mehrheitlich nicht veränderungsbereit. Die Prävention, die Antizipation, das Vorwegnehmen auf mögliche kommende Herausforderungen ist nicht unsere Stärke. Wir arbeiten gern ab, was auf uns zukommt. Disruptionen anzustoßen, abrupte Wandlungsprozesse selbst voranzubringen, das würde auf dem Wählermarkt andere Wähler voraussetzen, die weniger ängstlich und mehr leidenschaftlich, risikofreudiger wären.

So perpetuiert sich moderne Bürgerlichkeit an der Wahlurne: Es zählen bürgerliche Solidität, gemeinschaftsorientierter Kaufmannsgeist, sozialstaatlicher Pragmatismus, moderne Autonomie und moralischer Ernst. Gewinner sind in der Schnittmenge von sozialer Gerechtigkeit, kultureller Modernität und ökonomischer Effizienz zu mobilisieren. Das scheint auch für Zeiten zu gelten, in denen unsere Demokratie mit dem Weniger, mit Verlusten umzugehen hat. Denn die Transformation in eine digitale und postfossile Nachhaltigkeitsgesellschaft erfordert nicht nur Wähler, die diese Notwendigkeit als enkelfähige Politik anerkennen. Die Wähler brauchen neben Änderungszuversicht auch Verlustkompetenz, was bislang nur schwer zum klassischen Wachstums- und Fortschrittsversprechen der Zeit nach 1949 passte.[12] Wenn aber auf dem Erwartungsmarkt klar ist, dass der Rettung aus Vielfachkrisen durchaus eine Richtung zu geben ist, die auch mit Einbußen und Verlusten in der Wohlstandsgesellschaft einhergehen können, könnte auch das Potenzial der Wählbarkeit steigen. Mit mehr Zumutungsmut könnte sich auch eine brüchige Demokratiezufriedenheit weiter stabilisieren. So kann Unpopuläres auch populär gemacht werden. So können Zeitenwenden auch Denkwenden sein. Denn gleichzeitig wäre mitzutransportieren: Die Veränderung und der Verlust stellen Sicherheiten wieder hier.

Die gesteuerte Politik der inklusiven Transformation kann so auch die Sehnsucht nach Sicherheit bedienen: subjektives Sicherheitsgefühl, objektive Sicherheitslage und biografisch-individuelle Planungssicherheit. Denn es gehört zur Leitidee einer offenen Gesellschaft dazu, soziale Mobilität von unten nach oben zu gewährleisten, also Pfadabhängigkeiten abzusichern, die auch eine politische Mitte erweitern und stabilisieren könnten. Fair, gerecht, sozial, sicher, teilhabend soll es in Deutschland zugehen, so lauten die Wünsche für eine soziale Infrastruktur unserer Gesellschaft. Sicherheitsdeutsche wünschen kalkulierbare Lebenswelten mehr denn je in unsicheren Zeiten, um Kontinuität herzustellen. Wer darauf eingeht, minimiert Wutvorräte und demokratiefeindliche Einstellungen. Wer Räume der Begegnung bereitstellt, kann die immerwährenden Zumutungen durch andere Bürger einhegen, sie bestenfalls auch in Gemeinwohl überführen. Er kann Abweichungstoleranz in Erprobungsräumen üben. Das bieten im Idealfall Wochenmärkte. Sie finden immer noch Käufer und machen Zusammenkunft möglich. Denn Wähler suchen nach wie vor in der persönlichen Begegnung die Aura des Gegenübers.

Lebensnähe macht Resonanz möglich. Ob sich die Sicherheitsdeutschen dafür auch weiterhin entscheiden werden?

Dank

Forschen und lehren sind soziale Prozesse. Im Austausch mit anderen entwickelt sich eine hohe Dichte auch an sozialer Energie. Für diese teilweise turbulenten Diskurse bin ich sehr dankbar. Der Schreibprozess macht hingegen systematisch einsam. Dies hält man gern aus. Denn es folgt in der Regel auch eine Art von Transformationsprozess: Das Manuskript verändert sich durch aufsuchenden Austausch. Ob es gut geworden ist, müssen die Leser beurteilen.

Ich danke dem großen Team der NRW School of Governance am Institut für Politikwissenschaft der Universität Duisburg-Essen, das vor allem im Forschungsforum immer wieder auch diese Monografie begleitet hat.

Für den konkreten redaktionellen Lauf danke ich erneut Dr. Arno von Schuckmann und Vanessa Urbanek, B.A., sowie vom Campus Verlag Jürgen Hotz. Eine in jeder Hinsicht idealere Begleitung eines Autors als durch den Campus Verlag ist für mich kaum vorstellbar.

Weitere Ideen- und Impulsgeber, die am sozialen Ereignis dieser Buchpublikation mit Weitsicht, Charme, Nachdruck und Strenge mitgewirkt haben, waren Ana Alba Schmidt, M.A., Dr. Knut Bergmann, Prof. Dr. Christoph Bieber, Prof. Dr. Andreas Blätte, Dr. Martin Florack, PD Dr. Frank Gadinger, Dr. Ray Hebestreit, Dipl.-Soz.-Wiss. Markus Hoffmann, Tom Höpfner, M.A., Linda Meiss, M.A., Dr. Sandra Plümer, Julia Rakers, M.A., Philipp Richter, M.A., Prof. Dr. Andrea Römmele, Dr. Maximilian Schiffers, Dr. Julia Schwanholz und Dr. Kristina Weissenbach.

Ihnen allen sei herzlich gedankt!

Duisburg, im Oktober 2023

Karl-Rudolf Korte

Anmerkungen

1. Marktbesuche: Bunte Auswahl

1 Zur Analogie und Differenzierung von Markt und Forum hat John Elster 2002 einen bemerkenswerten argumentativen und systematischen Zugang entwickelt, der hier leitend genutzt werden kann.
2 Ich verzichte bei Gruppenbegriffen aus Gründen der Lesbarkeit auf gendergerechte Suffixe. Gemeint ist immer die gesamte Gruppe jedweden Geschlechts. Wenn ich über Wähler und Politiker schreibe, sind immer auch die Wählerinnen und Politikerinnen mit gemeint – und vice versa.
3 Zu dieser Idee, den Marktplatz demokratietheoretisch zu nutzen, vgl. Heinrich Böll Stiftung 2020; ebenso Netzwerk – Das Versprechen der Märkte 2023; auch zum Kontext der herausfordernden Begegnungen in öffentlichen Räumen vgl. Schönberger 2023; ebenso Heidenreich 2022; zum Corona-Beispiel vgl. Florack et al. 2020. Anregungen zum öffentlichen Raum als Demokratieverstärker auch bei Siller 2021.
4 Vgl. Podschuweit/Geise 2015: 400–420; ebenso Schmitt-Beck/Schäfer 2019: 121–140.
5 In dieser Begrifflichkeit folge ich dem Klassiker auf dem Markt der Parteienforschung: Mair et al. 1999.
6 Zum vergleichenden Überblick Schmidt 2019: 169–199; zur Einordnung von öffentlichem Raum und Demokratie dazu das Zitat des Historikers Till van Rahden:»Die Demokratie steht vor der Frage, wie es den Bürgern gelingt, den öffentlichen Raum so zu gestalten, dass sowohl ihre ›ungesellige Geselligkeit‹ (Kant) gewährleistet als auch das Recht auf Anderssein geschützt ist. Der pluralistische Rechtsstaat ist mit dem Ideal der bürgerlichen Eintracht und dem Traum von einer homogenen Gemeinschaft unvereinbar. Sein Ziel ist es, die demokratische Gleichheit ›in der Versöhnung der Differenz‹ zu verwirklichen. Die liberale Demokratie lebt von dem Traum einer Gesellschaft, in der ›man ohne Angst verschieden sein kann‹ (Adorno).« – Van Rahden 2019: 49. Als Überblick dazu auch Merkel 2023, besonders Kapitel 1.

2. Wählermarkt: Dynamik der Unverbindlichkeit

1 Zum Überblick vgl. Korte 2021a; ebenso überblicksartig Korte/Plümer 2023 sowie Korte/von Schuckmann 2023.

2   Zum Überblick vgl. Faas et al. 2020; zum kommunikativen Kontext von Verhaltensvariablen vgl. Borucki et al. 2022.
3   Campbell et al. 1960.
4   Zur Einordnung der Gründe siehe Funk 2023. Zum Verrechnungsmodell vgl. Election.de vom 12.05.2023
5   Zu diesen Gedanken vgl. Levitsky/Ziblatt 2018. Sie sprechen von »gegenseitiger Achtung« und »institutioneller Zurückhaltung« als Bedingung für funktionierende Demokratien.
6   Dazu siehe Masch u.a. 2021: 213–223; ebenso vgl. Rosar und Masch 2023.
7   10 Umfassend zu den Ergebnissen der Bundestagswahl 2021 vgl. Korte 2023; auch dazu Kneip 2022; ebenso Schmitt-Beck 2021: 47–49; und Bergmann 2022; und vgl. Riebe et al. 2022: 39–48; ebenso Roßmann et al. 2022: 4–8.
8   Erste Hinweise zeigen, dass hauptsächlich die Grünen sowie leicht die CSU und die sonstigen Parteien von der Briefwahl in 2021 profitierten (Bundeswahlleiter 2022a, Bundeswahlleiter 2022b). Bei der Bundestagswahl 2017 profitierten die CSU, gefolgt von CDU, FDP und den Grünen von der Briefwahl (Bundeswahlleiter 2017). Siehe dazu auch Birkenmaier et al. 2022a und Birkenmaier et al. 2022b.
9   Für eine vollständige Übersicht über alle sonstigen Parteien sei hier auf die Internetpräsenz der Bundeswahlleiterin verwiesen: https://www.bundeswahlleiterin.de.
10 Siehe hierzu beispielsweise Niedermayer 2023.
11 Zu der historischen – auch kulturellen Zäsur vgl. dazu Bollmann 2021 sowie Weidenfeld 2021.
12 Dies zeigte sich unter anderem auch bei der Frage, wen die Deutschen sich als Kanzlerin oder Kanzler wünschen. Hier schnitt Annalena Baerbock im Politbarometer für den Mai 2021 am besten ab, bevor sie dann wieder deutlich an Zuspruch verlor (Forschungsgruppe Wahlen 2021a, Forschungsgruppe Wahlen 2021b). Siehe dazu auch Schmitt-Beck 2021.
13 Alle nachfolgenden Daten der Typologie sind, wenn nicht anders benannt, zu finden in: Bundeswahlleiter 2022c; vgl. auch Statista 2022; auch Korte et al. 2023 und Roßteutscher et al. 2019.
14 Auch an der NRW School of Governance wurden im Rahmen von Fokusgruppen Merkmale des Nicht-Wählens in Nordrhein-Westfalen identifiziert. Es zeigte sich, dass Nicht-Wähler kaum Politik-Passion besitzen, ihnen die Demokratie-Kompetenz fehlt, sie unter einer Politik-Ernüchterung leiden und sich deshalb eine gewisse Wahl-Frustration einstellt. Die Veröffentlichung der Ergebnisse erfolgt im Rahmen anderer Publikationen. Zu verschiedenen Typen von Nicht-Wählern vgl. Burger 2023.
15 Vgl. Hirschman 1970.
16 Vgl. Schäfer 2021.
17 Zu einer differenzierten Betrachtung von Repräsentationslücken auf der Grundlage von GLES-Einstellungsdaten kommt Gabriel 2023. Responsivität wird im polarisierten Pluralismus dabei vermessen.
18 Vgl. Neu 2021.
19 Daten dazu bei Birkenmaier et al. 2023a.
20 Vgl. dazu Neu und Pakorny 2021: 1.
21 So belegt bei Pink und Schmidt 2023: 1–27.
22 Siehe dazu Beck 2021: 20. Er bezieht sich auf eine Studie von Exley und Kessler 2021.
23 Dazu im sozialwissenschaftlichen Kontext Becker und Daschmann 2015; sowie Abolhassan 2023.
24 Vgl. Kahnemann 2012: 369–381.

25 Dazu vgl. Mechtenberg 2011: 12–14.
26 Ebenda.
27 Interessant ist in diesem Zusammenhang auch die Wahlentscheidungsfindung von Analphabeten. Eine bemerkenswerte Übersicht, in der diverse Aspekte geringer Literalität berücksichtigt werden, findet sich in der Studie »LEO 2018 – Leben mit geringer Literalität« von Grotlüschen und Buddeberg 2020.
28 Hier greift die Differenzierung von Alfred Schütz, der in einem Essay 1946 die soziale Verteilung des Wissens unterschied. Er differenzierte zwischen »Experten«, dem »Mann auf der Straße« (heute würde man Alltagswissen sagen) und dem »gut informierten Bürger«. Vgl. dazu Schütz 1972: 85–101.

3. Entscheidungsmarkt: Unberechenbarkeit als Prinzip

1 Zum weiterführenden Überblick mit Details zur Literatur vgl. Korte et al. 2022; außerdem Einordnungen dazu aus der europäischen Perspektive bei Sturm 2018: 77–86; vgl. auch Maier und Blum 2018; zu den Heuristiken in Krisenzeiten vgl. Wilharm 2022; Beispiele für Improvisationen bei Bertram und Rüsenberg 2021.
2 Definition aus F.A. Brockhaus 2004: 104; einen systematischen Überblick über abstrakte Entscheidungstheorie bei Laux et al. 2010.
3 Vgl. dazu Nida-Rümelin 2005: 11.
4 Vgl. Lübbe 1971: 12.
5 Bundeskanzlerin Angela Merkel formulierte diesen Gedanken in ihrer Harvard-Rede: »Und wenn wir bei allem Entscheidungsdruck nicht immer unseren ersten Impulsen folgen, sondern zwischendurch einen Moment innehalten, schweigen, nachdenken, Pausen machen.« Merkel 2019.
6 Vgl. Safranski 2009: 215.
7 So formuliert von Peter Graf Kielmansegg mit Bezug auf Aussagen von Eugen Kogon – Kielmansegg in Cavuldak 2020: 62.
8 So der Politiker der Linken, Jan Korte 2021: 8.
9 Mit einer Vielzahl von konkreten Beispielen in einer Studie über die Parlamentarier nachzulesen bei Dausend und Knaup 2019: 389; weitere Beispiele vertiefend auch Schwanholz 2023.
10 Zu den Begriffen Ambiguität und Kontingenz – auch in der Anwendung für den Bereich von Gestaltungsentscheidungen – vgl. Korte 2019: 41–75.
11 Das Zitat aus Dausend und Knaup 2020: 54.
12 Zu den Praktiken vgl. Korte 2019: 41–75; vgl. auch Schmid 2011: 324–344; siehe auch Sturm 2018: 41–60. Aus Sicht einiger Politiker vgl. Eckert, Novy und Schwickert 2013. Aus der Perspektive von Hochleistungsteams, welche die Praktiken umsetzen, vgl. Lettrari 2019; außerdem vgl. Rüb 2022.
13 Luhmann 2016: 61.
14 Vgl. De Maizière 2019: 41; auch dazu Kley und De Maizière 2021.
15 Vgl. Luhmann 2017: 461.
16 Vgl. Obama 2020: 417.

17 So Merkel vor der Bundespressekonferenz vom 22.02.2021 zit. n. Ralph Bollmann, Anders als Merkel, in: FAS vom 24.01.2021, S. 19.
18 Willke 2019: 141; überblicksartig zur Komplexität vgl. Mainzer 2008; zur Komplexität und Regieren vgl. Korte 2022: 67–81.
19 Vgl. Dörner 2003: 66.
20 Zitiert nach Leithäuser 2005.
21 Vgl. Obama 2020: 416.
22 Zitiert nach Geyer 2023: 9.
23 Siehe Singer 2023: 34.
24 Dazu Rosa 2005: 417 und Schimank 2005: 280–297.
25 Zum Coping siehe Schimank 2011: 455–463.
26 Ebenda: 457.
27 Dazu weiterführend mit Beispielen Nassehi 2019: 183 ff.; siehe auch Lotter 2020.
28 Siehe Arendt 1994: 206.
29 Vgl. Kissinger 2022: 13.

4. Parteien- und Koalitionsmarkt: Dominante politische Mitte

1 Einen Gesamtüberblick zur Parteienforschung im Kontext von Wahlen beispielsweise bei Holtmann 2012; Korte 2021a; Wiesendahl 2022. Zum historischen Überblick vgl. Korte und Fröhlich 2009.
2 Zur Bundestagswahl 1998 vgl. Bergmann 2002.
3 Vgl. Reckwitz 2017. Ein kritischer Warnruf über den vermeintlichen Zerfall der Mitte von Benedikter 2022.
4 In einem bemerkenswert pointierten politischen Statement des NRW-Ministerpräsidenten Hendrik Wüst (CDU) appellierte er an einen Teil seiner Union, diese Mittigkeit (»Herzschlag der Mitte«) als Erkennungszeichen der CDU nicht zu verlassen, weder populistisch rechts noch radikalisiert links; nachzulesen in der FAZ vom 15.06.2023 (»Das Herz der CDU schlägt in der Mitte«).
5 Daten zur politischen Mitte dazu bei Forschungsgruppe Wahlen. Aktuell aufbereitete Daten unterschiedlicher Umfrageinstitute im Artikel von Hirscher 2022: 36–44; so auch Roßteuscher und Scherer 2013: 380–406; vgl. auch Niehues 2021: 143–149. Für weitere Daten vgl. Klages 2022. Über das Phänomen, sich selber immer gern zur Mittelschicht zu zählen vgl. Wischmeyer 2023 »Reich sind immer die anderen«. Ergänzend: Die »Mitte-Studie« der Friedrich-Ebert-Stiftung, die alle zwei Jahre durchgeführt wird (Zick u.a. 2023).
6 Dazu die vergleichende Länderstudie von Biebricher 2023.
7 Für die nachfolgenden detaillierten Einzelbefunde und empirischen Daten zur Bundestagswahl 2013 vgl. Korte 2015 und Bundeswahlleiter 2013.
8 Dörner 2001.
9 Tenscher 2013.
10 Prantl 2013.
11 Wiesendahl 1998.
12 Daten und Einschätzungen zur Bundestagswahl umfassend in: Korte/Schoofs 2019.

13	Zur besonderen Rolle des Bundespräsidenten als Kanzlermacher die Studie Karl-Rudolf Korte 2019: Gesichter der Macht. Über die Gestaltungspotenziale der Bundespräsidenten.
14	Siehe hierzu von Schuckmann i.E.
15	Merkel 2018.
16	79 Zu den neuen Cleavages vgl. Merkel 2015: 492. Dieser neue Grundkonflikt taucht in der Literatur mit unterschiedlichen Begrifflichkeiten immer wieder auf: Bude 2014 (Angst der Mitte, Statuspanik), Rosa 2021 (Resonanzverluste), Nassehi 2019 (digitale vs. analoge Lebenswelten), Reckwitz 2017 (Öffnung und Schließung).
17	So z.B. Merkel 2015.
18	Weidenfeld 2017: 120.
19	Nassehi 2015: 176.
20	Schmidt 2018.
21	Dazu Müller 2016; mit einer ausgefächerten – auch historischen Sicht – Wilhelm Heitmeyer 2018.
22	Martin Schulz war allerdings seit 1999 bereits Mitglied des SPD-Parteivorstandes und des Parteipräsidiums.
23	Dazu weitere Argumente und Empirie bei Nachtwey 2016 sowie Smith Ochoa und Yildiz 2019.
24	Gauck 2016.
25	Dazu ausführlich Korte 2022 und Mertes 2021 sowie Hirscher/Korte 2001; Schmidt/Zohlnhöfer 2006, Gschwend/Norpoth 2017.
26	Manow 2020: 64.
27	Przeworski 2019: 5.
28	Die nachfolgende Typologie ist nicht trennscharf definiert. Einige Kanzlerwechsel tauchen mehrfach auf. Die Typologie dient als heuristisches Hilfsmittel, um die konkreten Fälle des Wechsels zu veranschaulichen.
29	Vgl. dazu die Argumentation von Peter Laudenbach 2023. Auch zur Demokratie als Raum gesellschaftlicher Allgemeinheit finden sich Argumente bei Christoph Möllers 2009.

5. Medien- und Führungsmarkt: Doppelte Gesprächsstörungen

1	Die nachfolgenden Argumente und empirischen Beispiele zur politischen Kommunikation finden sich vertiefend und systematisch aufgearbeitet auch im umfangreichen Handbuch von Isabelle Borucki u.a. 2022. Ebenso grundlegend dazu auch Donges/Jarren 2022. Dazu auch Korte/Richter 2022 und grundsätzlich Sarcinelli 2022. Zur Differenzierung Darstellungs- und Entscheidungspolitik vgl. Korte/Hirscher 2000.
2	Vgl. Sternberger 1991: 52–68.
3	Wie sehr diese Angst politisch-kulturell verfestigt ist, dazu die Studie von Biess 2019. Die Themen Angst und Sicherheit hängen eng zusammen. Dies wird deutlich, wenn man sich historische Forschungen dazu ansieht. Die Bedeutung von Sicherheit und die Dynamiken von Sicherheit in soziokulturellen Entwicklungen der Deutschen finden sich bei Conze 2009.
4	So spekulativ und investigativ zusammengetragen von Dausend u.a. vom 02.03.2022 sowie von Michael Bauchmüller u.a. vom 18.02.2023. Weitere Hintergründe sind zusammengetragen bei Lamby 2023, S. 69–90.

5   Gerster 2022: 181.
6   Ebenda.
7   Ebenda. Einzelstimmen zu diesem Sonntag der Rede auch dokumentiert im Stern vom 23.03.2023, S. 28 f.
8   Ebenda: 29.
9   Dazu mit vielen weiteren Beispielen Grunden, 2021: 95; ebenfalls dazu Kopperschmidt, 2003: 18.
10 Daran erinnert Lamby 2023, S. 82, in seinen Gesprächen mit den Spitzen der Regierungsfraktionen im Deutschen Bundestag.
11 Römer 2017: 243. Den Hinweis hat verdichtet und weitergeführt Martin Wengeler 2023.
12 Deutscher Bundestag, Plenarprotokoll 20/19, 27.2.22, S. 1350.
13 Wengeler 2023: 53.
14 Jarren/Donges 2006: 22.
15 Das Internet und das Digitale waren Modellgeber beispielsweise für die Piratenpartei.
16 Schulz 1997: 13 f.
17 Siehe hierzu bspw. Hess/Müller 2022.
18 Siehe hierzu unter anderem Hillje 2022.
19 So Schulz 2008.
20 Dazu zusammenfassend: Maurer 2022.
21 Wiesendahl 2022.
22 Sarcinelli 2013: 99.
23 Weiterführende Einordnung dazu bei Bieber 2022.
24 Gliederung nach Marcinkowski/Philipps 2022.
25 Beispiele dazu bei Burkhardt 2022.
26 Gleichzeitig sind 2023 rund 70 Prozent der Befragten der Meinung, den politischen Nachrichten im öffentlich-rechtlichen Rundfunk zu trauen. Dazu siehe Hirndorf/Roose 2023: 9.
27 Vgl. Rosa 2016.
28 Vgl. ebenda: 370.
29 Vgl. ebenda.
30 Zu diesem Gedanken vgl. Rosanvallon 2016, 290–291. In der konkreten Anwendung vgl. Simmel 2013: 274; dort wird es folgendermaßen beschrieben: »Vertrauen, als die Hypothese künftigen Verhaltens, die sicher genug ist, um praktisches Handeln darauf zu gründen, ist als Hypothese ein mittlerer Zustand zwischen Wissen und Nicht-Wissen um den Menschen. Der völlig Wissende braucht nicht zu vertrauen, der völlig Nicht-Wissenden kann vernünftigerweise nicht einmal vertrauen.«
31 Weiterführend zu diesem Argument vgl. Kühl 2018.
32 So eine Allensbach Umfrage, die diese These auf die Reform des Wahlrechts überträgt; Petersen 2023.
33 Dazu bspw. Heinze 2022. Zu den demokratiepolitischen Konsequenzen einer politischen Vereinsamung vgl. Diermeier 2020.
34 So Pörksen 2019; in Ergänzung zum Argument der Epistemisierung des Politischen vgl. Bogner 2021.
35 So Sebastian Herrmann 2023.
36 Der Begriff stammt von Reichardt 2022, S. 58 f.; zu diesem Gedankengang finden sich weitere Überlegungen im Buch von Gauck 2023, S. 169–173.

37 Hier als Innen-Außen-Ungleichheiten, die sich auf territorialen Zugang, Migration und Mitgliedschaft beziehen, dazu: Thomas Lux et al. 2022.
38 Das Forschungsprojekt ist aus der Aufsatzfassung (Lux et al. 2022) in das Buch überführt worden: Mau/Lux/Westheuser 2023. Auf der Klausurtagung der Bundesregierung 2023 in Meseberg trug Steffen Mau seine Ergebnisse vor. Dazu auch Kornelius 2023. Dort ist auch die pointiert formulierte Zusammenfassung zu finden. Mit anderen Daten, aber ähnlichen Ergebnissen vgl. Gabriel 2023.
39 So der Buchtitel von Bernhard Pörksen 2018. Dazu auch mit Auswegsuche siehe Andrea Römmele 2019. Neuere Forschungen zeigen allerdings auch, wie Filterblasen und Echokammern in ihrer kommunikativen Wirkung überschätzt werden, dazu Stark u.a. 2021.
40 De Maizière, in: Kley/De Maizière 2021: 71. Zur Führung generell im Vergleich siehe Grasselt/Korte 2007; auch hierzu Ulrich Bröckling 2019. Speziell zur Dimension von Persönlichkeit und Politik vgl. Fröhlich 2022.
41 In einer Langzeitstudie konnte nachgewiesen werden, wie sich dieser Amtsbonus auch auf das Amt der Ministerpräsidenten bei Landtagswahlen konstant auswirkt, vgl. Carstensen u.a. 2023.
42 Vgl. mit historischen Beispielen Walter 2009: 397.
43 Ebenda: 9.
44 Siehe Rüb 2020: 577–594.
45 Zum Regierungsstil von Schröder vgl. Korte 2002 und Korte 2000.
46 Siehe hierzu bspw. Korte 2010a; dazu auch Weidenfeld 2021 und Bollmann 2021. Zum protestantischen Politikverständnis der Kanzlerin Merkel siehe Resing 2017.
47 Minkmar 2023.
48 Dazu Habeck 2021.
49 Hierzu unter anderem das Buch »Sound der Macht« von Astrid Seville 2018.
50 Minkmar 2023.

6. Erwartungsmarkt: Mehrheiten für Unpopuläres

1 Im Marketing-Deutsch heißt das dann »Jobs to be Done-Modell«.
2 Einen guten Überblick über verschiedene Lebensperspektiven findet sich bei Grober 2022.
3 Zum Kontext vgl. Gabriel/Maier 2022.
4 Zur machtpolitischen Kraft von Erzählungen vgl. Han 2023: 89.
5 So der Philosoph Wolfram Eilenberger 2023: 33.
6 Koselleck 2022: 358.
7 Ebenda: 359.
8 Hierzu Heidenreich 2023.
9 Wefing 2020: 1.
10 Dazu die Studie mit den Ergebnissen von Teufel u.a. 2020.
11 Zu diesem Gedanken vgl. Alexander Kluge 2009, dazu auch »Rasender Stillstand« von Kodalle/Rosa 2008.
12 Diese Formulierung findet sich auch bei Bertolt Brechts »Geschichten vom Herrn Keuner«. Im Kontext heißt es dort: »Ein Mann, der Herrn K. lange nicht gesehen hatte, begrüßte ihn

mit den Worten: ›Sie haben sich gar nicht verändert.‹ ›Oh!‹ sagte Herr K. und erbleichte« (Brecht, 2020: 29).

13 Rosa, 2021: 8.
14 Zu diesem Gedanken vgl. Nassehi 2021.
15 Polanyi 2021.
16 Auch zur Begriffsübersicht vgl. Kristof 2020.
17 Zur interpretativen Einordnung vgl. Bergmann 2023 und Korte 2019.
18 Dazu Stephan A. Jansen 2023 – von ihm stammt auch die Wiederentdeckung des Horváth-Zitats.
19 Zu diesem Gedanken weiterführend Welzer 2022.
20 Über verschiedene Arten und Muster der Kompromissfindung vgl. Günther 2006.
21 Habeck 2021: 340.
22 Einen guten analytischen Überblick zur Aufstellung der Berliner Ampel im Transformationskontext bietet Bergmann 2022.
23 Leggewie/Welzer 2009: 149.
24 Reckwitz 2022: 47.
25 Dazu mit anschaulichen Beispielen Endreß/Maurer 2015; Jage-Bowler 2020.
26 Brunnermeier 2021: 89.
27 Krastev 2022.
28 Es handelte sich dabei um die Veröffentlichung von Umfragedaten zur Resonanz auf die Klimaschutzvorhaben der Bundesregierung: Köcher 2023.
29 Etwa bei Diermeier 2020.
30 Steinmeier am 10.03.2022.
31 Aus dem Innern des Machtzentrums berichtet Stephan Lamby und gibt Einschätzungen zur Lage im Frühjahr 2023: »Aber in den letzten Märztagen des Jahres 2023 fügen sich die Regierungspartner so große Verletzungen zu, dass sie möglicherweise nie wieder heilen werden. Es wird erkennbar, dass die Koalition kaum noch durch ein inhaltliches Konzept zusammengehalten wird, sondern vor allem durch machtstrategische Überlegungen. Das Grundvertrauen des Anfangs weicht einem Misstrauen, das jedes Gemeinschaftsgefühl zersetzen kann.« Lamby 2023, S. 346.
32 Als Beispiel dazu die anwendungsbezogene Analyse von Kristof 2020. Auch anwendungsbezogen vgl. dazu auch Korte/Richter/von Schuckmann 2023 und Falk 2022.
33 Zu dieser Argumentation Carolin Emcke 2023. Sie wirft vor allem der SPD mit diesem Argumentationshintergrund vor, den Kontext zwischen Klima und Gerechtigkeit nicht zu erkennen.

7. Markteinkäufe: Pragmatische Sicherheitsdeutsche

1 Dazu mit wichtigen Hinweisen zum Resonanzraum zwischen Politik und dem Lebensraum vgl. Dettling 1995: 17.
2 Biebricher 2023; dazu auch die Erläuterungen von Nils Minkmar: Die Lücke in der Mitte, in: SZ vom 24./25. Juni 2023, Nr. 143, S. 15.
3 Vgl. dazu auch Karl-Rudolf Korte »Flucht vor dem Frust« – Ein Gespräch mit Tina Hildebrandt, in: Die ZEIT vom 7. Juni 2023, Nr. 25: 2.

4 Dazu »ARD Deutschlandtrend extra« September 2023 – eingeordnet und kommentiert vom Institut für Demoskopie, Allensbach, nachzulesen bei Reinhard Müller, Nicht rechtsextremer als früher, in: FAZ vom 11.10.2023, Nr. 236, S. 8.
5 Zick u.a. (Hrsg.) 2023.
6 Ebenda, S. 25.
7 Zusammengetragen bei Reinhard Müller, »Nicht rechtsextremer als früher«, in: FAZ vom 11.10.2023, S. 8.
8 Einschätzungen dazu – und europäische Vergleiche bei Prantl 2023; Wagner 2023 und Misik 2023. Zur generellen Einordnung der AfD im Kontext dieses Themenspektrums vgl. Ruhose 2023.
9 So die Überschrift vom Artikel von Hähnig 2023: 1. Das passt zum ewigen Bild des deformierten Ostens, wie es im Bestseller des Literaturwissenschaftlers Dirk Oschmann »Der Osten: eine westdeutsche Erfindung« vorstellt wird.
10 Armin Nassehi 2023, S. 98. Dazu auch sein erhellendes Interview »Zur Bürgerlichkeit gehört auch, in Ruhe gelassen zu werden«, in: TAZ vom 14.-20.10.2023, S. 10.
11 Zur Anwendung vgl. Kercher 2013.
12 Zu diesem Argument vgl. Andreas Reckwitz 2023.

Nachweis der Erstveröffentlichungen

Die vier nachfolgenden Aufsätze sind von mir in das Gesamtmanuskript verwoben worden. Sie sind in Auszügen aktualisiert erweitert worden sowie in einigen Kapiteln kontextualisiert integriert.

Die Bundestagswahl 2013: Ein halber Machtwechsel, in: Karl-Rudolf Korte (Hrsg.), *Die Bundestagswahl 2013. Analysen der Wahl-, Parteien-, Kommunikations- und Regierungsforschung*, Springer VS Verlag für Sozialwissenschaften, Wiesbaden 2015, S. 9–25.

Die Bundestagswahl 2017: Ein Plebiszit über die Flüchtlingspolitik, in: Karl-Rudolf Korte/Jan Schoofs (Hrsg.), *Die Bundestagswahl 2017. Analysen der Wahl-, Parteien-, Kommunikations- und Regierungsforschung*, Springer VS Verlag für Sozialwissenschaften, Wiesbaden 2019, S. 1–13.

Politische Mechanik: Über Entscheidungsheuristiken in der Politik, in: Karl-Rudolf Korte/Gert Scobel/Taylan Yildiz (Hrsg.): *Heuristiken des politischen Entscheidens*, Suhrkamp stw2354, Berlin 2022, S. 289–320.

Transformatives Regieren in Zeiten der Krisenpermanenz, in: *dms – der moderne staat. Zeitschrift für Public Policy, Recht und Management*, 15. Jg. H.2/2022, S. 1–17.

Literatur

Abolhassan, Ferri (Hg.): *Kundenliebe*, Frankfurt/M. 2023.
Arendt, Hannah: *Zwischen Vergangenheit und Zukunft. Übungen im politischen Denken I*, München 1994.
Beck, Hanno: »Will ich das wirklich wissen?«, in: *FAZ* vom 31.01.2021, S. 20.
Becker, Roman/Daschmann, Gregor: *Das Fan-Prinzip. Mit emotionaler Kundenbindung Unternehmen erfolgreich steuern*, Wiesbaden 2015.
Behnke, Joachim/Hergert, Stefani/Bader, Florian: *Stimmensplitting: kalkuliertes Wahlverhalten unter den Bedingungen der Ignoranz*, Bamberg 2003.
Benedikter, Roland: *Die Erneuerung der politischen Mitte. Das Auseinanderbrechen der Gesellschaft, das Format der Volksparteien und die Zukunft der Demokratie*, Baden-Baden 2022.
Bergmann, Knut: *Der Bundestagswahlkampf 1998. Vorgeschichte, Strategien, Ergebnis*, Wiesbaden 2002.
Bergmann, Knut: 25 Jahre nach Roman Herzogs berühmter Rede: Vom Ruck zur Zeitenwende, in: *Der Tagesspiegel* vom 26.04.2023.
Bergmann, Knut (Hg.): *»Mehr Fortschritt wagen«? Parteien, Personen, Milieus und Modernisierung: Regien in Zeiten der Ampelkoalition*, Bielefeld 2022.
Bertram, Georg W./Rüsenberg, Michael: *Improvisieren! Lob der Ungewissheit*, Leipzig 2021.
Bieber, Christoph: »Ethik und Politikmanagement«, in: Korte, Karl-Rudolf/Florack, Martin (Hg.): *Handbuch Regierungsforschung*, 2. Auflage Wiesbaden 2022, S. 129–140.
Biebricher, Thomas: *Mitte/Rechts. Die internationale Krise des Konservatismus*, Berlin 2023.
Birkenmaier, Lukas/Haußner, Stefan/Kaeding Michael: »Die unbeachtete Wahlrevolution«, in: Korte, Karl-Rudolf/Schiffers, Maximilian/Von Schuckmann, Arno/Plümer, Sandra (Hg.): *Die Bundestagswahl 2021. Analysen der Wahl-, Parteien-, Kommunikations- und Regierungsforschung*, Wiesbaden 2023a, o.S.
Birkenmaier, Lukas/Haußner, Stefan/Kaeding Michael: »Ungleiche Wahlbeteiligung in pandemischen Zeiten – Gibt es einen Corona-Effekt?«, in: Korte, Karl-Rudolf/Schiffers, Maximilian/Von Schuckmann, Arno/Plümer, Sandra (Hg.): *Die*

Bundestagswahl 2021. Analysen der Wahl-, Parteien-, Kommunikations- und Regierungsforschung, Wiesbaden 2023b, o.S.

Biess, Frank: *Republik der Angst. Eine andere Geschichte der Bundesrepublik*, Hamburg 2019.

Blasius, Tobias/Küpper, Moritz: *Der Machtmenschliche. Armin Laschet. Die Biografie*, Essen 2020.

Bogner, Alexander: *Die Epistemisierung des Politischen. Wie die Macht des Wissens die Demokratie gefährdet*, Stuttgart 2021.

Bollmann, Ralph: *Angela Merkel: Die Kanzlerin und ihre Zeit*, München 2021.

Bollmann, Ralph: »*Anders als Merkel*«, in: *FAS* vom 24.01.2021, S. 19.

Borucki, Isabelle/Kleinen-von Königslöw, Katharina/Marschall, Stefan/Zerback, Thomas (Hg.): *Handbuch Politische Kommunikation*, Wiesbaden 2022.

Borucki, Isabelle/Michels, Dennis/Marschall, Stefan: »Die digitalisierte Demokratie«, in: *Zeitschrift für Politikwissenschaft* (2020), Heft 2, S. 163–169.

Brecht, Bertolt: *Geschichten vom Herrn Keuner*, 2. Auflage, Berlin 2020.

Bröckling, Ulrich: *Gute Hirten führen sanft. Über Menschenregierungskünste*, 3. Auflage, Berlin 2019.

Brunnermeier, Markus: *Die resiliente Gesellschaft*, Berlin 2021.

Bude, Heinz: *Gesellschaft der Angst*, Hamburg 2014.

Bundesverfassungsgericht: Urteil BVerfG vom 03.07.2008 – 2 BvC 1/07, 2 BvC 7/07, Karlsruhe 2008.

Bundeswahlleiter: *Bundestagswahl 2013 – Ergebnisse*, Wiesbaden 2013.

Bundeswahlleiter: Übersicht: Endgültige Ergebnisse in den Urnen- und Briefwahlbezirken der Bundestagswahl 2017 nach Ländern in Prozent, Wiesbaden 2022a.

Bundeswahlleiter: Übersicht: Endgültige Ergebnisse in den Urnen- und Briefwahlbezirken der Bundestagswahl 2021 nach Ländern in Prozent, Wiesbaden 2022b.

Bundeswahlleiter: Wahlbeteiligung und Stimmabgabe nach Geschlecht und Altersgruppen, Wiesbaden 2022c.

Burger, Reiner: »Landtag? Nie gesehen«, in: *FAZ* vom 21.06.2023.

Burkhardt, Steffen: »Krisen und Skandale«, in: Borucki, Isabelle/Kleine-von Königslöw, Katharina/Marshall,Stefan/Zerback, Thomas (Hg.): *Handbuch politische Kommunikation*, Wiesbaden 2022, S. 299–312.

Campbell, Agnus/Converse, Philip E./Miller, Warren E./Stokes, Donald E.: *The American Voter*, New York 1960.

Carstensen, Franziska/Hirn, Jakob/Settlers, Kevin W.: »Alte Gesichter, neue Chancen? Wechsel im Ministerpräsidentenamt nach und zwischen Landtagswahlen (1950–2022)«, in: *Zeitschrift für Parlamentsfragen*, Heft 2 (2023), S. 272–297.

Cavuldak, Ahmet: *Peter Graf Kielmansegg im Gespräch. Übungen im politischen Denken*, Baden-Baden, 2020.

Conze, Eckart: *Die Suche nach Sicherheit. Eine Geschichte der Bundesrepublik Deutschland von 1949 bis in die Gegenwart*, Berlin 2009.

Dausend, Peter/Schieritz, Mark: »Politik ohne Anfassen«, in: *Die Zeit* 1 (2021), S. 8.
Dausend, Peter/Knaup, Horand: *Alleiner kannst du gar nicht sein. Unsere Volksvertreter zwischen Macht, Sucht und Angst*, München 2021.
Dausend, Peter/Hildebrandt, Tina/Lau, Mariam/Middelhoff, Paul/Pausch, Robert/Schieritz, Mark: »What a day«, in: *Die Zeit* 11 (2022), S. 6–7.
De Maizière, Thomas: »Kurze Sicht und langer Atem – Handeln und entscheiden«, in: De Maizière, Thomas/Kley, Karl-Ludwig (Hg.): *Die Kunst guten Führens: Macht und Wirtschaft und Politik*, Freiburg im Breisgau 2021, S. 64–91.
De Maizière, Thomas: *Regieren. Innenansichten der Politik*, Freiburg 2019.
Der Brockhaus, F. A.: *Der Brockhaus Philosophie: Ideen, Denker, Begriffe*, Mannheim 2004.
Dettling, Warnfried: *Politik und Lebenswelt. Vom Wohlfahrtsstaat zur Wohlfahrtsgesellschaft*, Gütersloh 1995.
Diermeier, Matthias: »Ist mehr besser? Politische Implikationen der disparaten Daseinsvorsorge in Deutschland«, in: *Zeitschrift für Politikwissenschaft* (2020), Heft 30 (4), S. 539–568.
Donges, Patrick/Jarren, Otfried: *Politische Kommunikation in der Mediengesellschaft. Eine Einführung*, 5. Auflage Wiesbaden 2022.
Dörner, Andreas: *Politainment. Politik in der medialen Erlebnisgesellschaft*, Frankfurt/M. 2001.
Dörner, Dietrich: *Die Logik des Misslingens*, München 2003.
Eckert, Georg/Novy, Leonard/Schwickert, Dominic Schwickert (Hg): *Zwischen Macht und Ohnmacht. Facetten erfolgreicher Politik*, Wiesbaden 2013.
Eilenberger, Wolfram: »Zwischen Trotz und Fatalismus«, in: *Liberal* (2023), Heft 1, S. 33.
Elster, John: The Market and the Forum. Three varieties of political theory, in: Matravers, Derek/Pike, Jonathan (Hg.): *Debates in Contemporary Political Philosophy. An Anthology*, London, 2002.
Endreß, Martin/Maurer, Andrea (Hg.): *Resilienz im Sozialen*, Wiesbaden 2015.
Faas, Thorsten/Gabriel Oscar W./Maier, Jürgen (Hg.): *Politikwissenschaftliche Einstellungs- und Verhaltensforschung*, Baden-Baden 2020.
Faas, Thorsten/Gabriel, Oscar W./Maier, Jürgen (Hg.): *Politikwissenschaftliche Einstellungs- und Verhaltensforschung. Handbuch für Wissenschaft und Studium*, Baden-Baden 2020.
Faas, Thorsten/Huber, Sascha: »Experimente in der Politikwissenschaft: Vom Mauerblümchen zum Mainstream«, in: *Politische Vierteljahresschrift* (2010), Heft 51 (4), S. 721–749.
Florack, Martin/Korte, Karl-Rudolf/ Schwanholz Julia (Hg.): *Coronakratie. Demokratisches Regieren in Ausnahmezeiten*, Frankfurt/M. 2021.
Forschungsgruppe Wahlen: *Politikbarometer Mai I. vom 07.05.2021*, Mannheim 2021a.
Forschungsgruppe Wahlen: *Politikbarometer September I vom 03.09.2021*, Mannheim 2021b.
Frevert, Ute: *Mächtige Gefühle. Von A wie Angst bis Z wie Zuneigung – Deutsche Geschichte seit 1900*, Frankfurt/M. 2020.

Fröhlich, Manuel (Hg.): *Persönlichkeit und Politik. Zugänge und Fallstudien zur individuellen Dimension des Politischen*, Baden-Baden 2022.

Funk, Albert: »Linke klagt gegen Ampel-Wahlrecht«, in: *tagesspiegel.de* (2023) vom 16.06.2023, abrufbar unter: https://www.tagesspiegel.de/politik/linke-klagt-gegen-ampel-wahlrecht-wie-gregor-gysi-in-karlsruhe-auftreten-will-9998791.html, Einsicht: 06.07.2023.

Gabriel, Oscar W.: »Responsivität im polarisierten Pluralismus. Zur Entwicklung der Einstellungskongruenz zwischen Politikern und Wählern auf umstrittenen Politikfeldern«, in: *Zeitschrift für Parlamentsfragen*, Heft 2 (2023), S. 408–439.

Gabriel, Oscar W./Maier, Jürgen: »Regieren und Emotionen«, in: Korte, Karl-Rudolf/Florack, Martin (Hg.): *Handbuch Regierungsforschung*, 2. Auflage, Wiesbaden 2022, S. 723–734.

Garton Ash, Timothy: *Redefreiheit. Prinzipien für eine vernetzte Welt*, München 2016.

Gauck, Joachum/Hirsch, Helga: *Erschütterungen. Was unsere Demokratie von außen und innen bedroht*, 2. Auflage München 2023.

Gerster, Livia: *Die Neuen: Eine Generation will an die Macht*, München 2022.

Geyer, Christian: »Wilder Scholz«, in: *FAZ* vom 31.03.2023, S. 9.

Grasselt, Nico/Korte, Karl-Rudolf: *Führung in Politik und Wirtschaft. Instrumente, Stile und Techniken*, Wiesbaden 2007.

Grober, Ulrich: *Die Sprache der Zuversicht. Inspirationen und Impulse für eine bessere Welt*, München 2022.

Grotlüschen, Anke/Buddeberg, Klaus (Hrsg.): *LEO 2018, Leben mit geringer Literalität*, Bielefeld 2020.

Grunden, Timo: »Corona-Reden und die Folgen: Möglichkeiten und Grenzen der politischen Rede in Krisenzeiten«, in: Florack, Martin/Korte, Karl-Rudolf/Schwanholz, Julia (Hg.): *Coronakratie. Demokratisches Regieren in Ausnahmezeiten*, Frankfurt/New York 2021, S. 93–98.

Gschwend, Thomas/Norpoth, Helmut: »Machtwechsel in Sicht? Die Vorhersage des Kanzlermodells für die Bundestagswahl 2017«, in: *Politische Vierteljahresschrift* 2017, Heft 58 (3), S. 392–406.

Günther, Klaus: *Politik des Kompromisses*, Wiesbaden 2006.

Habeck, Robert: *Von hier an anders: Eine politische Skizze*, Köln 2021.

Habermas, Jürgen: »Warum nicht lesen?«, in: Wegner, Frank/Raabe, Katharina (Hg.): *Warum Lesen: Mindestens 24 Gründe*, Berlin 2019, S. 103.

Han, Byung Chul: *Krise der Narration*, Berlin 2023.

Heidenreich, Felix: *Demokratie als Zumutung*, Stuttgart 2022.

Heidenreich, Felix: *Die Zukunft der Demokratie. Wie Hoffnung politisch wird*, Stuttgart 2023.

Heinrich Böll Stiftung e.V. (Hg.): *Öffentlicher Raum. Politik der gesellschaftlichen Teilhabe und Zusammenkunft*, Frankfurt/New York 2020.

Heinze, Rolf G.: »Politische Steuerung und gesellschaftliche Selbstregelung«, in: Korte, Karl-Rudolf/Florack, Martin (Hg.): *Handbuch Regierungsforschung*, 2. Auflage Wiesbaden 2022, S. 93–101.
Heitmeyer, Wilhelm: *Autoritäre Versuchungen*, 2. Auflage Berlin 2018.
Hess, Claudia/Müller, Thorsten: »ARD/ZDF-Massenkommunikation Trends 2022: Mediennutzung im Intermediavergleich. Aktuelle Ergebnisse der repräsentativen Langezeitstudie«, in: *Media Perspektiven* (2022), Heft 9, S. 414–424.
Hillje, Johannes: *Das »Wir« der AfD. Kommunikation und kollektive Identität im Rechtspopulismus*, Frankfurt/New York 2022.
Hirndorf, Dominik/Roose, Jochen: »Welchen Nachrichten kann man noch trauen?«, in: Konrad-Adenauer-Stiftung (Hg.), *Monitor Wahl- und Sozialforschung*, Berlin 2023.
Hirscher, Gerhard/Korte, Karl-Rudolf (Hg.): *Aufstieg und Fall von Regierungen: Machterwerb und Machterosionen in westlichen Demokratien*, München 2001.
Hirscher, Gerhard: »Die Zukunft der Mitte. Wo liegt die neue bürgerliche Mehrheit?«, in: *Hanns Seidel Stiftung* (Hg.). Politische Studien (2022), Nr. 505, S. 36–44.
Hirschman, Albert O.: *Exit, Voice, and Loyalty*, London 1972.
Holtmann, Everhard: *Der Parteienstaat in Deutschland*, Bonn 2012.
Horst, Patrick: »Koalitionsbildungen und Koalitionsstrategien in neuen Fünfparteiensystem der Bundesrepublik Deutschland«, in: *Zeitschrift für Politikwissenschaft* (2010) Heft 3, S. 327–408.
Jage-Bowler, Frederic: »Das gesellschaftliche Immunsystem stärken Elemente eines positiven Risikowissens«, in: *WZB Mitteilungen* (2020), Heft 168, S. 79–81.
Jarren, Otfried/Donges, Patrick: *Politische Kommunikation in der Mediengesellschaft. Eine Einführung*, 2. Auflage, Wiesbaden 2006.
Jung, Matthias/Schroth, Yvonne/Wolf, Andrea: »Bedingt regierungsbereit – Eine Analyse der Bundestagswahl 2017«, in: Schoofs, Jan/Korte, Karl-Rudolf (Hg.): *Die Bundestagswahl 2017. Analysen der Wahl-, Parteien-, Kommunikations- und Regierungsforschung*, Wiesbaden 2019, S. 23–45.
Jung, Matthias: »Wechselwahlforscher. Wähler entscheiden heute stärker aus dem Bauch heraus«, in: *brand eins* (2016), Heft 11.
Kahnemann, Daniel: *Schnelles Denken, langsames Denken*, Siedler 2012.
Kercher, Jan: *Verstehen und Verständlichkeit von Politikersprache*, Wiesbaden 2013.
Kissinger, Henry: *Staatskunst. Sechs Lektionen für das 21. Jahrhundert*, München 2022.
Klages, Helmut: *Expedition zur Mitte. Über die Eigenschaften der Wählerschaft zwischen links und rechts*, Frankfurt/New York 2022.
Klein, Markus/Springer, Frederik/Masch, Lena/Ohr, Dieter/Rosar, Ulrich: »Die politische Urteilsbildung der Wählerschaft im Vorfeld der Bundestagswahl 2017. Eine empirische Analyse in der Tradition von »The People's Choice««, in: *Zeitschrift für Parlamentsfragen* (2019), Heft 1, S. 22–41.
Klein, Markus: »Von den frustrierten akademischen Plebejern zum gesellschaftlichen Patriziat«, in: *Kölner Zeitschrift für Soziologie und Sozialpsychologie* (2022), Heft 4, S. 353–380.

Kley, Karl-Ludwig/De Maizière, Thomas: *Die Kunst des guten Führens*, Freiburg 2021.
Kneip, Sascha (Hg.): »Nach der Bundestagswahl«, in: *Aus Politik und Zeitgeschichte* (2021), 71. Jahrgang, Heft 47–49.
Kodalle, Klaus-M./Rosa Hartmut: *Rasender Stillstand. Beschleunigung des Wirklichkeitswandels: Konsequenzen und Grenzen*, Würzburg 2008.
Köcher, Renate: »Lost in Tansformation«, in: *FAZ* vom 18.05.2023.
Kohler, Ulrich: »Der Mehrheitswille zählt: Einfluss der Nichtwähler auf die Regierungsbildung ist geringer als angenommen«, in: *WZB Mitteilungen* (2011) Nr. 132, S. 19–21.
Kopperschmidt, Josef: »Darf einem zu Hitler auch nichts einfallen? Thematisch einleitende Bemerkungen«, in: Kopperschmidt, Josef (Hg.): *Hitler der Redner*, München 2003, S. 11–27.
Kornelius, Stefan: »Sie schlugen und vertrugen sich«, in: *SZ* vom 2./3.9.2023, S. 41.
Korte, Jan: »Politik ohne Anfassen«, in: *Die Zeit* 1 (2021), S. 8.
Korte, Karl-Rudolf: *Deutschlandpolitik in Helmut Kohls Kanzlerschaft. Regierungsstil und Entscheidungen*, Stuttgart 1998.
Korte, Karl-Rudolf: »Solutions für the Decision Dilemma: Political Styles of Germany's Chancellors«, in: *German Politics* (2000), Heft 9 (1), S. 1–22.
Korte, Karl-Rudolf: »Präsidentielles Zaudern. Der Regierungsstil von Angela Merkel in der Großen Koalition«, in: Bukow, Sebastian/Seemann, Wenke (Hg.): *Die Große Koalition: Regierung – Politik – Parteien 2005–2009*, Wiesbaden, 2010a, S. 102–122.
Korte, Karl-Rudolf (Hg.): *Die Bundestagswahl 2009. Analysen der Wahl-, Parteien-, Kommunikations- und Regierungsforschung*, Wiesbaden 2010b.
Korte, Karl-Rudolf (Hg.): *Die Bundestagswahl 2013. Analysen der Wahl-, Parteien-, Kommunikations- und Regierungsforschung*, Wiesbaden 2015.
Korte, Karl-Rudolf: »Politikberatung von innen«, in: Falk, Svenja/Glaab, Manuela/Römmele, Andrea, Schober, Henrik/Thunert, Martin (Hg.): *Handbuch Politikberatung*, Wiesbaden 2016, S. 129–143.
Korte, Karl-Rudolf: *Gesichter der Macht. Über die Gestaltungspotentiale der Bundespräsidenten*, Frankfurt/New York 2019.
Korte, Karl-Rudolf: *Wahlen in Deutschland. Grundsätze, Verfahren und Analysen*, 10. Auflage, Bonn 2021a.
Korte, Karl-Rudolf: »Kuratiertes Regieren. Bausteine der Resilienz«, in: Florack, Martin/Korte, Karl-Rudolf/Schwanholz, Julia (Hg.): *Coronakratie. Demokratisches Regieren in Ausnahmezeiten*, Frankfurt/New York 2021b, S. 25–42.
Korte, Karl-Rudolf: »Machtwechsel in der Kanzlerdemokratie«, in: Korte, Karl-Rudolf/Florack, Martin (Hg.): *Handbuch Regierungsforschung*, 2. Auflage, Wiesbaden 2022, S. 751–764.
Korte, Karl-Rudolf: »Politische Mechanik: Über Entscheidungsheuristiken in der Politik«, in: Korte, Karl-Rudolf/Scobel, Gert/Yildiz, Taylan (Hg.): *Heuristiken des politischen Entscheidens* (2022), S. 289–321.

Korte, Karl-Rudolf: »Flucht vor dem Frust« – Ein Gespräch mit Tina Hildebrandt, in: *Die ZEIT* vom 7. Juni 2023, Nr. 25, S. 2.

Korte, Karl-Rudolf: »Regieren und Komplexität«, in: Korte, Karl-Rudolf/Florack, Martin (Hg.): *Handbuch Regierungsforschung*, 2. Auflage, Wiesbaden 2022, S. 67–81.

Korte, Karl-Rudolf/Florack, Martin (Hg.): *Handbuch Regierungsforschung*, 2. Auflage, Wiesbaden 2022.

Korte, Karl-Rudolf: »Politisches Entscheiden unter den Bedingungen des Gewissheitsschwundes: Konzeptionelle Antworten der Regierungsforschung«, in: Neuner, Peter (Hg.), *Zufall als Quelle von Unsicherheit*, Freiburg/München, 2014, S. 123–162.

Korte, Karl-Rudolf/Fröhlich, Manuel: *Politik und Regieren in Deutschland*, 3. Auflage, Paderborn 2009.

Korte, Karl-Rudolf/Hirscher, Gerhard (Hg.): *Darstellungspolitik oder Entscheidungspolitik? Über den Wandel von Politikstilen in westlichen Demokratien*, München 2000.

Korte, Karl-Rudolf/Schiffers, Max/von Schuckmann, Arno/Plümer, Sandra (Hg.): *Die Bundestagswahl 2021. Analysen der Wahl-, Parteien-, Kommunikations- und Regierungsforschung*, Wiesbaden 2023.

Korte, Karl-Rudolf/Schoofs, Jan (Hg.): *Die Bundestagswahl 2017. Analysen der Wahl-, Parteien-, Kommunikations- und Regierungsforschung*, Wiesbaden 2019.

Korte, Karl-Rudolf/Scobel, Gert/Yildiz, Taylan (Hg.): *Heuristiken des politischen Entscheidens*, Berlin 2022.

Korte, Karl-Rudolf/Plümer, Sandra: »Wahl/Wählen«, in: Endreß, Martin/Rampp, Benjamin (Hg.): *Politische Soziologie. Handbuch für Wissenschaft und Studium*, Baden-Baden 2023.

Korte, Karl-Rudolf/Richter, Philipp: »Politische Akteure und Institutionen der politischen Kommunikation«, in: Borucki, Isabelle/Kleine-von Königslöw, Katharina/Marshall,Stefan/Zerback, Thomas (Hg.): *Handbuch Politische Kommunikation*, Wiesbaden 2022.

Korte, Karl-Rudolf/Richter, Philipp/von Schuckmann, Arno (Hg.): *Regieren in der Transformationsgesellschaft. Impulse aus Sicht der Regierungsforschung*, Wiesbaden 2024.

Korte, Karl-Rudolf/von Schuckmann, Arno: »Wahl- und Meinungsforschung«, in: Endreß, Martin/Rampp, Benjamin (Hg.): *Politische Soziologie. Handbuch für Wissenschaft und Studium*, Baden-Baden 2023.

Koselleck, Reinhart: *Vergangene Zukunft. Zur Semantik geschichtlicher Zeiten*, 12. Auflage, Berlin 2022.

Krastev, Ivan: »Jetzt beginnt eine neue Geschichte«, in: *Die Zeit* (2022), S. 57.

Kristof, Kora: *Wie Transformation gelingt*, München 2020.

Kühl, Stefan: *Brauchbare Illegalität: Vom Nutzen des Regelbruchs in Organisationen*, Frankfurt/New York 2020.

Laudenbach, Peter: »Wer in die Oper geht, küsst besser«, in: *brand eins Wirtschaftsmagazin* (2023), Heft 2, S. 80–84.

Laux, Helmut/Gillenkirch, Robert M./Schenk-Mathes, Heike Y.: »Probleme und Lösungskonzepte der Entscheidungstheorie: ein Überblick«, in: Laux, Helmut/Gillenkirch, Robert M./Schenk-Mathes, Heike Y. (Hg.): *Entscheidungstheorie*, Wiesbaden 2018, S. 3–30.

Lamby, Stephan: *Ernstfall. Regieren in Zeiten des Krieges. Report aus dem Inneren der Macht*, München 2023.

Lefort, Claude: »Die Frage der Demokratie«, in: Rödel, Ulrich (Hg.): *Autonome Gesellschaft und libertäre Demokratie*, Frankfurt/M. 1990, S. 281–297.

Leggewie, Claus/Welzer, Harald: *Das Ende der Welt, wie wir sie kannten*, Frankfurt/M. 2009.

Leithäuser, Johannes: »Ende eines Kraftaktes«, in: *FAZ* vom 22.11.2005, S. 3.

Lettrari, Adriana: *Politische Hochleistungsteams im Deutschen Bundestag. Professionelles Management in Abgeordnetenbüros in Zeiten hyperkomplexer Anforderungen*, Baden-Baden 2020.

Levitsky, Steven/Ziblatt, Daniel: *Wie Demokratien sterben*, München 2019.

Lotter, Wolf: *Zusammenhänge. Wie wir lernen, die Welt wieder zu verstehen*, Hamburg 2020.

Lübbe, Hermann: *Theorie und Entscheidung*, Freiburg 1971.

Luhmann, Niklas: *Systemtheorie der Gesellschaft*, Frankfurt/M. 2017.

Luhmann, Niklas: *Der neue Chef*, Berlin 2016, S. 61.

Lux, Thomas/Mau, Steffen/Jacobi, Aljoscha: »Neue Ungleichheitsfragen, neue Cleavages? Ein internationaler Vergleich der Einstellungen in vier Ungleichheitsfeldern«, in: *Berliner Journal für Soziologie* (2022), Heft 32 (2), S. 173–212.

Maier, Dominik/Blum, Christian: *Logiken der Macht: Politik und wie man sie beherrscht*, Baden-Baden 2018.

Mainzer, Klaus: *Komplexität*, Paderborn 2008.

Mair, Peter/Müller C. Wolfgang/Plasser, Fritz (Hg.): *Parteien auf komplexen Wählermärkten. Reaktionsstrategien politischer Parteien in Westeuropa*, Wien 1999.

Mair, Peter/Müller C. Wolfgang/Plasser, Fritz (Hg.): *Parteien auf komplexen Wählermärkten. Reaktionsstrategien politischer Parteien in Westeuropa*, Wien 1999.

Manow, Philip: *(Ent-)Demokratisierung der Demokratie*, Berlin 2020.

Marcinkowski, Frank/ Philipps, Gerrit Philipps: »Regierungswandel durch Medienwandel?«, in: Korte, Karl-Rudolf/Florack, Martin (Hg.): *Handbuch Regierungsforschung*, 2. Auflage, Wiesbaden 2022, S. 141–154.

Maurer, Marcus: »Theorieansätze und Hypothesen in der Medienpädagogik: Agenda-Setting«, in: Sander, Uwe/ von Gross, Friederike/Hugger, Kai-Uwe (Hg.): *Handbuch Medienpädagogik*, Wiesbaden 2022. https://doi.org/10.1007/978-3-658-23578-9_37

Masch, Lena/Gaßner, Anna/Rosar, Ulrich: »Can a beautiful smile win the vote? The role of candidates' physical attractiveness and facial expressions in elections«, in: *Politics and the Life Sciences* (2021), Heft 40 (2), S. 213–223.

Mau, Steffen/Lux, Thomas/Westheuser, Linus: *Triggerpunkte. Konsens und Konflikt in der Gegenwartsgesellschaft*, Berlin 2023.

Mechtenberg, Lydia: »Warum wählen? Viele glauben ans Gewicht der eigenen Stimme – zu Unrecht«, in: *WZB Mitteilungen* (2011), Heft 132, S. 12–14.

Merkel, Angela: Regierungserklärung von Bundeskanzlerin Dr. Angela Merkel, Nr. 32–2 vom 21. März 2018, abrufbar unter: https://www.bundesregierung.de/resource/blob/975954/859002/bc650eeb06e45a31184adde4976 f6828/32-2-bkin-regerkl-data.pdf?download=1, Einsicht: 06.07.2023.

Merkel, Angela: Rede von Bundeskanzlerin Merkel bei der 368. Graduationsfeier der Harvard University am 30. Mai 2019 in Cambridge/USA, abrufbar unter: https://www.bundeskanzler.de/bk-de/aktuelles/rede-von-bundeskanzlerin-merkel-bei-der-368-graduationsfeier-der-harvard-university-am-30-mai-2019-in-cambridge-usa-1633384#:~:text=Und%20wenn%20wir%20bei%20allem,am%20wichtigsten%20-de, letzter Zugriff 07.07.2023.

Merkel, Wolfgang: »Schluss: Ist die Krise der Demokratie eine Erfindung«, in: Merkel, Wolfgang (Hg.): *Demokratie und Krise. Zum schwierigen Verhältnis von Theorie und Empirie*, Wiesbaden 2015, S. 473–498.

Merkel, Wolfgang: *Im Zwielicht. Zerbrechlichkeit und Resilienz der Demokratie im 21. Jahrhundert*, Frankfurt/M. 2023.

Mertes, Michael: *Zyklen der Macht*, Bonn 2021.

Minkmar, Nils: »Wer ist Olaf Scholz?«, in: *SZ* vom 30.06.2023, S. 9.

Misik, Robert: »Wagenknecht Partei?«, in: *TAZ* vom 12. bis 18.8.2023.

Möllers, Christoph: *Demokratie – Zumutungen und Versprechen*, 2. Auflage, Berlin 2008.

Müller, Jan-Werner: *Was ist Populismus?*, Berlin 2016.

Nachtwey, Oliver: *Die Abstiegsgesellschaft. Über das Aufbegehren in der regressiven Moderne*, Berlin 2023.

Nassehi, Armin: *Die letzte Stunde der Wahrheit. Warum rechts und links keine Alternativen mehr sind und Gesellschaft ganz anders beschrieben werden muss*, Hamburg 2015.

Nassehi, Armin: *Muster: Eine Theorie der digitalen Gesellschaft*, München 2019.

Nassehi, Armin: »Mut brauchts«, in: *SZ* vom 19.11.2021, S. 6.

Nassehi, Armin: »Die träge Masse. Über die Unterschätzung konservativer Bezugsprobleme«, in: *Kursbuch*, Nr. 215, September 2023, S. 87–104.

Netzwerk »Das Versprechen der Märkte« (Hg.): *Marktgeschehen. Fragmente einer Geschichte frühneuzeitlichen Wirtschaftens*, Frankfurt/New York 2023.

Neu, Viola/Pokorny, Sabine: Vermessung der Wählerschaft vor der Bundestagswahl 2021, in: Konrad-Adenauer-Stiftung (Hg.): *Monitor Wahl- und Sozialforschung*, Berlin 2021.

Neuner, Peter (Hg.): *Zufall als Quelle von Unsicherheit*, Freiburg 2014.

Niedermayer, Oskar: Die Berliner Abgeordnetenhauswahlen vom 26. September 2021 und vom 12. Februar 2023: Von Rot-Rot-Grün über Rot-Grün-Rot zu Schwarz-Rot, in: *Zeitschrift für Parlamentsfragen*, Jahrgang 54, Heft 2 (2023), S. 223–252.

Nida-Rümelin, Julia: *Über menschliche Freiheit*, Stuttgart 2005.

Niehues, Judith: »Verunsicherte Mitte. Eine Mittelschicht in Abstiegsangst?«, in: *Der Bürger im Staat* (2016), Heft 66 (2/3), S. 143–149.

Obama, Barack: *Ein verheißenes Land*, München 2020.

Oschmann, Dirk: *Der Osten: Eine westdeutsche Erfindung*, Berlin 2023.

Petersen, Thomas: »Am Bürger vorbei. Institut für Demoskopie Allensbach«, in: *FAZ* vom 29.06.2023, S. 10.

Pink, Sebastian/Schmidt, Johannes: »Das Wetter ist politisch – Starkregen, Hochwasser und Flut vor der Bundestagswahl 2021«, in: *Zeitschrift für Politikwissenschaft* (2023), Heft 33, S. 1–27.

Podschuweit, Nicole/Geise, Stephanie: »Wirkungspotenziale interpersonaler Wahlkampfkommunikation: Eine Analyse der Strategien direkter und medienvermittelter Wähleransprache im Thüringer Landtagswahlkampf 2014«, in: *Zeitschrift für Politik* (2015), Heft 4, S. 400–420.

Polanyi, Karl: *The Great Transformation*, Berlin 2021.

Pörksen, Bernhard: *Die große Gereiztheit. Wege aus der kollektiven Erregung*, München 2018.

Pörksen, Bernhard: »Transformation des Journalismus in Zeiten der großen Gereiztheit«, in: *Spiel* (2019), Heft 4 (1), S. 13–23.

Prantl, Heribert: »Große Flaute«, in: *Süddeutsche Zeitung* (2013), vom 19.08.2013, S. 4.

Prantl, Heribert: »Spaltereien«, in: *SZ* vom 26./27.8.2023, S. 6.

Preißinger, Maria: »Entscheidungsprozesse von Wählern«, in: Schmitt-Beck, Rüdiger/Schoen, Harald/Weßels, Bernhard/Wolf, Christof (Hg.): *Zwischen Polarisierung und Beharrung: Die Bundestagswahl 2017*, Baden-Baden 2019, S. 111–122.

Przeworski, Adam: *Krisen der Demokratie*, Berlin 2020.

Rahden, Till van: *Demokratie. Eine gefährdete Lebensform*, Frankfurt/M./New York 2019.

Reckwitz, Andreas: *Die Gesellschaft der Singularitäten: Zum Strukturwandel der Moderne*, Berlin 2017.

Reckwitz, Andreas: »Der Optimismus verbrennt«, in: *Die Zeit* (2022), S. 47.

Reichardt, Sven (Hrsg.): *Die Misstrauensgemeinschaft der »Querdenker«. Die Corona-Proteste aus kultur- und sozialwissenschaftlicher Perspektive*, Bundeszentrale für politische Bildung, Bonn 2022.

Resing, Volker: *Angela Merkel – Die Protestantin: Ihr Aufstieg, ihre Krisen – und jetzt?*, Freiburg 2017.

Riebe, Frauke/Marquardt, Jan: »Klimawandel & Wahlentscheidung 2021 – eine Frage des Alters?«, in: *Easy Social Sciences* (2022), Heft 67, S. 39–48.

Römer, David: *Wirtschaftskrisen. Eine linguistische Diskursanalyse*, Berlin/Boston 2017.

Römmele, Andrea: *Zur Sache. Für eine neue Streitkultur in Politik und Gesellschaft*, Berlin 2019.

Rosa, Hartmut: *Beschleunigung*, Frankfurt/M. 2005.

Rosa, Hartmut: *Resonanz. Eine Soziologie der Weltbeziehung*, Frankfurt/M. 2016.

Rosa, Hartmut: *Unverfügbarkeit*, 4. Auflage, Berlin 2021.

Rosanvallon, Pierre: *Die gute Regierung*, Hamburg 2016.

Rosar, Ulrich/Masch, Lena: »Von einem, der auszog, Kanzler zu werden: Armin Laschet, die Union, ihre Wählerschaft und die Bundestagswahl 2021«, in Korte, Karl-Rudolf/Schiffers, Maximilian/von Schuckmann, Arno/Plümer, Sandra (Hg.): *Die Bundestagswahl 2021. Analysen der Wahl-, Parteien-, Kommunikations- und Regierungsforschung*, Wiesbaden 2023, o.S.

Roßmann, Joss/Wurthmann, L. Constantin/Riebe, Frauke/Hetzer, Lukas/Blumenberg, Manuela S.: »Einführung: Die Bundestagswahl 2021: Eine außergewöhnliche Wahl in ungewöhnlichen Zeiten«, in: *Easy Social Sciences* (2022), Heft 67, S. 4–8.

Roßteutscher, Sigrid/Scherer, Philipp: Links und rechts im politischen Raum: eine vergleichende Analyse der ideologischen Entwicklung in Ost- und Westdeutschland, in Weßels, Bernhard/Schoen, Harald/Gabriel, Oscar W. (Hg.): *Wahlen und Wähler. Analysen aus Anlass der Bundestagswahl 2009*, Wiesbaden 2013, S. 380–406.

Roßteutscher, Sigrid/Schmitt-Beck, Rüdiger/Schoen, Harald/Weßels, Bernhard/Wolf, Christof: *Zwischen Polarisierung und Beharrung: Die Bundestagswahl 2017*, Baden-Baden 2019.

Rüb, Friedbert W. (Hg.): *Rapide Politikwechsel in der Bundesrepublik*. Baden-Baden 2014.

Rüb, Friedbert W.: »Mikropolitologie. Auf dem Weg zu einem neuen Konzept?«, in: Korte, Karl-Rudolf/Florack, Martin (Hg.): *Handbuch Regierungsforschung*, 2. Auflage, Wiesbaden 2022, S. 569–580.

Rüb, Friedbert W.: *Das Jahrhundert der Politik. Eine Geschichte des 20. Jahrhunderts im Licht ihrer Politikbegriffe*, Baden-Baden 2020.

Ruhose, Fedor: *Rechtspopulismus in der Opposition. Die AfD-Fraktion im Bundestag (2017–2021)*, Frankfurt/New York 2023.

Safranski, Rüdiger: *Goethe und Schiller*, München 2009.

Sarcinelli, Ulrich: »Von der Bewirtschaftung der Aufmerksamkeit zur simulativen Demokratie«, in: *Zeitschrift für Politikwissenschaft* (2014), Heft 3, S. 329–339.

Sarcinelli, Ulrich: Legitimation: »Legitimation durch Kommunikation?«, in: Korte, Karl-Rudolf/Florack, Martin (Hg.): *Handbuch Regierungsforschung*, 2. Auflage, Wiesbaden 2022.

Schäfer, Armin/Zürn, Michael: *Die demokratische Regression*, Berlin 2021.

Schäfer, Armin: *Der Verlust politischer Gleichheit*, Berlin 2015.

Schimank, Uwe: *Die Entscheidungsgesellschaft*, Wiesbaden 2005.

Schimank, Uwe: »Die Komplexität von Entscheidungssituationen«, in: Schimank, Uwe (Hg.): *Die Entscheidungsgesellschaft. Komplexität und Rationalität der Moderne*, Wiesbaden 2005, S. 122–155.

Schimank, Uwe: »Nur noch Coping: Eine Skizze postheroischer Politik«, in: *Zeitschrift für Politikwissenschaft* (2011), Heft 3, S. 455–463.

Schmid, Josef: »Mikropolitik – Pluralismus mit harten Bandagen?«, in: Bandelow, Nils C./Hegelich, Simon (Hg.): *Pluralismus – Strategien – Entscheidungen*, Wiesbaden 2011, S. 324–344.

Schmidt, Manfred G./Zohlnhöfer, Reimut: *Regieren in der Bundesrepublik Deutschland. Innen- und Außenpolitik seit 1949*, Wiesbaden 2006.
Schmidt, Manfred G.: *Demokratietheorien. Eine Einführung*, Wiesbaden 2019.
Schmidt, Thomas E.: »Zu viel Mitte«, in: *Die Zeit* vom 11.10.2018, Nr. 42, S. 46
Schmitt-Beck, Rüdiger/Schäfer, Anne: »Interpersonale Kommunikation«, in: Faas, Thorsten/Gabriel, Oscar W./Maier, Jürgen (Hg.): *Politikwissenschaftliche Einstellungs- und Verhaltensforschung. Handbuch für Wissenschaft und Studium*, Baden-Baden 2019, S. 121–140.
Schmitt-Beck, Rüdiger: »Wer wählte wen bei der Bundestagwahl«, in: *Aus Politik und Zeitgeschichte* (2021), Heft 71 (47–49), S. 10–16.
Schönberger, Sophie: *Zumutung Demokratie*, München 2023.
Schulz, Winfried: *Politische Kommunikation. Theoretische Ansätze und Ergebnisse empirischer Forschung zur Rolle der Massenmedien in der Politik*, Opladen/Wiesbaden 1997.
Schulz, Winfried: *Politische Kommunikation. Theoretische Ansätze und Ergebnisse empirischer Forschung*, 2. vollständig überarbeitete und erweiterte Auflage, Wiesbaden 2008.
Schütz, Alfred: »Der gut informierte Bürger. Ein Versuch über die soziale Verteilung des Wissens«, in: Schütz, Alfred (Hg.): *Gesammelte Aufsätze II. Studien zur soziologischen Theorie*, Wiesbaden 1972, S. 85–101.
Schwanholz, Julia: »Politik als Beruf. Neu im 20. Bundestag«, in: Korte, Karl-Rudolf/Schiffers, Maximilian/Von Schuckmann, Arno/Plümer, Sandra (Hg.): *Die Bundestagswahl 2021. Analysen der Wahl-, Parteien-, Kommunikations- und Regierungsforschung*, Wiesbaden, 2023, o.S.
Scobel, Gert Scobel: »Die Coronakrise als philosophisches Ereignis. Sieben Thesen«, in: Kortmann, Bernd/Schulze, Günther G. (Hg.): *Jenseits von Corona*, Bielefeld 2020, S. 165–174.
Séville, Astrid: *Der Sound der Macht. Eine Kritik der dissonanten Herrschaft*, München 2018.
Siller, Peter: »Abhängen im gemeinsamen Wohnzimmer«, in: Niejahr, Elisabeth/Grzegorz, Nocko (Hg.): *Demokratieverstärker*, Frankfurt/New York 2021, S. 217–225.
Simmel, Georg: *Soziologie. Untersuchungen über die Formen der Vergesellschaftung*, Berlin 2013.
Smith Ochoa, Christopher/Yildiz, Taylan: »Der Armuts- und Reichtumsbericht der Bundesregierung im Ungleichheitsdiskurs«, in: Hans-Böckler-Stiftung (Hg.): *Working Paper Forschungsförderung*, Heft 121, Düsseldorf 2019.
Stark, Birgit/Magin, Melani/Jürgens, Pascal: »Maßlos überschätzt. Ein Überblick über theoretischen Annahmen und empirische Befunde zu Filterblasen und Echokammern«, in: Mark Eisenegger u.a. (Hg.): *Digitaler Strukturwandel der Öffentlichkeit*, Wiesbaden 2021, S. 303–322.
Statista: *Altersstruktur der Wahlberechtigten bei den Bundestagswahlen 2013, 2017 und 2021*, 2022.
Stefan/Zerback, Thomas (Hg.): *Handbuch Politische Kommunikation*, Wiesbaden 2020, S. 148–155.

Sternberger, Dolf: *Sprache und Politik*, Frankfurt/M. 1980.
Sturm, Roland: *Wie funktioniert Politik? Die Beweggründe des Politischen in den Nationalstaaten und in der EU*, Baden-Baden 2018.
Tenscher, Jens: »Ein Hauch von Wahlkampf«, in: Weßels, Bernhard/Schoen, Harald/Gabriel, Oscar W. (Hg.): *Wahlen und Wähler. Analysen aus Anlass der Bundestagswahl 2009*, Wiesbaden (2013), S. 63–78.
Teufel, Martin/Schweda, Adam/Dörrie, Nora/Musche, Venja/Hetkamp, Madeleine/Weismüller, Benjamin/Lenzen, Henrike/Stettner, Mark/Kohler, Hannah/Bäuerle, Alexander/Skoda, Eva-Maria: »Not all world leaders use Twitter in Response to the Covid-19 pandemic: impact of the way of Angela Merkel on psychological distress, behavior and risk perception«, in: *Journal of Public Healtth*, Heft 42 (3), S. 644–646.
Vogl, Joseph: *Über das Zaudern*, Berlin 2007.
Von Schuckmann, Arno: *Die FDP: Organisatorischer Wandel zwischen Ab- und Aufstieg (2013–2017)*, i.E.
Wagner, Sarah: »Sie würde eine große Lücke füllen«, in: *Die Zeit* vom 24.08.2023, S. 4.
Walter, Franz: *Charismatiker und Effizienzen. Porträts aus 60 Jahren Bundesrepublik*, Frankfurt/M. 2009.
Wefing, Heinrich: »Geben wir den Rechtsstaat zu schnell auf?«, in: *Die Zeit* (2020), S. 1.
Weidenfeld, Ursula: *Die Kanzlerin: Porträt einer Epoche*, Berlin 2021.
Weidenfeld, Ursula: *Regierung ohne Volk. Warum unser politisches System nicht mehr funktioniert*, Berlin 2017.
Welzer, Harald: »Im leeren Raum der stillgelegten Zukunft«, in: *Futur Zwei* (2020).
Welzer, Harald: »Machen«, in: *Futur Zwei* (2022).
Wengeler, Martin: »Reden über den Krieg«, in: *Aus Politik und Zeitgeschichte* (2023), 73. Jahrgang, Heft 10–11, S. 47–53.
Weßels, Bernhard: »Splitting sichert den Wechsel«, in: *WZB Mitteilungen* (2009), Heft 126, S. 33–37.
Wiesendahl, Elmar: *Parteien in Perspektive. Theoretische Ansichten der Organisationswirklichkeit politischer Parteien*, Opladen, 1998.
Wiesendahl, Elmar: »Strategische Lehren aus dem Bundestagswahlkampf 2021. Discussion Paper«, in: *Das Progressive Zentrum* (2021).
Wiesendahl, Elmar: *Parteienforschung. Ein Überblick*, Wiesbaden 2022.
Willke, Helmut: *Komplexe Freiheit. Konfigurationsprobleme eines Menschenrechts in der globalisierten Moderne*, Bielefeld 2019.
Wischmeyer, Nils: »Reich sind immer die anderen«, in: *SZ* vom 15./16.07.2023, S. 22.
Wüst, Hendrik: »Das Herz der CDU schlägt in der Mitte«, in: *FAZ* vom 16.06.2023, S. 10.
Zick, Andreas/Küpper, Beate/Mocros, Nico (Hrsg.): *Die distanzierte Mitte. Rechtsextreme und demokratiegefährdende Einstellungen in Deutschland 2022/23*, Bonn 2023.

Personenregister

Adenauer, Konrad 32, 90, 117
Arendt, Hannah 58, 75, 149, 154
Ash, Garton 112, 185

Baerbock, Annalena 32–34, 37, 148
Brandt, Willy 26, 116, 117, 160
Buschmann, Marco 33

Erhard, Ludwig 117

Gauck, Joachim 112
Gerster, Livia 125
Geywitz, Klara 37

Habeck, Robert 33, 35, 71, 148, 149, 165, 171, 190
Hirschman, Albert O. 40
Hotelling, Harold 88

Jung, Matthias 51

Kiesinger, Kurt Georg 117
Kirsch, Guy 144
Kissinger, Henry 76
Klingbeil, Lars 126
Kohl, Helmut 32, 90, 117, 118, 124
Kühnert, Kevin 125

Lafontaine, Oskar 193
Laschet, Armin 29, 32, 34–36, 48

Lindblom, Charles 70
Lindner, Christian 33, 148, 169
Luhmann, Niklas 62

Mackscheidt, Klaus 144
Maizière, Thomas de 62
Malroux, André 60
Mechtenberg, Lydia 49
Melnyk, Andrji 125
Merkel, Angela 27, 31–36, 49, 66, 68, 89, 90, 92, 98–102, 104, 105, 107, 109, 110, 113, 117, 119, 127, 145–148, 156, 173
Mützenich, Rolf 125

Nassehi, Armin 71, 108
Nedelmann, Birgitta 141
Neu, Viola 43
Niedermayer, Oskar 83

Obama, Barack 65, 69

Pokorny, Sabine 43
Polanyi, Karl 159
Przeworski, Adam 116

Reckwitz, Andreas 84, 167
Rhein, Boris 195
Römer, David 127
Rosa, Hartmut 136, 158
Rüb, Friedbert W. 144

Sarcinelli, Ulrich 61
Schäfer, Armin 40
Schiller, Friedrich 56
Schimank, Uwe 70
Schmidt, Helmut 117
Schmidt, Thomas 108, 109
Scholz, Olaf 26, 28, 29, 33, 35–37, 69, 117, 122–127, 148–150, 173, 186
Schröder, Gerhard 26, 117, 118, 127, 144, 145, 150, 161
Schulz, Martin 110, 111

Schulz, Winfried 131, 132
Seehofer, Horst 107
Singer, Wolf 69
Söder, Markus 35, 36
Steingart, Gabor 93
Sternberger, Dolf 122

Wagenknecht, Sahra 193
Weidenfeld, Ursula 107
Welzer, Harald 93, 166
Wiesendahl, Elmar 84

Sachregister

Administrative Arena 74
AfD 25, 26, 29, 41, 50, 83, 84, 87, 91, 93, 97, 100, 103–106, 108, 114, 154, 155, 186–190, 192–194
Agenda-Setting 111, 121, 131
Ampel-Regierung 14, 21, 24–26, 34, 71, 87, 117, 123, 148, 149, 157, 160–164, 169–175, 183
Anti-Flüchtlingspartei 106
Arenen des Politikmanagements 54, 58, 72

Bandwagon-Effekt 47
Briefwahl 25, 42, 50, 91
Bundestagswahl 14, 15, 17, 20, 21, 24–28, 31, 33, 35, 38, 39, 42, 43, 45, 46, 50, 81–83, 88–91, 93, 99, 103, 105–107, 111, 114, 117, 118, 185, 186, 194
Bündnis 90/Die Grünen 25, 26, 32, 34, 35, 37, 42, 71, 80, 82, 84, 89, 95, 148, 173, 175, 186
Bürgerliche Mitte 84, 86

CDU 31, 36, 80, 81, 90, 95, 101, 125, 146, 185
Cleavage-Theorie 79
Coping 70, 71
Coronakratie 9, 27, 30, 31, 160, 189

Coronapolitik 28–30, 138, 155, 166
CSU 21, 26, 80, 81, 90, 95, 101, 107, 125, 185

Darstellungspolitik 54, 75, 129, 135, 145
Defizitpartei 188
Demobilisierung 48, 90
Desinformation 14, 67, 171
Die Linke 21, 25, 27, 35, 50, 80, 82–84, 87, 88, 90, 104, 186, 192, 194
Die Piraten 83, 91
Digitalisierung 30, 67, 126, 135, 141
Dreiparteiensystem 80
Durchschnittswähler 38
Durchsetzungsrationalität 63, 64

Echokammer 19
Entscheidungsheuristik 54, 55
Entscheidungslogik 71
Entscheidungsmarkt 13, 53, 54, 70–72, 75, 76, 134, 142, 143, 180, 181
Entscheidungspolitik 128, 129, 135, 142
Erfolgs-Wähler 46
Erregungsdemokratie 98
Erststimme 21
Erwartungsmanagement 26, 154, 155
Erwartungsmarkt 14, 153, 157, 172, 176, 180, 197
Europawahl 185, 186
Expertokratie 97

Fan-Prinzip 46
FDP 26, 29, 80–82, 84, 85, 87, 89, 91, 99, 101, 103, 104, 113, 117, 148, 160, 165, 173–175
Feedback-Loop 47, 76
Flüchtlingspolitik 83, 103–105, 107
Framing 121
Früh- und Spätwähler 42, 91
Fünfparteiensystem 81, 83

Gesprächsstörung 121, 136, 150, 180, 184, 190, 196
Gestaltungspolitik 14, 161, 170, 185
Globalisierung 84, 105, 108, 113
Going Public 75, 145
Good Governance 173
Governance 67, 102, 181
Government 67
Große Koalition 14, 24, 32, 85, 89, 90, 99, 100, 102–104, 113, 116, 117, 119
Guerilla Governance 173

Hauptwahl 192
Heuristiken 55–58, 70, 71, 75, 76
Hybrides Regieren 68

Informationsmanagement 63, 64
Inkrementalismus 70
Innen- und Außenpolitik 123, 124
Interdependenzbewältigung 54, 55, 58, 62, 66, 72, 75, 76

Jamaika-Koalition 24, 87, 113, 117

Kanzlerdemokratie 114, 173
Kanzlerhegemonie 114
Kanzlerpartei 173, 186
Karlsruhe-Republik 21
Klientel- und Honoratiorenpartei 80
Koalitionsmarkt 14, 79, 83, 84, 89, 103, 113, 114, 118, 180
Koalitionswähler 45

Kognitive Dissonanz 44, 137
Komplexität des Geschehens 66
Komplexitätsmanagement 70, 71, 168
Konfliktlinie 80, 81, 106, 108, 118, 182
Konsensdemokratie 97
Kontextualisierung 71, 166
Korporatismus 72
Krisenmanagement 43, 100

Lageeinschätzung 54, 58, 63, 65, 66
Landtagswahl 25, 31, 50, 91, 93, 99, 184–186, 194
Layout-Wähler 50

Macherpartei 192
Machtwechsel 28, 89, 103, 114–118
Medien- und Führungsmarkt 14, 121, 143, 150, 180
Medienkommunikationspartei 84
Mehrheits- und Konkurrenzdemokratie 72
Mehrparteiensystem 80, 83
Mere-Exposure-Effekt 48
Mobilisierung 30–32, 34–36, 48, 59, 75, 85, 92, 93, 98, 99, 106, 131, 132, 142, 145, 181, 182, 189, 190

Nein-Sager-Partei 192
Nicht-Wähler 11, 39, 40, 83, 87, 103, 183, 202

Öffentliche Arena 74
Oppositionspartei 26, 33, 83, 117, 118

Paradoxe Wähler 43, 44, 137
Parlamentarische Arena 74
Parteienmarkt 84, 107
Parteiensystem 22, 79, 81, 82, 91, 94, 105, 107
Parteienwettbewerb 14, 15, 18, 29, 72, 74, 79, 85, 89, 106, 119, 140, 156, 172, 174, 175, 189, 193

Partizipation 80, 103, 108, 142, 176
Polarisierung 35, 53, 61, 85, 92, 112, 140
Policy 63, 64, 115, 116, 161, 165
Politikmanagement 30, 59, 67, 73, 74, 95, 102, 107, 128, 133–135, 147, 162, 165–168, 173, 181
Politische Kommunikation 11, 27, 30, 60, 73, 75, 121, 122, 128, 129, 133
Politische Rationalität 14, 15, 53, 54, 57, 62, 66, 68, 72, 75, 76, 140, 143, 149, 182
Priming 122
Protestpartei 40, 106, 108, 137, 186
Protestwähler 50, 83, 112, 188

Regierungspartei 26, 35, 83, 98, 113, 116, 117, 161, 186, 192
Repräsentation 40, 142
Resilienz 69, 99, 139, 140, 156, 163, 168, 169, 196

Sachrationalität 63
Schlichtungsdemokratie 73, 95, 97, 99, 115
Sechsparteiensystem 83
Selbstüberschätzende Wähler 49
Sicherheitsdeutsche Wähler 144
Sicherheitskonservatismus 51, 125
Sicherheitspolitik 125, 127, 139, 163
Sofortismus 130, 135, 150
SPD 24–26, 29, 32–36, 41, 43, 80–82, 84, 87–90, 95, 103, 104, 110, 111, 113, 116, 117, 125, 126, 160, 173–175, 186, 193
Stammwähler 41, 95, 188
Status-Quo-Wähler 48, 109

Stimmensplitting 45, 46
Superwahljahr 25, 26, 28, 30, 31, 34, 107

Trägheitsdemokratie 14, 73, 150, 161, 184

Umarmungsdemokratie 73
Umfragekampf 28, 32, 34
Underdog-Effekt 47
Union 25, 26, 29, 31–37, 41, 43, 80–82, 84, 85, 87–91, 93, 99, 101–104, 146

Verbotspartei 175
Verhandlungsdemokratie 72, 75, 85
Vermittlungsrationalität 64
Volatilität 13, 18, 28, 51
Volkspartei 80, 81, 84, 90, 91, 104, 109, 113, 115, 118, 194

Wagenknecht-Partei 192
Wählerische Wähler 13, 39, 95, 150, 180, 189
Wählermarkt 13, 17, 22, 24, 29, 35, 38, 40–43, 50, 63, 66, 73, 83, 84, 88, 89, 112, 113, 124, 137, 138, 144, 149, 153, 157, 161, 165, 175, 176, 180, 183, 193, 194, 196
Wahlverhalten 17–19, 21, 22, 43–45, 130, 180
Wechselwähler 41–43, 93
Wettbewerbsdemokratie 72, 73, 97

Zweieinhalbparteiensystem 80, 81
Zweitstimme 21, 46, 81